苏州大学文学院本科生必读书导读

曹炜　周生杰　主编

苏州大学出版社

图书在版编目(CIP)数据

苏州大学文学院本科生必读书导读 / 曹炜,周生杰主编. —苏州:苏州大学出版社,2022.11
ISBN 978-7-5672-2733-0

Ⅰ.①苏… Ⅱ.①曹… ②周… Ⅲ.①本科生-推荐书目-中国 Ⅳ.①Z835

中国版本图书馆 CIP 数据核字(2022)第 156896 号

书　　名：苏州大学文学院本科生必读书导读
主　　编：曹　炜　周生杰
责任编辑：刘　冉
装帧设计：吴　钰
出版发行：苏州大学出版社(Soochow University Press)
社　　址：苏州市十梓街1号　邮编：215006
印　　装：苏州市深广印刷有限公司
网　　址：www.sudapress.com
邮　　箱：sdcbs@suda.edu.cn
邮购热线：0512-67480030
销售热线：0512-67481020
开　　本：700 mm×1 000 mm　1/16　印张：13　字数：213 千
版　　次：2022 年 11 月第 1 版
印　　次：2022 年 11 月第 1 次印刷
书　　号：ISBN 978-7-5672-2733-0
定　　价：58.00 元

凡购本社图书发现印装错误,请与本社联系调换。服务热线：0512-67481020

《苏州大学文学院本科生必读书导读》
编委名单

（按姓氏笔画排序）

王　耘	王建军	朱钦运
李　勇	吴雨平	何　薇
张　珊	张　蕾	陈子平
周生杰	秦　烨	倪祥妍
高永奇	陶家骏	缪葵慈

前言 Preface

　　导读书目出现得很早,是伴随教育而生的。科举制以前,古代教育主要是推行礼乐制度,这一时期的导读活动也围绕礼乐制度进行。史料记载,最早从事书目导读撰写和推行的当数孔子,他对六经进行整理,带有明显的价值选择倾向,初步具备导读意义。此外,庄子、管子、荀子、司马迁、刘安、王充、颜之推等,都在著述中涉及书目导读。但是,受制于典籍载体,唐代之前的书目导读或者仅具备导读作品的雏形,或者散见于著作之中,或者仅有一两个导读要素,因此,上述学者的著作还不能算作真正意义上的导读书目。

　　导读书目只有在教育相当发达、读书治学蔚然成风、人们迫切需要了解图书内容时才会产生。历史发展到唐代,古代雕版印刷技术的运用大大提高了图书生产效率,学者能够接触到的图书日益增多,同时,科举制的进一步完善给普通人提供了步入仕途的机会,士子读书的目的更加明确,社会上对于阅读指导的需求大大增加,导读书目产生的各种条件终于形成了。

　　在敦煌遗书伯2171号卷子《杂钞》中,有一节以问答体形式为青年学子开列了包括《春秋》《史记》在内的25种文献,王重民先生称之为"我国现存最古的一个推荐性的学习书目",今称之为"唐末士子读书目"。科举流行的时代,社会制度变化不大,全社会的阅读几乎都是在科举制主导下进行的,导读书目也以指导科举考试为宗旨不断发展和完善。唐代以后,出现了元代程端礼的《程氏家塾读书分年日程》、清代周书昌的《先正读书诀》和张之洞的《书目答问》等著名导读书目,在古代教育史和目录学史上影响深远。

随着科举制退出历史舞台，西方现代教育制度开始在我国逐渐建立起来，为指导大学生科学阅读，助力其专业学习，各高校不断推出特色鲜明的导读书目，大学生导读书目建设成为人才培养环节中一个重要组成部分。

苏州大学文学院历史悠久，自诞生以来，一直十分重视人才培养的质量，重视学生经典阅读习惯的养成。黄人、章太炎、吴梅、嵇健鹤、凌景埏、沈祖棻、徐铭延、钱仲联、范伯群等先贤，在各自的教学活动中对于推荐阅读书目十分用心，他们不但在编写教材的时候把推荐书目附录书后，有的还撰写专文介绍。这一传统代代相承，而今，文学院的老师们对于自己所讲授的课程，往往先列阅读书目，提供给青年学生。但是，由于文学院开设课程多，汉语国际教育、国家文科基础学科人才培养基地、秘书学和汉语言文学（师范）等四个专业属于大类招生，课程设置既有大类基础课，也有专业必修课，课程之间的交互性很强，老师们各自开列的书目互有重复，虽有利于课程学习，但是专业特色不明显。为此，文学院在迎接120年校庆（也是院庆）之际，组织老师们从事本科生必读书目的推荐工作，工作主要分为以下几方面内容。

一是建立必读书制度。文学院教学委员会经过充分讨论，制定《苏州大学文学院本科生必读书制度》，以制度的形式保证本科生阅读的有效性。

二是精心挑选划定必读书目。根据近年来教学资源状况，结合四个专业实际，文学院先后多次征询相关专家学者的意见和建议，最后确定所有专业必读书和各专业必读书两类各若干种。

三是组织购买必读书。书目确定好后，文学院通过多种途径，为每种必读书购买20本，并辟出房间，成立"本科生必读书库"，供学生随时借阅。

四是撰写导读。为提高本科生必读书阅读质量，文学院邀请多位老师从事导读撰写工作。导读从必读书的学术背景、作者的学术水平、学术贡献、主要学术观点及思想精髓等方面做了较为系统、深入的阐述。

近年来，苏州大学文学院迎来了高质量发展时期，专业建设取得了一系列成就，汉语言文学专业和汉语国际教育专业获批国家一流专业，五门课程被评为国家一流课程；汉语言文学（师范）专业通过专业认证……专业发展最终目的是为人才培养服务，我们相信，这本导读的出版对于丰富教学资源、营造读书氛围一定会起到重要的助推作用。

目录 Contents

一、所有专业通读书目

《文字学概要》导读 / 1

《音韵学教程》导读 / 4

《训诂学》导读 / 6

《汉语史纲要》导读 / 9

《语音学教程（增订版）》导读 / 14

《现代汉语词汇》导读 / 18

《语法讲义》导读 / 21

《现代汉语修辞学（第四版）》导读 / 23

《语言学纲要》导读 / 26

《诗词格律》导读 / 29

《古文辞类纂》导读 / 32

《宋元戏曲史》导读 / 33

《中国小说史略》导读 / 36

《形式逻辑》导读 / 39

《二十世纪中国文学史》导读 / 42

《中国近现代通俗文学史》导读 / 44

《文学理论》导读 / 47

《中国历代文论选》导读 / 51

《诗学》导读 / 56

《西方正典：伟大作家和不朽作品》导读 / 58

《中国新文学大系导言集（1917—1927）》导读 / 59

二、各专业必读书目

（一）秘书学专业必读书目 / 62

《佐治药言·学治臆说》导读 / 62

《高等写作思维训练教程》导读 / 65

《中国文化要义》导读 / 67

《中国历代政治得失》导读 / 70

《项目管理方法论》导读 / 73

《一代名幕汪辉祖》导读 / 75

《中国秘书文化学》导读 / 77

《商业信息搜集与处理》导读 / 80

（二）师范专业必读书目 / 84

《给教师的建议》导读 / 84

《爱的教育》导读 / 87

《国文百八课》导读 / 89

《叶圣陶语文教育论集》导读 / 92

《李吉林文集》导读 / 94

"名师讲语文丛书"导读 / 97

《教育研究方法导论》导读 / 99

《21世纪学生发展核心素养研究》导读 / 102

《当代语文教育学》导读 / 105

（三）汉语国际教育专业必读书目 / 109

《对外汉语教学导论》导读 / 109

《对外汉语教学法》导读 / 111

《对外汉语教育学引论》导读 / 115

《国际汉语教师课堂技巧教学手册》导读 / 117

《对外汉语教学中的理论和方法》导读 / 120

《国际汉语教学案例与分析（修订版）》导读 / 122

《国际汉语教学案例分析与点评》导读 / 126

《国际汉语教师语法教学手册（第 2 版）》导读 / 129

《汉语第二语言教学理论概要》导读 / 132

《对外汉语读写课优秀教案集》导读 / 135

（四）文科基地专业必读书目 / 138

《论语译注》导读 / 138

《孟子译注》导读 / 140

《老子今注今译》导读 / 143

《庄子今注今译》导读 / 145

《诗经注析》导读 / 148

《楚辞章句疏证》导读 / 151

《增订文心雕龙校注》导读 / 155

《文选》导读 / 158

《杜诗镜铨》导读 / 160

《宋诗三百首》导读 / 162

《唐诗学引论》导读 / 165

《词学通论》导读 / 168

《现代汉语语法研究教程》导读 / 171

《国史大纲》导读 / 174

《美学》导读 / 178

《中国哲学史》导读 / 181

《镜与灯：浪漫主义文论及批评传统》导读 / 184

《摹仿论：西方文学中现实的再现》导读 / 187

《古典传统：希腊—罗马对西方文学的影响》导读 / 190

《欧洲文学与拉丁中世纪》导读 / 192

一、所有专业通读书目

《文字学概要》导读

裘锡圭著，商务印书馆1988年版。

文字学是中国传统语言学的三大分支学科之一，是学习和研究汉语言文字学必须要掌握的基础内容。裘锡圭先生的《文字学概要》是了解和学习文字学知识不可或缺的必读书，是我们叩开文字学大门的敲门砖，也是值得深耕精读的学术著作。从1963年起，裘锡圭先生任教于北京大学中文系，并为中文系本科生和汉语专业研究生开设文字学课程。这部《文字学概要》就是裘锡圭先生在所开设的文字学课程的讲稿基础上完成的，全面讨论了汉字的性质、形成、发展、演变、结构类型等问题，在总结前人文字学研究的基础上，自成系统之说，成为这一研究领域杰出的创新之作和权威著作，出版后被各种涉及汉字的论著反复征引。

《文字学概要》初版于1988年，商务印书馆出版，新华书店北京发行所发行，后曾多次修订与再版。全书共十三章：一、文字形成的过程；二、汉字的性质；三、汉字的形成和发展；四、形体的演变（上）：古文字阶段的汉字；五、形体的演变（下）：隶楷阶段的汉字；六、汉字基本类型的划分；七、表意字；八、形声字；九、假借；十、异体字、同形字、同义换读；十一、文字的分化和合并；十二、字形跟音义的错综关系；十三、汉字的整理和简化。本书虽然经过多次修订与再版，但是相对于初版而言，其基本的结构框架没有改变，只是对一些初版的错误和表述不妥的地方做了修正，在不少地方增加了"校按"，对需要补充和说明的地方进行了交代。为了便于查找书中例子，修订本还在书后编制了索引。从本书的内容来看，其与唐兰先生的《中国文字学》具有明显的不同，最大的特色是著者对文字形成的过程、汉字的形成与演变、汉字结构理论与"六书""三书"说、字形跟音义的关系等所做的论说。作为了解和学习文字学知识的必读书目，我们在阅读和学习这本著作时，至少可以从如下几个方面来领悟这本书的精髓。

关于文字形成的过程。裘锡圭先生认为存在前文字阶段，即"在文字产生之前，人们曾经用画图画和作图解的办法来记事或传递信息，通常把这种图画和图解称为文字画或图画文字。按照'文字'的狭义用法来看，图画文字这个名称是不恰当的，文字画这个名称则可以采用。文字画是作用近似文字的图画，而不是图画形式的文字"。似乎从人类学会画图的时候起，就有了产生文字的可能。如果一个社会发展到需要记录语言，而且有关条件都已具备的时候，文字就会出现。裘锡圭先生阐述了文字体系经历了由表意字（记号字）到假借字再到形声字的形成过程，并对表意字、假借字、形声字产生的原因做了具体详细的论述。

关于汉字的形成与演变。裘锡圭先生根据可信的商代后期的汉字文字资料，推论出汉字脱离原始文字阶段形成完整文字体系的时间不会早于夏代，应在夏商之际（公元前17世纪）。裘锡圭先生对汉字在发展过程中形体上和结构上的主要变化做了论述。其根据汉字形体上的变化将汉字的发展过程划分为古文字阶段（商代至秦代）和隶楷阶段（汉代至现代），主要表现在象形变为不象形，象形程度不断降低，以及汉字形体的简化等方面。根据结构上的变化，得出了形声字的比重逐渐增加，所使用的意符从以形符为主变为以意符为主，以及记号字、半记号字逐渐增多的结论。

关于汉字结构理论与"六书""三书"说。裘锡圭先生在本书中对许慎"六书"说做了详细解释，并指出了"六书"说的缺点，批判性地借鉴唐兰、陈梦家"三书"说中合理的部分，从而提出了自己新的分类理论和范畴，即表意字、假借字、形声字的"三书"说。唐兰、陈梦家的"三书"说对更新文字学的内容具有重要意义，在避免汉字构造的类型界限不清等方面具有重要的参考价值，但他们都始终没有摆脱许慎"六书"说的模式。裘锡圭先生"三书"说中的表意字是指唐兰先生"三书"说中象形文字和象意文字的总和,可看作一切只用意符参与造字的汉字。关于形声字,书中论说了其产生的主要途径,并阐述了多形和多声、省形和省声等形音义之间的关系问题。关于假借字,裘锡圭先生将之定义为"借用同音和音近的字来表示一个词",并详细举例阐述了三种假借,即无本字的假借、有本字的假借和本字后造的假借。不仅如此,著作者还对已有本字的词为什么还要用假借字的现象做了可信的论述。

关于字形跟音义的关系。裘锡圭先生从一形多音义和一词多形两个方面做了论述。按照著者的论述,我们可以得知造成汉字一形多音义的原因有语义引申、假借、同义换读、异字同形、文白异读、语音讹变等六个方面。除此之外,著者对一词多形的现象和原因也进行了分析,认为造成一词多形的原因有两个方面,一方面是汉字存在异体字,另一方面是用来表示某一个词的字是可以更换的。

通过深耕精读《文字学概要》这本学术著作,我们可以领悟到裘锡圭先生以科学严谨的治学态度,通过丰富的例证展开的论述。从这本书的内容看,不仅有对既存学说的批判与继承,更多的是对学术问题的再解释,以此提出新的概念和理论。正如第一届"思勉原创奖"评审专家对本书的评价:"《文字学概要》一书,从汉语实际出发,突破了文字学的传统研究方法、范围,全面、系统而独特地阐述了文字学理论、方法与实践,尤其是在文字形成过程与汉字形成演变、文字结构理论及汉字形音义之间的复杂关系等方面,分析了传统'六书'说的不足,提出了新的分类理论与范畴,具有重大理论价值。同时,重视历代俗字、俗体的研究,并联系汉字整理与简化工作,提出有实践意义的见解。"

此书一直畅销不衰,且多次获得褒奖:1991年获北京大学第三届人文社会科学研究成果一等奖及北京市第二届哲学社会科学优秀成果特等奖,1992年获国家教委第二届全国高等学校优秀教材特等奖,1994年获国家新闻出版署第一届国家图书奖,2011年获首届"思勉原创奖"等。

(吕金刚、曹炜撰稿)

《音韵学教程》导读

唐作藩著，北京大学出版社2002年版。

音韵学是中国传统语言学的三大分支学科之一，是学习和研究汉语言文字学必须要了解和掌握的基础内容。我们第一次接触音韵学这门学科时，往往会有味同嚼蜡的感觉。唐作藩先生所著的《音韵学教程》可以帮助我们摆脱这种感觉。该书既是帮助我们入门汉语音韵学的基本读物，又是我们了解和学习汉语音韵学知识不可或缺的必读书。20世纪60年代，唐作藩先生开始在北京大学中文系讲授"汉语音韵学"课程。这部《音韵学教程》就是唐作藩先生在讲课实录的基础上完成的，深入浅出地阐述了音韵学的知识，目的是使我们更容易接受、乐于学习音韵学。

《音韵学教程》共四章：第一章为绪论，主要阐述了音韵学的对象、功用和学习方法。第二章为音韵学的基本知识，主要内容有汉语音韵结构特点，反切、声纽、韵母、声调的概念及等韵图等音韵学基础知识。第三章为《广韵》音系，也是本书的基础，内容包含了对音韵学主要的声母、韵母和声调的介绍，以及与现代汉语普通话的比较等内容；第四章为汉语音韵学简史，主要包括对韵书产生以前的古音研究的阐述和对《广韵》以后产生的韵书的介绍。《音韵学教程》是21世纪汉语言专业规划教材和音韵学方向基础教材。我们在阅读和学习本书时，至少应重点注意如下几个方面。

一、掌握音韵学的学习方法。我们要学习音韵学，首先要掌握有效的学习方法，才能打破对音韵学"特殊论""神秘论"的迷信。唐作藩先生在"绪论"第三节讲到两种音韵学的学习方法，一种是充分运用现代语音学的知识去学习音韵学，另一种是利用自己的方言和古音进行比较去学习音韵学。唐作藩先生认为运用现代语音学的知识去学习音韵学是最重要的一种学习方法，因为音韵学本来就是历史语音学，只要掌握了语音学的基本知识，古代讲不清的音韵问题也就能够科学地加以说明。学习音韵就是学习古代的语音。唐作藩先生还认为利用方言是学习古音一个很有利的条件。唐作藩先生在书中描写古音时，不仅会引方言材料以证古音，例如举出粤方言中含有古入声韵的例子以证古音；还引用方言材料来说明古音的演变和古今音的对应关系，例如列出了十三个字（诗、时——古平声；使、尔、是——古上声；试、事——古去声；失、识、尺、室、日、实——古入声）在某些地方方言中的声调，反映出古四声在普通话和各方言里不同的保存情况和对应关系；除此之外，唐作藩先生还引用方言来说明汉语语音系统的特点，例如举例说明阴阳对转的现象等。由此可见，唐作藩先生在书中介绍和运用的两种学习音韵学的方法，是我们今后学习音韵学的必由之径。

二、了解书中介绍的音韵学研究方法。在《音韵学教程》中，我们可以发现唐作藩先生在介绍前人的研究成果时，往往会将前人的研究方法一并加以详细介绍，使学习者既知其然，又知其所以然。例如在阐述考求《广韵》声母、韵母系统的方法时，既介绍了陈澧的系联结果，又详细地介绍了这种方法的三项具体条例，而且还谈到了陈澧系联时自乱其例的失误，使学习者读后对系联法有全面的了解和清楚的认识。又如唐作藩先生在介绍钱大昕对上古声母的研究时，不仅阐述了钱大昕"古无轻唇音""舌音类隔之说不可信"的观点，而且还介绍了其运用形声字、古读和方言等材料分析研究而得出结论的方法。

三、牢记音韵学的专业术语。《音韵学教程》对专业术语的阐述通俗易懂，深入浅出，便于理解与记忆。该书对专业术语的解释，不仅把同类术语放在一起解释，而且还对一些不易理解的术语反复解释。例如将声母、韵母、声调和等韵图等概念都归入第二章的音韵学基本知识，分节叙述，条理清晰。又例如等、转、洪、细等概念，该书在讲解基础知识时做了介绍，在讲《广韵》音系时又结合具体知识进一步做了详细讲解。

四、重点在《广韵》音系。唐作藩先生《音韵学教程》的内容深入浅出、精于取舍、提纲挈领，以《广韵》作为贯穿全书的主线。书中除了阐述《广韵》的由来、体例和性质外，还详细阐述了《广韵》的声母系统（三十五声母）、韵母系统（二百零六韵）、声调（平、上、去、入）及其和现代汉语语音系统的关系。从《广韵》三十五声母与现代汉语普通话二十二声母的比较中，可以看出最突出的四点变化，即全浊声母的清音化，知、庄、章三组合流为卷舌音，精、见两组分化出新的舌面音，零声母的字大量增加。《广韵》的韵母系统即二百零六个韵、二百九十三个类、一百四十二个韵母。从《广韵》韵母系统与现代汉语普通话的韵母比较来看，其总的趋势是合流归并，是从繁杂到简化。《广韵》的平、上、去、入四个声调与现代汉语普通话的阴、阳、上、去四声的对应关系主要有三条，即平分阴阳、浊上变去、入派四声。唐作藩先生之所以选取《广韵》作为贯穿全书的主线，是因为《广韵》在汉语语音史上具有承上启下的作用。我们掌握了《广韵》音系的知识，可以上推先秦古音，下推近代音；还可以用它来调查现代方言，研究古今音的发展变化。

《音韵学教程》是唐作藩先生从事音韵学教研和普及工作数十年的结晶，是作者从事音韵学学术研究跟音韵学教学实践相结合的产物，具有较高的学术水平。该书经过五次修订，内容更加充实，表述更加准确，体例也更加严密，不少音韵学教材都是以它为范本的。该书于1987年初版，再版改排繁体，后经多次修订，现在的第五版已经相当成熟和完善。1992年11月，《音韵学教程》第二版获国家教委第二届全国普通高等学校优秀教材二等奖；2005年1月，《音韵学教程》第三版获北京高等教育精品教材奖；2015年9月，《音韵学教程》第四版获第四届中国大学出版社图书奖优秀教材一等奖；2016年7月，《音韵学教程》第四版获北京大学优秀教材奖。

（吕金刚、曹炜撰稿）

《训诂学》导读

洪诚著，江苏古籍出版社1984年版。

我国传统语言文字学长期被称为"小学"，它有三个分支学科：文字学、音韵学、训诂学。训诂学是传统语言文字学里研究语言思想内容的一个学科，是从语义的角度来研究语言的。

训诂与训诂学联系紧密，但又有所不同。"训诂"是"诂训"倒言，"诂训"是并列式的词组，相当于后世所谓"注解"。训诂的任务是解释语言，训诂学是研究怎样正确地理解语言、解释语言，也就是讲清楚怎样注释的道理。

早在春秋战国时期训诂就已萌芽，这个时期训诂刚刚发端，而且最先出现于正文训诂之中。两汉是训诂学初兴时期,《尔雅》的产生标志着训诂学的诞生,其与之后的《方言》《说文解字》《释名》被称为中国训诂学的基石。到了魏晋南北朝时期,训诂学持续发展,产生了义疏之学,义疏先解释经文,再阐述注义,以张揖的《广雅》为代表。隋唐是训诂学发展的保守时期,孔颖达的《五经正义》、陆德明的《经典释文》及李善的《文选注》保存了唐以前大量的古书佚文和训诂资料,但训诂学没有新的发展。宋代则是训诂学发展的变革时期,不少学者开始摆脱汉唐旧说,创发新义,这一时期著名的训诂学家有邢昺、陆佃、洪兴祖、朱熹等,这一时期也是古音学萌芽、文字学发生变化、语法学深入发展的重要时期。训诂学在元明两朝经历了300多年的停滞时期,清代中叶以后才进入一个新的发展阶段,这个时期著名的训诂学家主要有戴震、钱大昕、段玉裁、王念孙、王引之、郝懿行、俞樾、章炳麟等。《马氏文通》之后,中国语法学开始成为一门独立的学科,促使训诂学走上了新途径。尤其是20世纪80年代以来,训诂学这门古老的学科开始复兴,一些关于训诂学理论和训诂实践的论著陆续出版。

洪诚的《训诂学》初版于1984年7月,该书系以作者1957年《训诂学》讲义及1960年《文字语言通说》讲义为基础,改写扩充而成,主要部分写于1965年9月至1966年3月,部分内容补充于"文革"之后,经过反复整理修订,终成此书。全书共分六章:一、绪论;二、与训诂有关的书面上的基本情况;三、阅读必须掌握的基本规律;四、读注;五、作注;六、总结——训诂学几个重要的原则。绪论部分主要讨论了三个问题:训诂释义、训诂和训诂学的任务及训诂学的起因和发展。第二到第五章主要讨论了训诂学中的几个重要问题,首先要了解古代书面语的基本情况,主要是文字和音义上的情况,研究怎样看待这些情况并处理它们。之后明确在解释古代语言时我们必须掌握的语言文字方面的基本规律。接着在前人的研究基础上,取长补短,学会阅读古今人的专书注释。最后落实到自己的工作上,研讨如何注解词句、翻译篇章。最后一章则在归纳总结前面各章提出的各项问题的基础上,总结了训诂学的几个重要原则。

值得注意的是,洪诚《训诂学》的体系相较于旧训诂学有很大不同。洪诚在该书的自序中提到:"(该书)古为今用,例句多用常见之文,故体系与旧训诂学不同。"旧训诂学缺乏历史的观念,洪诚的《训诂学》则用语言历史发展的观点指导训诂学研究。语言历史发展的观点是洪诚训诂学思想的核心，他在"运用历史观点解释语义"中讲到："语言是随历史发展的，训诂必须掌握语言的历史情况，才可能有正确的解释。"这一思想也体现在他对声义关系的考察中，他认为："所谓声义相通的声，应该按作品写作时代的字音来考察。"这也是洪诚《训诂学》相较于其他训诂学著作的一大特色。

该书的特色也体现在以语法为突破口，为训诂学研究指出了新的途径。相对于词汇、语音，语法研究在传统语言学研究中最为滞后，因此，一直以来运用语法为训诂服务的方法都较为薄弱。洪诚从理论上阐述了语法学对于训诂学的作用，他指出："训诂学和词义学有不可分割的关系，但却不等于词义学。词义学是研究词的性质、结构及其演变规律的科学，它的研究对象是词，不包括句。训诂学不但要了解词义，还要讲明句义，主要依据历史语法学。"此外，他在"句法规律"一节强调了掌握古代汉语句法规律的重要性，从五个方面阐述了古今句法的差异。

除此之外，该书的特色还体现在注重实例的运用上。训诂讲究功力，正确使用文献本身就是一种功力。作者在谈到该书的写作目的时提到："（本书的写作目的）就是企图紧密结合这种实践（古代汉语的教学实践），提出一些重点问题进行研究，总结前人经验，阐述训诂学的一些基本原则，因此内容侧重以实例进行方法上的启发，而避免单纯地引述前人的议论。"洪诚的《训诂学》内容精深，其中多有著者的独到见解与创获，尤在驳误申说的例证中显示出来。如绪论部分第三节证《尔雅》之成书在《毛传》前，以经传之本文体例互证，证据确凿，为前人所无；又在节末附注中罗列前人误说之大概，旁引他籍，从文献历史角度进行正反论证，令人信服。

总体而言，洪诚的《训诂学》在训诂学领域具有很高价值，得到了极高的赞誉。徐复在为该书作序时曾评论道："述前贤之确诂，发己说之精英，语皆有据，辞无不达。文有假借，则贯之以声音；书有传讹，则订之以校勘，可谓文理密察，极训诂之能事者矣。"陆宗达以该书中对于《左传》"中寿"的考辨为例评论道："证据充分，论述缜密，实为不刊之论，足解千年疑案。"

（李璐撰稿）

《汉语史纲要》导读

殷国光、龙国富、赵彤编著,中国人民大学出版社2011年版。

一、本书的编写情况及主要内容

由殷国光、龙国富、赵彤编著,中国人民大学出版社推出的《汉语史纲要》是继王力《汉语史稿》、向熹《简明汉语史》之后,在充分吸收学界新材料、新观点、新理论的基础上,完成的一部与时俱进的汉语史学科教材。

全书共分为四个部分,分别为绪论、汉语语音史、汉语语法史与汉语词汇史。绪论由殷国光执笔,语音史与词汇史由赵彤执笔,语法史由龙国富执笔。三位编著者在汉语史研究领域各有所长:殷国光侧重于上古汉语专书语法研究,赵彤长于语音史尤其是上古汉语语音的研究,龙国富则擅长语法史、语法化、佛经语言的研究。

本书的主要内容围绕以下几个问题展开:

(一)汉语的声、韵、调是如何演变的?

(二)汉语的词类、句式、语序是如何演变的?

(三)汉语的词汇如何更替?构词法如何发展?词义如何演变?

语音史部分旨在解决问题(一)。该部分以时间为轴,将语音史划分为上古、中古、近代、现代四个阶段,并对各阶段语音系统的面貌及不同阶段语音系统的演变做了详尽的描写。

语法史部分旨在解决问题(二)。该部分以专题形式展开:第一至第六章、第十一章研究对象为名词、数词、量词、代词、动词、形容词、系词和语气词八种词类,第七章考察汉语的语序,第八章考察特殊的句法结构——动补结构,第九、第十章考察两种特殊的句式——处置式与被动式,第十二章则概括了汉语语法在词法和句法两方面整体的演变趋势。各章之下又依据时间轴,细致地梳理了不同语法现象自古至今的演变途径。

词汇史部分旨在解决问题(三)。该部分同样采用专题形式:第一章概述了古今构词法的演变，第二章介绍了词义演变的若干途径，第三章探讨了词汇交替的原因及方式，第四章探讨了熟语中两类重要成员——成语与谚语的来源及演变特点，第五章探讨了不同外来文化对汉语词汇的塑造及影响。

二、本书的学习准备及阅读要领

本书虽为"汉语史"学科的教材，但由于本学科涉及音韵学、语音学、词汇学、普通语言学、历史比较语言学、认知语言学等内容，因此阅读时需要有一些相关的知识储备，其中又以语音史与语法史知识最为紧要。

（一）语音史的学习准备

本部分须掌握一些语音学与音韵学的知识。语音学方面须掌握国际音标表，最好能熟记或能较快查询到某一音标的发音部位、发音方法（可参考麦耘《音韵学概论》P20—23，林焘、王理嘉《语音学教程》第二、第三章）。借助上述训练，读者可以看懂本书中构拟的各种音值。需要注意的是，所谓"拟音"并不一定是古代的实际语音，所有音值的构拟只是为了便于科学地描写语音现象及探讨现象背后的动因。例如，本书第59页所列《切韵》韵母构拟表中，"五支""六脂""七之"三个韵的韵母今天大多读舌尖元音［ɿ］，而在中古的读音并不相同，依开口度大小依次可排为脂韵［i］＜支韵［e］＜之韵［ə］。又如，"歌"和"戈"中古时期韵腹相同，但介音不同，"歌"为开口呼［ɑ］，"戈"为合口呼［uɑ］。学习语音史的关键不是去记忆某一个声母或韵母在某一时期构拟的音值，而是看它在历时方面的演变轨迹，以及在共时语音系统中所处的音韵地位。

音韵学知识至关重要。学习者应尽可能熟悉《切韵》音系，掌握传统音韵学的术语。（术语方面可参看麦耘《音韵学概论》绪论第二节，《切韵》音系的基本知识可参考唐作藩《音韵学教程》第三章）《切韵》音系对汉语语音史研究十分重要，后人可以据此上求上古音，下推近现代语音。由于《切韵》原书已经失传，今人主要借助唐代王仁昫《刊谬补缺切韵》及北宋陈彭年等修撰的《大宋重修广韵》来了解《切韵》音系。

本部分重点掌握的技能是查找某一个字在《切韵》系韵书中的音韵地位（包括该字的声、韵、调、等、呼）。具体方法如下：先在《广韵》中搜索到该字属于何声何韵，再找到该字所属小韵的首字，最后在《韵镜》

中找到该字。另外，学习者也可以通过检索相关的工具书（如《汉字古音手册》《古韵通晓》等）来达到目的。这些工具书除了显示各家构拟的音值外，还记载每一个字在《广韵》中详细的音韵地位。在学习过程中，读者应掌握传统音韵学中的基本术语概念，尤其要分清"韵""韵部""韵母""韵类""韵摄"这些容易混淆的概念，了解一、二、三、四等字的区别等。

（二）语法史的学习准备

本书关于汉语语法史研究的理论基础是语法化理论。这也是近几十年来语法史研究依据的主流理论（具体可参考沈家煊《"语法化"研究综观》）。简单来说，"语法化"指一个词汇成分逐渐演变为一个语法功能成分的过程，或指某个语法成分的语法性不断趋强的过程。在该框架下，本书编著者着重探讨每一种结构式语法功能的产生历程、演变途径、获得条件及运作机制等。

以本书中"以"字句的演变为例（P276—279）。"以"字最早作动词，有携带、率领义，后语义持续泛化，引申出用、拿等义。由于"以"多出现于"以 + N_1 + V + N_2"或"V + N_1 + 以 + N_2"动式结构中，所以性能逐渐由动词虚化为介词，主要引介动作所使用的工具或进行的方式、手段。在实际语境中，"以"所带的宾语语义上可以分析为工具和受事两种情况，当"以"将受事宾语提前至谓语动词前形成"以 + N_1 + V + N_2"时，该结构遂具有广义处置义，而"以"则虚化成处置标记。在此过程中，方所宾语的产生、动词的复音化、使用频率的提高增强了"以"字引介受事宾语的能力及"以"字句的处置义。

"以"的演变途径可归结为：动词→工具介词→处置标记。"以"由最初意义相对具体的动词，逐步过渡为引介工具或受事的介词，最终虚化成处置标记，其词汇意义越来越虚，而语法功能则步步增强。"以"发生语法化的条件大致如下：语义相宜（如方所宾语的产生使得"以"在相关句式中表工具的功能消失，处置义的功能凸显）、结构临近（处于连动结构式中）、高频使用。"以"实现语法化的机制主要是重新分析，即当"以"所带宾语语义处于两可情形时，由"以 + 工具"重新分析成"以 + 受事宾语"。

（三）阅读要领

在阅读本书的过程中，建议学习者将全书的内容分为如下四个层次：

（1）客观事实；
（2）术语及对应概念；
（3）主要观点；
（4）支撑观点的材料及论证过程。

客观事实是指学习者已知并能直接运用于语言分析的基础性知识，如《广韵》的206韵及其分类情况（平声57韵、上声55韵、去声60韵、入声34韵），阳声韵与入声韵的相配情况等。对这些知识，书中未加赘述，而是直接呈现为构拟的韵表。这就要求学习者在看到某些不太熟悉的学习内容时，必须找相关书籍补充该方面的知识。

术语是表述观点的基础，掌握术语的内涵有助于理解和辨析书中的观点。本书中出现的术语大多能在书中找到对应的概念。例如，"声训"是指"一种用音同或音近的字来解释被释字的训诂方法"（P16），"叶音"是"为求押韵和谐临时改变汉字的读音"（P30）。在谈到"处置式"时（P274—275），编者依据充当谓语的动词类型（是双及物动词、单及物动词还是不及物动词）将之区分为广义处置义、狭义处置义和致使义处置义三种。也有一些基本概念如"等""呼"，本书未加列出，需要学习者到相关专业著作或工具书（如《大辞海·语言学卷》）中查找。

观点是编著者想要呈现给读者的主要内容。书中的观点有两类：一类是前人所提并得到公认的观点，一类是编著者补充前人或新提出的观点。比如，在讨论动趋式的产生时间和发展时（P260），编著者先列出诸家的观点（潘允中先秦说、何乐士汉代说、孙锡信南北朝说、梁银峰南北朝及唐代说），再提出自己的观点：趋向补语在唐代正式形成。

支撑观点的材料及论证过程是汉语史研究的核心。科学研究的方法一般有两种：归纳法与演绎法。汉语史研究多运用归纳法，因此作者掌握材料的多少、理解材料的程度及分析材料的方法都会影响最后得出的结论。在汉语史研究中，对同一个语言现象，各家经常会得出不尽相同的结论。需要强调的是，汉语史研究重视的不是最后观点的正确与否，而是论证过程逻辑上是否严密，能否让学习者获得思路和方法上的教益。本书的主要行文方式是数条材料加一段分析，步步紧扣，直到推出结论。学习者必须拿编著者所列举的材料来跟其所做的分析加以对照并用心体会。如果二者相吻合，则可继续往下读；如果发现材料与分析结果相抵牾、材料不足以支撑分析结果、分析没有解释清楚材料等情况，则需要在此处打个问号，等该部分阅读完后再行思索。须知，学术研究往往是从发现别人的漏洞或瑕疵起步的。

三、研究思路和方法

本书所遵循的研究思路和方法是汉语史研究的常规思路和习见方法，大致如下：

（1）发现问题：发现和提出问题是科学研究的起点。问题既可以是前贤提及但未能解决的，也可以是自己阅读文献过程中产生的，还可以从现实鲜活的语料中寻找。

（2）提出假设：通过已有知识，对问题进行初步判断，确定问题涉及的范围领域，并假设该语言现象产生的原因。

（3）搜集材料：在初步判断后，一方面搜集前人研究该问题的成果，另一方面着手搜集新的例证。搜集例证除了可通过纸质书籍进行外，目前还可充分运用语料库资源，如 BCC 语料库、"中央研究院"汉语标记语料库、中国哲学书电子化计划等。在使用这类语料时，学习者一定要找原书核对语料正确与否。

（4）客观描写：客观描写是将搜集到的材料进行客观的分析说明，并依据形式、语义、功能等方面将材料分成不同的类别。

（5）统计数据：数据统计一方面能防止研究流于主观，避免将某一类语法现象认作特例，另一方面能通过数据变化更直观地反映语言历史演变的趋势。在进行专书统计或断代统计后，一定要注意样本的可靠性。

（6）归纳总结：将搜集的材料、解释性的文字、统计的数据依照一定的逻辑顺序加以连贯或组合，最后归纳总结出观点、结论。

（7）检验修正：扩展研究对象，进一步检验所得结论的正确性，并在不断的检验修正中提取出汉语的历史演变规律。

四、学习目标

（1）能够简要并切实回答开头所提及的三个问题；

（2）初步具有搜集语料、分析语言现象的能力，能够完成一些描写性的语言研究工作；

（3）语音史方面：学习者可将自己的方言与普通话比较，对比自己方言中的声韵母与共同语声韵母的演变途径，观察方言中的哪些演变缓/快于共同语，哪些演变不同于共同语；

（4）词汇史方面：学习者能够排列多义词的各个义项，做一个简单的历时梳理；

（5）语法史方面：学习者初步树立起动态的语法观，并将其运用到古今汉语、各地方言及相关亲属语言的学习和研究之中。

（王建军撰稿）

《语音学教程（增订版）》导读

林焘、王理嘉著，王韫佳、王理嘉增订，北京大学出版社2013年版。

《语音学教程（增订版）》在1992年版《语音学教程》的基础上，根据国内外语音学研究成果，进行了删改和扩展，建立了更加系统科学的语音学知识体系。此书文约词微、图文结合，有助于初学者打下牢固的语音学基础，同时极具启发性，激发了学习者对于语音学研究的兴趣。

一、主要内容

此书由绪论和十章内容组成。绪论部分对语音学的研究内容、研究领域、发展历程、社会价值进行了详细的阐释。这一部分介绍、区分了语音和声音，重点介绍了实验语音学，又厘清了实验语音学和音系学的差异，使读者对语音学有了较为全面的了解。

第一章"语音的形成"讲述了语音学研究涉及的基本概念，形象生动地介绍了语音形成的物理、生理条件。

第二章"元音"介绍了元音的性质、分类及其声学特性。此章通过大量语图展示了传统语音学和实验语音学对元音进行分类的方式。传统语音学侧重于观察舌位的高低、前后，嘴唇的圆展；而实验语音学则通过实验发现了声腔、共振峰频率和元音音色间的密切联系。

第三章"辅音"较上章要复杂得多，此章介绍了辅音的发音部位、发音方法、其他特征、普通话的辅音,同时,通过大量语图较为直观地呈现了辅音的声学特征。作者充分考虑到汉语普通话辅音较为单纯的特点,因此以汉语方言、外语为例,详尽地介绍了各种辅音的发音部位、发音方法。

第四章"音节和音节结构"以汉语普通话和英语为主,介绍了音节的划分和结构。此章结合传统音韵学中的四呼和方言学内容,着重介绍了汉语音节结构和普通话的音节结构,突出了普通话的音节特点,也让读者对汉语的音节结构有了更加全面的认识。

第五章"声调"介绍了声调的性质、汉语声调的特点及声调的感知与测量。基于五度标记法,此章介绍了汉语内部的声调差异。通过实验语音学的技术帮助,此章强调基频变化不是唯一的辨认声调的信息,教授了将频率值转换为五度值的方法。

第六章"语流音变"对语流音变现象进行了分类,通过大量方言材料介绍了汉语连续变调的性质、类型及儿化音变,将汉语音变和普通话音变分节介绍,对比分析了普通话和汉语各方言的区别,展现了汉语音变的多样性。

第七章"韵律"介绍了词汇的轻重音、句重音、节奏和语调。此章对汉语是否存在重音音节进行了讨论,从音长、音高、音质方面分析了汉语的轻音和轻声的特点。"节奏"一节介绍了汉语中的两种节奏单位——音步是纯语音层面的,而停延段则是语音时间上的延长造成的听觉感受。语调一节介绍了字调和语调,阐释了语调、字调的相互关系,分析了普通话的陈述语调和疑问语调。

第八章"语音学和音系学"围绕音位的区别特征进行讨论,包括音位归纳的原则和可能性,音位的聚合和组合的区别。重点介绍了音系学及区别理论,强调了音位在语音研究中的重要性,区分了语音学和音系学,此章是全书至关重要的一章。

第九章"普通话音位系统的分析和讨论"对普通话的音位和音位变体进行了仔细、科学的描述,讨论了普通话中音位变体的特点及出现条件,阐释了普通话音位归纳的根据。

第十章"《汉语拼音方案》与普通话音位的关系"详细而全面地对《汉语拼音方案》进行了解读。此章说明了声母表中字母和语音的配置并不是一一对应的关系,介绍了韵母拼写形式的制订方法——以"四呼"为框架,遵循"尚形原则",将《汉语拼音方案》与普通话的严式标音和宽式标音进行了对照。

二、新旧版对比

《语音学教程》一书于1992年初版,由林焘和王理嘉先生著,《语音学教程(增订版)》在《语音学教程》的基础上,由王理嘉和王韫佳先生进行了删改和扩展。

(一)内容修订

增订版吸收了1992年之后20余年国际和国内的语音学研究成果。增订版吸收了音系学家的看法,按韵尾对韵母进行了分类;第五章吸收了2000年以来国内外关于汉语普通话和汉语方言声调感知的新成果;第七章从标题到内容都根据国内公认的研究成果做了修订。

增订版对国内外不一致的学术表达方式采取折中做法。国内习惯用与舌相关的术语来界定辅音的发音部位,而国际语音学界早已改用上颚的某个部位来界定,增订版将参与形成阻碍的两个部位都列举出来。例如,增订版将原书的"舌尖中"改为"舌尖中——齿龈"。又如,增订版在保留原书《国际音标简表》的同时,给出了最新版的《国际音标全表》的汉译版。

增订版重写第八章,针对高校教学、科研工作中的困惑和误区,着重说明了语音学和音系学、音素和音位这两对学术概念的不同,介绍了音位归纳的原则。

(二)技术更新

相较于原版,增订版更新了语音学研究的技术手段。增订版删去了原书中基于模拟信号技术进行声学分析的内容。例如,第五章删去了原版中基于频谱来观察基频的内容,改成了直接展示基频曲线。

(三)结构改善

增订版对全书的结构也进行了改善,使其更加符合学术规范。增订版按照现行学术规范,给所有的图加了图题,对所有表格进行了编号并在正文前列出了图表目录,并单独列出了主要参考文献。

三、经典之处

（一）经典教材

作为教材，《语音学教程（增订版）》行文通俗简洁，内容上覆盖语音学研究的各领域，结构上循序渐进。

文理结合。各章节都是从传统语音学的角度介绍一些基本概念，然后重点分析汉语普通话的语音系统，最后介绍实验语音学的一些基本常识和研究成果，具有文理结合的色彩。

拓展基础知识。此书编写的初衷是用来作为高年级本科生选修语音学专题课的参考书。书中的内容一来巩固了现代汉语语音的基础知识，二来对一些过去课程中未涉及的内容进行了拓展。例如，同样讲元音和辅音，《现代汉语》重点讲的是普通话的元音和辅音，而《语音学教程（增订版）》则在对普通话中的元音、辅音进行详细分析的同时，将其实际读音与国际音标进行对比，并介绍了汉语拼音的严式标音。

面面俱到。就语音的核心知识而言，此书不仅突出汉语普通话，还包容其他语言、汉语方言，元音、辅音、声调均有大量语音资料作为例证。

细致入微。为了帮助学生掌握国际音标的正确发音，书中不仅对每一个音的发音方法、发音部位进行了描述，还展示了大量的发音器官纵剖示意图。

（二）中国语音学研究的经典

系统梳理。《语音学教程（增订版）》对语音学知识的梳理，在于两方面。其一，对术语的梳理。增订版对不合规范的术语进行了改正，对于在国内与国际学界不一致的术语采取了罗列对比的方式。其二，对语音的历时、共时特征的梳理。例如，在介绍音节结构时，对汉语和英语的音节结构类型进行了对比分析；在介绍入声时，利用汉语方言的语音资料，对汉语入声的演变进行了梳理。

现代与传统并重。书中吸收了大量的现代语音学成果，且基本上每章都会单列一节用于介绍实验语音学。科技的进步，为语音学的发展带来了极大的便利，实验语音学缩短了初学者的入门时间，提高了语音研究的准确性。书中展示了大量的语图，以方便学习者理解不同的音，尤其是相似的音之间的区别，介绍声调时还特别介绍了频率值和五度值之间的转换。但是，这并不意味着作者将传统的口耳之学看作过时的东西，在每章练习中均有对发音练习、听音、辨音的要求。

重视研究过程。《语音学教程（增订版）》非常注重语音研究的过程，而不是语音研究的结果。对于汉语语音的演变，书中通过参考文献、语音实验等方式罗列了各地方言的语言事实，以探索汉语方言间的差异性，从而追根溯源，探寻汉语音变的动力和路径。

（莫娲撰稿）

《现代汉语词汇》导读

符淮青著，北京大学出版社 1985 年版。

词汇是语言的重要组成部分，最能反映出语言的变化和发展。现代汉语从正式形成至今仅有百来年的时间，伴随现代汉语产生而逐步发展起来的现代汉语词汇学，历史也不是很长。但就是在这百来年的发展史中，现代汉语词汇学也经历了一个由萌芽、草创到稳定发展以至走向初步繁荣的过程。

五四新文化运动爆发前的一段时间，可以看作现代汉语词汇学的准备阶段。这一时期现代汉语还未正式形成，虽然已有一些学者涉及了语言词汇的问题，但他们所面对的材料多是古代汉语的。虽然材料是古代的，但这一时期的有些研究已经开始着意于语言词语本身，而不再是专为解读经书服务，在研究方法上，也不全同于语文学的研究，既有对训诂学方法的承袭，也有对西方语言研究方法的借鉴。五四新文化运动提倡白话文，使得汉语研究材料由古代汉语转变为现代汉语，同时越来越多的学者开始关注词的结构形式、意义内容及成语的研究，这一时期是现代汉语词汇学的萌芽时期。到了 20 世纪 50 年代，现代汉语词汇学揭开了新的篇章，最显著的特点是"词本位"观念的确立，这一时期无论从研究的内容还是方法上都已明显地摆脱了传统的束缚，出现了大量词汇研究的专著，如孙常叙的《汉语词汇》、周祖谟的《汉语词汇讲话》、武占坤和王勤的《现代汉语词汇概要》等。在经历了 20 世纪 50 年代的蓬勃发展期后，20 世纪 60 年代的现代汉语词汇研究开始步入了冷静分析、深入研究的时期,研究的重点转向对于现代汉语词汇研究方法的探讨,分析逐步深入,研究队伍也日益壮大。"文化大革命"时现代汉语词汇的研究中断。"文化大革命"结束后,现代汉语词汇研究又重新焕发出勃勃生机。20世纪80年代以来,对汉语词语意义的研究,开始注重方法上的求证,"义素分析法"的引进、同义词反义词及词语表达色彩等问题上方法的求新使得现代汉语词汇研究进入了一个新的阶段,符淮青的《现代汉语词汇》便是这一时期的产物。

《现代汉语词汇》初版于1985年3月,北京大学出版社出版,该书是符淮青在给1978级、1979级、1980级北京大学中文系学生讲授"现代汉语词汇"课程所写的讲稿的基础上加工修改出来的,除了吸收这门课的原有内容外,符淮青还在词义、词义分析、词义发展、词义和构成它的语素义的关系、词的释义等问题上提出了自己的意见和看法。全书共十章:一、绪论;二、词和词义;三、词的概括性;四、多义词和同音词;五、词义的发展;六、同义词、反义词、上下位词;七、现代汉语词汇的构成;八、成语、谚语、俗语、歇后语;九、词义和构成词的语素义的关系;十、词典。继1985年初版之后,该书多次重印,之后的修订版"保留了原书的框架,增写了第二章词的构造,将原书的第二章词和词义、第三章词的概括性合为一章,仍是十章。各章补充了一些新的内容,也删去了一些过时的不恰当的内容,增加了一些练习题。目的是使本书继续成为一本有用的教材参考书"。

从内容来看,《现代汉语词汇》大致可以分为三个部分。第一部分是词,符淮青对于现代汉语中的"词"解释得相当透彻,包括词的定义、词的构造、词义的内容与发展等。该书"把词看作语言中有意义的能单说或用来造句的最小单位,它一般具有固定的语音形式"。词又分为单纯词和合成词两类,词义包括概念义和附属义。第二部分是词汇。书中对几种重要的词汇进行划分,具体为:基本词汇和其他词汇;古语词和新词;口语词汇和书面语词汇;标准语词汇和书面语词汇;本族语词汇和外来语词汇;非语义词群和主题词群。该书把词汇中的熟语单独拿出来分析,没有混同在词汇这一章里。第三部分是词典,对于词典的类型、词典的释义、词典编纂的一些问题进行了提纲挈领的讲授。

本书最大的特色是对于词义的阐述,从多个方面来讲解词义。一般认为语言是形式,思维是内容,语言单位体现思维单位,词是概念存在和表现的形式。如果把词比作一个可以确定的、具体的、有形的东西,那么概念是抽象的、一般的,它被称作词的概念义,其实在这里也就是我们说的词义。但词和概念并不相等,符淮青从四个方面阐述了两者的区别,并指出:"词的语音形式联系的是概念内容,而概念内容是客观事物的反映。"之后将词的概念义分为表现对象特征和适用对象两个方面。除了概念义,该书还讨论了词的附属义,即"词的各种附属色彩",词的附属义主要指词的形象色彩、感情色彩及语体色彩。多义词与同音词部分,作者分析了词义和词素义,对多义词的类型进行了说明,对于本义、基本义、引申义、比喻义等进行了讲解,也讨论了多义词义项意义之间的联系。同义词、反义词及词的层次关系部分,作者将词从不同的角度进行分类,同义词、反义词是按照意义分类的,上下位词是按照意义里概念的大小分类的,之后又区分了上下位词和整体—部分关系词。

  总体而言,《现代汉语词汇》是一部不可多得的现代汉语词汇研究的专著。周荐评论说:"虽然从章节的数量上看,符氏的《现代汉语词汇》与一些同类的书(如武占坤、王勤二氏的《现代汉语词汇概要》)大体相当,但从内容上看,却有着一些独到之处,为不少同类的书所不及。例如,作者在书中专设'词义和构成词的语素义的关系'一章,用不小的篇幅论述了'词义和语素义关系的类型',论述了'语素在构词中的变异',以及'词的暗含内容'。在词义跟语素义的关系的研究中,作者倾注了极大的心力,因而新见迭出,独具特色。再如,在词的结构组织关系一章中,作者在对同义词、反义词作了分析、说明之后,笔锋一转,对上下位词问题做了详细论析。符淮青的《现代汉语词汇》是八十年代中叶的一部有新见和特色的现代汉语词汇学著作。"

  语言是一个符号系统,它的存在必须以词汇的存在为前提,没有词汇,任何语言都是不可想象的,过去汉语词汇学的研究之所以比较薄弱,正是因为对这一点的认识不够,因此,重视汉语词汇体系的学习,对于整个汉语语言体系的学习至关重要。

(李璐撰稿)

《语法讲义》导读

朱德熙著，商务印书馆1982年版。

朱德熙先生的《语法讲义》是一部重要的语法著作，在国内外有广泛的影响。这本书的底本是朱先生于1961年至1962年在北京大学讲授"现代汉语语法（二）"这门课程的讲义。这本书也被商务印书馆多次重印，是语法学研究的必备书籍。本书是朱德熙先生所著的一部极为经典的描写语法类著作，关于方法论的问题和解释在《语法答问》中做出了补充。

用朱先生的话来说，语法体系在很大程度上指的是语法事实和规律的表述系统。说得通俗一点，就是讲语法的框架。该著作展示给我们的语法体系是一种既简明又严谨的汉语语法体系。它之所以简明而严谨，是因为它尊重汉语语法的事实，反映汉语语法的特点，符合汉语语法的规律。《语法讲义》侧重于语法事实和规律的表述，这在当时是一种全新的语法体系，它与旧的语法体系有三点显著区别：

一是词类观，这种体系是根据词的语法功能定词类的，旧语法体系是根据句子成分定词类的；

二是句法分析观，这种体系是基于词组本位的句法分析观，而旧语法体系是基于句本位的句法分析观；

三是析句观，这种体系采取层次分析，旧语法体系采取中心词分析。

《语法讲义》是结构主义语言学的经典读物，按照语法单位来阐述汉语的语法事实。首先将语法单位分为语素、词、词组和句子。接着明确阐述语法分为词法和句法两个部分，词法研究的是词的内部构造，以语素为基本单位；句法研究的是句子的内部构造，以词为基本单位。所以，词法和句法属于两个不同层面的概念。

在词法方面，《语法讲义》主要阐述了词的构造和词类问题。关于词的构造，主要讨论的是合成词的构造，将合成词的构造方式分为重叠、附加、复合三大类。在词类分法上，朱先生明确表明，"根据词的意义来划分词类是行不通的，因为表示同类概念的词，语法性质不一定相同"，例如"战争"和"战斗"都表示行为，可是"战争"是名词，"战斗"却为动词。

英语可以借助于词的形态变化来划分词类,但汉语不像印欧语那样有丰富的形态,因此给汉语的词分类不能根据形态,只能根据词的语法功能。语法功能指的是这个词在句法结构里所能占据的语法位置。词类是反映词的语法功能的类,但是根据语法功能分出来的词类,在意义上也有一定的共同点,可见词的语法功能和意义之间有密切的联系,但划分词类的时候只能根据功能,不能根据意义。这一观点的提出在现代汉语的研究上具有重要意义,朱先生使用词的语法功能划分词类,也承认意义跟功能有密切的联系,但认为划分词类不能根据意义。

在句法结构上,《语法讲义》列举了主谓结构、述宾结构、述补结构、偏正结构、联合结构、连谓结构。每一种结构都从结构、语义、表达三个不同方面来观察。比如,主谓结构,从结构上看,在一般情况下主语在谓语之前(也有少数例外),两者之间的联系,跟其他各种句法结构比较起来,要算最松散的,因为主谓之间往往可以有停顿,且主语后面可以加上语气词来跟谓语隔开,而且,只要不引起误解,主语往往可以省略。从语义上看,主语和谓语的关系复杂,拿动词组成的谓语来说,主语所指的事物跟动词所表示的动作之间的关系各种各样,主语可以是动作的施事,也可以是受事,还可以是与事或是工具、时间、处所等。从表达上看,说话人有选择主语的自由,同样的意思,可以选择施事作主语,也可以选择受事或与事作主语,比如:"他把电视机给弄坏了"(施事主语);"电视机让他弄坏了"(受事主语)。

再比如,述宾结构,述语和宾语在意义和结构上联系都很紧密,中间没有停顿。述语和宾语之间的关系可以是各种各样的,宾语可以是动作的受事(吃苹果);宾语也可以是动作的施事(来客人了、住人);宾语可以是动作凭借的工具(洗冷水、抽烟斗);宾语也可以是动作产生的结果(盖房子、写信);宾语还可以是动作的终点(进医院、上广州);宾语还能表示动作延续的时间(住三天、等一会儿)。朱先生还补充道:有的动词充任述语时表示使动意义,例如:"晒太阳""跑马","晒太阳"是让太阳晒,"跑马"是让马儿跑。可见,《语法讲义》从结构、语义、表达三个层面厘清了主语、宾语和施受关系:主语不一定是施事,宾语也不一定是受事。如何区分主语和宾语的问题,有些语法书却主张根据意义加以区分,认为施事是主语,受事是宾语。而《语法讲义》明确表示,句中名词和动词间语义关系是各种各样的,"玻璃擦了"是主谓结构,不能因为"玻璃"是受事,就说它是宾语提前;"来客人了"是述宾结构,不能因为"客人"是施事,就说它是主语后挪。主语、谓语是句法概念,施事、受事、与事是语义概念,不能混为一谈。

1982 年,朱德熙发表了《语法分析和语法体系》,明确反对把一切句法结构的分析都附在句子模型上进行的句本位语法观,指出"汉语的句子的构造原则跟词组的构造原则基本一致","句子不过是独立的词组","把各类词组的结构都足够详细地描写清楚了,那么句子的结构实际上也就描写清楚了",因此"有可能在词组的基础上来描写句法"。同年,富有影响力的《语法讲义》终于出版。《语法讲义》是以词组本位的观念为指导建立的一个有特色、有影响的语法体系。词组本位同句本位一样,也是把语法研究的本位放在句法中。但是,与黎锦熙不同的是,它把本位定在词组的句法结构上,而不是句子成分上。这种处理比较适合汉语的词类与句法成分不是简单的一一对应关系这一特点,克服了"词无定类"、过多的"词类转化"等弊端,对汉语语法的研究、揭示汉语的语法特点,都具有重要价值,而且至今仍在发挥着重大作用。朱德熙由黎锦熙的句本位发展到词组本位,虽然仍是在句法的领域中,但是,由于汉语的句子成分与词类的特殊对应关系,由于汉语的词组构造与合成词和句子的构造基本相似,所以词组本位比此前的各种本位更切合汉语,是依照汉语特点提出的不同于西方语法学的本位理论,也可以说是汉语语法研究成果对普通语法学的一个重要贡献。

(杨黎黎撰稿)

《现代汉语修辞学(第四版)》导读

吴礼权著,复旦大学出版社 2020 年版。

《现代汉语修辞学》是教育部立项的面向 21 世纪的高校现代汉语系列教材之一,2014 年就被评定为"十二五"国家级规划教材。此书由中国修辞学第一位博士学位获得者、复旦大学中国语言文学研究所的博士生导师吴礼权教授倾力而作,五易其稿、六年乃成。

吴礼权三十多岁就以突出的学术成就破格晋升为教授，成为复旦大学百年史上最年轻的文科教授之一。并且，吴礼权还是中国修辞学会会长，兼任上海市语文学会秘书长、副会长。这一切都与他丰硕的科研成果密不可分。迄今为止，吴礼权已在国内外发表学术论文近两百篇，出版学术专著《中国笔记小说史》《中国言情小说史》《古典小说篇章结构修辞史》《中国修辞哲学史》《中国语言哲学史》《修辞心理学》《现代汉语修辞学》等二十余部，另有《阐释修辞论》《中国修辞学通史当代卷》《中国修辞史》等合著八种。这些学术论著曾多次获得国家级、省部级的奖项。另外，吴礼权还著有"说春秋道战国"系列长篇历史小说。专家们一致认为："吴礼权教授是一流学者，以深厚的学术功底为依托，以修辞学家的语言修养为基础从事历史小说创作，起点高、品位高、格局大"，"其建树是一般历史小说作家所难以企及的"。

《现代汉语修辞学》（初版）是吴礼权在 2006 年出版的。随后，吴礼权不断吸纳修辞学界同行在教学中所提出的有益建议，大幅更新了书中的语料，又先后出版了修订版（2012）与第三版（2016）。2020 年 1 月，《现代汉语修辞学（第四版）》终于在前三版的基础上精益求精修订而成。从初版到第四版，吴礼权依次增加了古汉语修辞的论述、新媒介语料与新修辞文本类型，还在每章之后补充了丰富多样的思考与练习。如今的第四版不仅完善了汉语修辞学的学科理论体系，勾勒了汉语修辞自古及今发展演变的渊源关系，而且还建立了一套完整的修辞文本建构与解构的分析模式，全面深化了读者对汉语修辞的认识与理解。

《现代汉语修辞学（第四版）》全书约 50 万字，除绪论外，共分九章。

绪论界定了修辞、修辞学及与之相关的诸多概念，阐述了学习现代汉语修辞学的意义，并阐明了修辞学与语法学、逻辑学、语用学之间的关系，等等，可以让读者在较短的篇幅里获得对汉语修辞学及其学科地位的大致了解。

第一章至第六章分别从婉约蕴藉、传神生动、齐整和谐、强化语意、幽默讽嘲和关联变化等 6 个角度，详细介绍了 40 多种修辞文本的营构模式。这六章不仅注重对修辞现象展开描写，更重视对修辞学理论加以阐释。每种修辞模式先从古今丰厚的语料中较全面地总结出从字句段落到篇章结构的诸般修辞规律，再归纳出特定有效的修辞文本模式，最后系统地将自主创新的修辞心理学理论深入浅出地融会其中。书中所选取的例证语料贯通古今，总结的修辞规律科学又全面，概括的修辞原则深刻而精警；对修辞文本的精义解析犹如庖丁解牛；对修辞文本所建构的心理机制的阐释首开先河，新颖而精准。同时，每章附后还有供阅读者和学习者巩固知识之用的思考与练习，充分将理论阐述与实践操练结合在了一起。

第七章讲述的是修辞学家们十分关注的"炼字锻句"主题。此章不仅从形、音、义三个角度详细分析了古今作品中的优秀"炼字"（遣词）事例，还从语气、语法结构、形体长短、组织松紧整散、施受及表达态度等方面细致探究了"锻句"的特点与表达效果。除此以外，此章还介绍了一些基本且有效的段落衔接类型，如顶真式衔接、时序语词衔接、关联语词衔接等。最后，从宏观角度强调了篇章结构策略的重要性，着重归纳了起首和结尾的几种有效策略模式，并从心理学角度对这些策略模式进行了阐释与讨论。

第八章与第九章从理论与实证两个角度分析了语体与修辞、风格之间的关系。第八章将现代汉语语体总分为"口语体"与"书卷体"两大类，再细分为五小类，然后通过具体数据的细致分析，一一阐明了不同语体的修辞特征与修辞基本原则。第九章则对言语表现风格进行了五组十种的分类，也依次对每组对应的言语风格进行了微观的数据分析，推衍出各组风格建构的基本原则。

全书理论讲述头头是道，例证分析言之凿凿。不仅改变了汉语修辞学几十年一成不变的"定义—例证—说明"的写作模式，深化了修辞理论的阐释与挖掘；而且在语料收集上力求"采铜于山"，鲜活又丰赡；并首次在修辞学中运用了现代定量统计分析的科学方法，对现代汉语的各种语体、各种言语风格与修辞的适应关系进行了量化统计分析与多媒体图示，以确凿无疑的有力证据印证了其所推导出来的修辞原则，打破了以往语体与风格研究中印象式浮泛论述的模式，使结论科学而直观，全书亦更具科学化、现代化的时代气息。

钱锺书先生曾言，文学研究离不开心理和修辞二学。吴礼权教授的《现代汉语修辞学》便是心理学与修辞学有机结合的典范。阅读者既可从中获取跨域的修辞学理论知识，又可在章后的练习中得到有效的理论实践。希望有更多的学习者能够借由此书了解到汉语修辞学的博大精深，从此爱上修辞学,并愿意为现代汉语修辞学的发展与进步贡献一份力量。

(姜晓撰稿)

《语言学纲要》导读

叶蜚声、徐通锵著,北京大学出版社1997年版。

我们知道人是高级动物,那么,人究竟比别的动物高级在哪儿呢?是直立行走的能力?是制造和使用工具的能力?现代历史学家普遍认为,让人类比其他动物更高级的,是语言。

为什么这么说呢?试想,我们的祖先,如果单枪匹马,纵使有简单的石器工具加持,在满是猛兽的险恶丛林恐怕也无法生存。显然,人类的生存依靠团结。那团结又依靠什么呢?靠互帮互助,比如一个人在另一个人受伤时照顾他,一个人给另一个人提供水和食物。可是这种互帮互助的影响力毕竟有限,靠其不可能组织起来成千上万人的军队和政权。想要团结人类,更重要的是依靠共同的信仰,信仰可能是对太阳、对大地、对洪水,或者对其他事物的崇拜,也可能是对部落首领、对上帝、对君主的忠诚。而编织所有这些信仰的,是语言。

其他动物也能发出一些声音告诉同伴哪里有猎物,哪里有天敌,可是唯有人类能发出声音说海里住着龙王,天上住着神仙,上帝创造世界……人类语言表达的内容不再限于当时当地,也不一定是真实存在的事物——只有人类的语言可以编故事。所以犹太人到今天仍然相信自己是上帝的选民;所以日本人到今天吃饭前还要对米神说一句"让我谦卑地享用";所以中世纪的骑士可以因为一句"我信仰上帝而不是真主"而加入十字军东征;所以华夏大地到今天还传颂着黄帝和炎帝的故事,说华夏儿女是炎黄子孙。事实上,我们今天讨论文学、历史、哲学、数学、宗教、金融、法律……讨论的主要都不是真实存在的事物,而是语言编织的故事——是语言让人类的一切文明变成可能。

那么,人类的语言是如何光凭声音就做到这一切的呢?这就是语言学研究的问题。要回答这个问题,首先,我们需要看人类语言中究竟用到了哪些声音,即语音。我们可以看到,因为人类共同的生理特点,各种语言的语音存在一定的相似之处，但也不是完全相同，各种语言的语音还是有自己的特点的。其次，我们需要看这些声音可以如何切分成语言单位。人类语言可以表达比动物语言更加复杂的意思，很重要的一个原因是，动物声音一般是囫囵一块，无法切分成更小的单位重新组合表达意义，而人类语言可以切分成各个层次的语言单位，比如有声音、有意义的最小单位是语素，可以独立运用的最小单位是词。再次，我们也要看这些语言单位如何组合在一起表达意义，即语法。最后，同样的声音在不同的情境当中可能有完全不同的功能，这就是语用。

　　西方基督教文明将语言的力量写在了《圣经》里。《创世纪》说，地球上的人类作为亚当和夏娃的后代，最初说着同一种语言，人们用这同一种语言谋划建造一座通往天堂的高塔，叫作"巴别塔"。上帝知道了人类的计划之后，变乱了人类的语言，自此世界各地有了不同的语言。因为这个故事，西方人相信世界上所有的语言都有共同的祖先。地理大发现之后，英国殖民者到达了印度，发现梵语与拉丁语和希腊语之间有规整的对应关系，印度语言与欧洲语言同属一源，印欧语系的谱系得以确立，于是欧洲语言学家弹冠相庆，"喜大普奔"，自信找到了"巴别"的证据。只是当时没有人能够翻越喜马拉雅山，看一看中国的情形。

　　在喜马拉雅山的这一边，我们有仓颉造字的传说，可是对于口说的语言从何而来全无交代，仿佛默认女娲用泥巴造的人天生就有说话和听话的能力。秦始皇下令"书同文"却没有要求"言同语"。事实上在漫长的历史中全国各地方言殊异，一直到中华人民共和国成立，共同语（普通话）才得到大规模推广。经过几千年的发展，虽然汉语的语音形式几经变迁，汉字却在最大程度上保留了最初的样子——在中国人心里，是汉字编织并记录了中华文明。到今天，人们虽然很难确切知道唐诗在当时诗人自己读来是什么样子，宋词在当时唱来又是如何的，却依然可以通过汉字毫无困难地读懂唐诗宋词所表达的内容。即使在今天，操着东北话的大爷大妈也依然很难同操着闽南话的阿公阿妈用口语交流，可是只要他们都认识汉字，就都可以看懂《红楼梦》。所以中国人看"语言"这一概念，必定难以与文字割裂。

　　现代语言学是20世纪初产生于西方的一门学科，立足点是印欧语系，而欧洲语言和印度语言全部采用表音的字母文字系统：字母只记录语言的读音，并不直接与意义产生联系。现代语言学的一个标志就是确立口语第一性、书面语第二性，确立语言学的研究对象是口语而不是书面语。对于现代语言学的创立者来说，中国在喜马拉雅山的另一边，汉语是东方的一个他者，是普遍规律的一个例外。那么，我们处在中国，说着汉语，又要如何去看世界的语言？

《语言学纲要》所讨论的语言并不仅仅是汉语，而是全世界的语言。这本书从我们最熟悉的汉语出发，介绍人类语言所共有的范畴和规律，可以帮助我们更好地理解人类语言和人类文明的共性，以及汉语乃至中华文明的个性；也可以引导我们思考语言与文学、历史、哲学、生理、心理、认知等方面的关系，打通古今中外，鸟瞰天地玄黄、宇宙洪荒。

《语言学纲要》除了"导言"，正文部分有九章。

导言部分介绍了语言学的研究对象、学科性质，语言学的地位和价值等。简单地说，语言学是研究语言的一门科学。

同其他问题一样，语言学关心的问题主要有：语言是什么？语言有什么？语言从哪里来？又要到哪里去？

语言是什么？第一章、第二章主要回答这个问题，即语言是人类最重要的思维工具和交际工具；语言是一种符号系统。

语言有什么？即语言包括三大要素：语音、词汇和语法。第三章到第五章就分别讲解语言的这些要素。同时，第五章中还介绍了词义和语用问题，讨论词的意义和语言的表达问题。

第六章谈论的是文字和书面语。尽管文字不是语言本身，但与语言关系密切，也是形成书面语的基础。

第七章到第九章谈论语言从哪里来到哪里去的有关问题。包括语言的演变与分化、语言的接触、语言系统的演变。

作为一本"纲要"，该书广泛介绍了语言学的基础知识和基本概念，学习时应注意对这些方面的掌握，对一些基本概念，最好能结合具体语言中的实例来理解和把握。

（张榴琳撰稿）

《诗词格律》导读

王力著，中华书局1962年版。

王力（1900—1986），字了一，广西博白县人。小学毕业后失学，靠自学打下坚实基础，1926年考入清华大学国学研究院，师从赵元任先生。一年后，赴当时的世界语言学中心法国巴黎大学留学，师从房德里耶斯（Joseph Vendryès）教授，研治实验语音学。1931年，获博士学位，翌年回国任教，历任清华大学、燕京大学、广西大学、西南联合大学、岭南大学、中山大学等校教授。中华人民共和国成立后，调任北京大学任教，并于1956年被聘为中国科学院哲学社会科学部委员。

先生是我国现代语言学的奠基人之一，在语言学各个领域都卓有建树。先生一生著述丰富，代表著作有《中国语法理论》《汉语音韵学》《同源字典》《汉语史稿》《汉语语音史》《汉语诗律学》等四十余部，后辑为《王力文集》二十卷，由山东教育出版社于1984—1991年出版。这些著作，有很多现在仍被当作大学本科与研究生教材，在科研与教学中广泛使用。

先生治学倡导中西通贯，有着鲜明的特色：一方面，他成功运用现代语言学理论重新审视我国传统的语文学（"小学"），建构起富有民族特色的语言学体系。另一方面，他特别注重将科研与教学有机结合起来，不仅在大学课堂广开各类课程，也特别注意语言学理论与知识的普及与传播。本文介绍的《诗词格律》，即是先生为普及古典诗词格律的基本知识而撰写的。

《诗词格律》一书，最初由中华书局于1962年7月出版了繁体字版，编入"知识丛书"；其后于1977年12月由中华书局出版了简体字版，列入"中国文学史知识丛书"。我们现在看到的，就是以后者为底本，重新排校出版的本子。与本书写作目的相同、成书时间相近的，还有先生所著《诗词格律十讲》一书，有兴趣的可以参看。

《诗词格律》主体部分分成四章：

第一章主要涉及有关诗词格律的一些概念，如韵、四声、平仄和对仗等。本章是本书后三章论述的基础和起点。

第二章讲唐代以后的诗律，是本书的重心。主要从律诗入手，依次讲述律诗的押韵、平仄（包括粘对）、对仗，对其中一些独特的例证如孤平、拗救、古律等一一说明，并进而讲述绝句（包括律绝和古绝），以及古体诗。除了讲述古体诗的押韵、换韵、平仄和对仗外，也特别涉及古体诗的独特例证，如柏梁台体、杂言诗及入律古风的体式特征。为什么不按照时间顺序依次讲古体诗、格律诗？先生有明确的说明："因为律诗兴起以后，诗才有了严密的格律。唐代以前的古诗是自由体或半自由体，还没有形成格律，所以不谈。"

第三章讲词律。词本是配乐演唱的曲子，后来逐渐律化，成了一种特殊的格律诗。本章主要讲述词的种类、词谱、词韵，并对一些特殊调体的平仄和对仗做出了说明。

第四章讲诗词节奏及其语法特征。除了涉及诗词的一般节奏外，也对特殊节奏详细说明。此外还根据汉语语法的独特特点，探讨了不完全句、变换语序、对仗语法要求和炼句等具体问题。

总体而言，先生在本书中，既注意总结唐代以后诗词格律的常理，也注意揭示其特例及变化的规律。诗词格律本是古代文人创作诗词时的常识，历代学人皆有所依据，亦有所总结。本书正是先生在前代学者成果的基础上，"完全用自己的话来讲述诗词格律"。限于体例，本书在引述前人成果时未做出特别注明，但在本书附录之一的《诗律余论》中，先生列出了自宋迄清的七本参考书，并进而对借韵、拗救、借对等特殊现象及其发展演变做出了补充说明，体现了先生学术态度的严谨求实。

先生除学者身份外，也是一位诗人。其《龙虫并雕斋诗集》（北京出版社1984年版）正是古体诗、近体诗集，先生的理论提炼工作，背后有着较为深厚的创作经验作支撑。而且，该诗集大量采用毛泽东的诗词作品为例，也在新时期为古典诗词标明了"在场"位置和典范价值，对提倡传统文化、遵守古典诗词韵律规则无疑是有着非常重要的积极意义的。

前面说过，《诗词格律》是普及性读物。全书深入浅出，说理明晰，举证精要，可读性非常强。但受限于本书的性质与本书成书的年代，也还存在着一些必须注意的问题。

一是重唐轻宋。这特别表现在诗律方面。唐代是格律诗（近体诗）定型、成熟并有所突破的关键时期。本书中载录了唐代大量的诗歌作品作为例证，正是反映了这一历史事实。但宋诗在声律方面也有较多的实验，特别是江西诗派如黄庭坚等人，有意识地对律诗严整的声律进行突破，做出了很多大胆的尝试，这些例证，在本书中却完全没有体现。这是否与中华人民共和国成立以来一段时间内学界有关"唐宋诗之争"尊唐抑宋的态度有关？这是值得探讨的。我们研习本书，也要在这一方面了解其不足。

二是一些具体的问题，仍值得探讨。这主要关涉词律。例如先生在解释"阕"时说："一阕，表示曲子到此已告终了。下面再来一阕，那是表示依照原曲再唱一首歌。当然前后阕的意思还是连贯的。"这种说法可以解释上下阕结构、字数大致相同的词调，但很多词调，上下阕有着明显的不同，更有三阕、四阕的词，便不能用此说法来解释。而与诗的重唐轻宋态度相似，先生于词，较为重视唐五代、北宋词和南宋的辛弃疾一派词。在词律方面有着非常严肃的追求的北宋周邦彦，南宋姜夔、张炎、吴文英等人，以及他们精研或创制的一些较为复杂的词调，也在本书中无所表现。此外，如果说诗律是一种成文法，那么词律则是一种习惯法。诗律因为与历代科举考试有关，往往有比较明确的规定，词律则相对宽松，其格律的规范化有赖于对前代作品的全面分析和总结，本书相关内容亦无法达到这一要求。

三是因强调通俗性，故有关诗律、词律的研究阐述尚有待深入。本书限于性质，当然无法做出全面举证，书中两则附录《诗韵举要》《词谱举要》虽在一定程度上弥补了本书例证的不足，但仍是不够的。如若对诗词格律感兴趣，或者想更进一步研究，诗律方面，可以参看先生的《汉语诗律学》（通行本有中华书局 2015 年版等）一书；词律方面，可以参考清人万树编著的《词律》（通行本有上海古籍出版社 1984 年版影印本）、王奕清等编著的《钦定词谱》（通行本有北京市中国书店 2015 年版影印本），以及当代学者孙霄兵著的《汉语词律学》（华东师范大学出版社 2014 年版）等。

（陈昌强撰稿）

《古文辞类纂》导读

〔清〕姚鼐纂集，胡士明、李祚唐标校，上海古籍出版社1998年版。

该书由清代姚鼐选录上自战国下迄清代文人的作品编纂而成，属于编纂类文献、文学总集。该书成书于清乾隆四十四年（1779），共七十五卷。卷首有"序目"，略述各类文体的特点和源流。正文按文体分为论辨、序跋、奏议、书说、赠序、诏令、传状、碑志、杂记、箴铭、颂赞、辞赋、哀祭十三类。

姚鼐（1731—1815），字姬传，一字梦谷，室名惜抱轩，世称惜抱先生、姚惜抱，安徽桐城人。鼐幼嗜学，伯父姚范授以经文，又从刘大櫆学习古文，天资非凡。清乾隆二十八年（1763）进士，授庶吉士。历官礼部仪制司主事，山东、湖南乡试副考官，会试同考官和刑部广东司郎中等职。乾隆三十八年（1773）破格入四库全书馆任纂修官。《四库全书》成，乞养归里。自乾隆四十一年（1776）起，姚鼐先后主讲扬州梅花书院、安庆敬敷书院、歙县紫阳书院、南京钟山书院，弟子遍及南方各省，著名者有方东树、刘开、李宗传、方绩、姚莹、梅曾亮、管同、吴德旋、李兆洛、姚椿、鲁九皋、陈用光等。他们笃守师说、遵桐城家法，对桐城派文学思想的传播作用甚大，"流风作韵，南极湘桂，北被燕赵"。

姚鼐是清代著名散文家，与方苞、刘大櫆并称为"桐城三祖"。他提倡文章要"义理""考据""辞章"相互为用。所谓"义理"就是程朱理学，"考据"就是对古代文献、文义、字句的考据，"辞章"就是写文章要讲求文采。其文学主张充实了古代散文的写作内容，是对方苞"义法"说的补充和发展，又发展了刘大櫆的"拟古"主张，提出"神、理、气、味、格、律、声、色"为文章八要。桐城派古文到姚鼐形成了完整的理论体系。他还提出富有创见性的"阴阳刚柔说"，在我国古代散文审美理论和风格特征方面有很大的突破。

姚鼐以宋儒之学为治学之本，故指斥考据的汉学家为舍本逐末，但他也不废弃汉儒治经之长。《清史稿·文苑·姚鼐传》说他"为文高简深古，尤近欧阳修、曾巩，其论文根极于道德，而探源于经训，至其浅深之际，有古人所未尝言,鼐独抉其微,发其蕴,论者以为词迈于方,理深于刘"。

姚鼐著有《九经说》《三传补注》《老子章义》《庄子章义》《惜抱轩文集》等。其《古文辞类纂》所选文章以唐宋八大家作品为主,是代表清代"桐城派"散文观点的一部选本,面世后颇为流行,也扩大了桐城派的影响。受此书的影响,清末王先谦编《续古文辞类纂》,黎庶昌编《续古文辞类纂》,乃姚氏选本的续书。

《古文辞类纂》是"近代家弦户诵之书"。后世学者评价甚高,严复说"不读此书即无以通为文之法",吴汝纶称其为选集中"古文第一善本",朱自清夸赞它集中了"二千年高文","成为古文的典范",南怀瑾认为它对中国文化影响很大。

此书的版本,据《书目答问补正》著录,有清道光五年(1825)江宁吴启昌刻大字定本,同治八年(1869)翻刻吴本,兴县康绍镛刻小字本,又大字本,苏州局翻刻康本等。由胡士明、李祚唐标校的《古文辞类纂》,上海古籍出版社1998年、2016年均有出版。

关于清代方苞、刘大櫆、姚鼐、梅曾亮、张裕钊、吴汝纶等人对入选《古文辞类纂》文章的圈点和评语,可参阅徐斯异、阚家祺、郑家祚、胡惠生等人编撰的《名家圈点笺注批评古文辞类纂》。

(程水龙撰稿)

《宋元戏曲史》导读

王国维著,中华书局2010年版。

在近代学术史上,浙江海宁的王国维(1877—1927)堪称是具有国际影响的学术巨擘。王国维学贯古今,融会中西,在历史学、教育学、敦煌学、文献学、古文字学、中国文学、哲学、美学等领域都有开拓性的成就,他擅长填词,才华横溢。与他同时代的大学者陈寅恪先生赞叹道:"先生之学,博矣精矣,几若无涯岸之可望,辙迹之可寻。"鲁迅高度评价王国维,认为"他才可以算一个研究国学的人物"。

《宋元戏曲史》完成于1912年,连载于1913年4月到1914年3月的《东方杂志》上,1915年在商务印书馆出版。《宋元戏曲史》是王国维文学研究的最后一部著作，是继《红楼梦评论》《人间词话》后的又一力作。王国维在《宋元戏曲史》序中感慨"独元人之曲，为时既近，托体稍卑，故两朝史志与《四库》集部，均不著于录，后世儒硕，皆鄙弃不复道"，并阐明其研究动机是"辄思究其渊源，明其变化之迹，以为非求诸唐、宋、金、辽之文学，弗能得也"。王国维自己并不爱看戏，他研究戏曲的主要目的是发掘戏曲的文学和历史价值。

王国维写作《宋元戏曲史》做了非常周密的前期工作，他搜集整理了大量戏曲文献，先后完成了《曲录》六卷、《戏曲考原》一卷、《宋大曲考》一卷、《优语录》二卷、《古剧脚色考》一卷、《曲调源流表》一卷。正是有了这些扎实的材料整理和考证工作，王国维才能顺利完成《宋元戏曲史》的写作。王国维自我评价道："非吾辈才力过于古人，实以古人未尝为此学故也。"这句话需要具体分析。明、清两代，治戏曲者不乏其人，著名的如沈璟、王骥德、沈宠绥、李渔、焦循等，但古人骨子里是轻视戏曲的，在研究的对象上，古人更偏重探讨戏曲作品的曲词文采和音律，并且是采用随感式、碎片化的点评方法，没有系统研究戏曲的演变史。王国维是第一位科学、系统地研究戏曲演变史的学者，《宋元戏曲史》涉及古剧、元杂剧和南戏的体制、脚色、文章、结构等诸多方面，其意义影响至今，后世学者都把《宋元戏曲史》看作现代戏曲史研究的"开山之作"。对于今天有志于戏曲学术研究的大学生、研究生来说，《宋元戏曲史》的写作过程是一份可资借鉴的极好案例。

《宋元戏曲史》共十六章，包括史料整理、考证和理论的阐发，成就斐然。为了避免枝蔓重复，笔者重点列举以下四个方面的成就加以评说。

第一，王国维系统梳理了古代巫觋、俳优、滑稽、歌舞、杂技、百戏、傀儡、影戏等艺术对戏曲的影响，摆脱了古人只侧重词曲评点的模式。王国维考察了唐大曲、宋乐曲对元曲之影响，并首次考证了诸宫调的体制。以往古人对诸宫调这一体制缺少研究，在《宋元戏曲史》第六章《金院本名目》中，王国维结合了内证、外证考证了金代董解元的《西厢记》为诸宫调。关于宋官本杂剧和金院本的研究也多有创见。

第二，王国维考证了古剧脚色的来源和意义，第七章中对参军、苍鹘、装孤、装旦等概念做了详细考证。第八章中，他提出了戏曲形成的一个重要标志——代言体的形成，他认为："宋人大曲，就其现存者观之，皆为叙事体；金之诸宫调，虽有代言之处，而其大体只可谓之叙事。独元杂剧于科白中叙事，而曲文全为代言。虽宋金时或当已有代言戏曲，而就现存者言之，则断自元剧始，不可谓非戏曲上之一大进步也。"这一论断符合中国戏曲通过演员的说唱、载歌载舞以表演故事的实际情况，戏曲为代言体也因此成为戏曲的一个常识。

第三，王国维在《宋元戏曲史》中提出了元杂剧有悲剧的观点。他在第十二章《元剧之文章》中有这样一段经典论断：

> 明以后传奇，无非喜剧，而元则有悲剧在其中。就其存者言之，如《汉宫秋》《梧桐雨》《西蜀梦》《火烧介子推》《张千替杀妻》等，初无所谓先离后合，始困终亨之事也。其最有悲剧之性质者，则如关汉卿之《窦娥冤》、纪君祥之《赵氏孤儿》。剧中虽有恶人交构其间，而其蹈汤赴火者，仍出于其主人翁之意志，即列之于世界大悲剧中，亦无愧色也。

王国维并不喜欢中国喜剧"始困终亨"的模式，他尝试用西方悲剧理论来观照元杂剧，发现了元杂剧中有西方式悲剧，喜悦之情跃然纸上，尽管这种论述还可以进一步斟酌，但这是对中国传统戏剧理论的一次重大突破。《窦娥冤》自诞生以来长期被漠视，处于文化的边缘，正由于王国维的大力推崇，《窦娥冤》才成为一部经典之作。

第四，王国维在注意吸收西方理论的同时，没有抛弃中国的艺术观念。他在《宋元戏曲史》中以诗词作为参照，对戏曲作家的艺术风格进行点评。第十二章《元剧之文章》中他"以唐诗喻之，则汉卿似白乐天，仁甫似刘梦得，东篱似李义山，德辉似温飞卿，而大用则似韩昌黎。以宋词喻之，则汉卿似柳耆卿，仁甫似苏东坡，东篱似欧阳永叔，德辉似秦少游，大用似张子野"。王国维还概括元曲的佳处在于"自然"，称元曲是"中国最自然之文学"，"自然"原本为诗学中的概念，王国维稍做改造，借用过来评价元曲，富有创意，这些都彰显了他深厚的传统诗词功底。

不过需要指出的是，王国维对多数元杂剧的结构是否定的，因此他在论戏曲的结构方面，并未超越明末清初的李渔。

《宋元戏曲史》既吸收了西方学术重理论体系的优点，又保留了中国传统的考证之学，部分表述极富诗词的韵律美，是一部荟萃中西学术精华、极富民族特色的戏曲学论著。

（艾立中撰稿）

《中国小说史略》导读

鲁迅著，人民文学出版社《鲁迅全集》1998 年版。

鲁迅（1881—1936）先生在我国近代以来文学界、思想界的影响之深远，已经无需多言，毛泽东曾经评价鲁迅"不但是伟大的文学家，而且是伟大的思想家和革命家"（《新民主主义论》）。在大多数阅读过鲁迅先生作品的读者看来，其主要的成就在于小说、散文的创作，可以说他开创了现代文学的新纪元，这一点毋庸置疑。然而在鲁迅先生一生辉煌的著述生涯中，有一本薄薄的小书却占据了极为重要的地位，它对于现代中国学术的发展，尤其是小说研究的影响极其深远，犹如一座高山横亘在后人面前，后人至今无法逾越，这本小书就是《中国小说史略》。《中国小说史略》在鲁迅著述中的重要地位，早在此书问世后不久即得到肯定，胡适在其《白话文学史》（作于 1928 年）自序中说："在小说的史料方面，我自己颇有一点点贡献，但最大的成绩自然是鲁迅先生的《中国小说史略》。这是一部开山的创作，搜集甚勤，取材甚精，断制也甚谨严，可以替我们研究文学史的人节省无数精力。"而在鲁迅先生逝世后蔡元培为其作的挽联"著述最谨严，非徒中国小说史；遗言太沉痛，莫作空头文学家"中也可以看出，《中国小说史略》的成就是可以与其文学创作并称的。

《中国小说史略》的撰写与出版，缘起于鲁迅先生的上课讲义，可以说《中国小说史略》最早是一部教课的书。1920 年至 1926 年，鲁迅先生先后在北京各高校讲授中国小说史，需要自编授课讲义，《中国小说史略》就是在授课讲义的基础上增订修改而成的。今天见到的最早的讲义是 1920 年油印本《中国小说史大略》，共 17 篇。到 1921 年的铅印本讲义《中国小说史大略》已增订为 26 篇。1923 年、1924 年北京大学新潮社分上下册正式出版了铅印本，书名定为《中国小说史略》，共 28 篇。1925 年北京北新书局将上下册合并出版，此书的框架已基本定型。此后的修订完善仍一直持续，从 1931 年上海北新书局的修订本初版，到 1935 年的第十版，直到鲁迅先生去世前仍在做改订。

《中国小说史略》对于中国小说研究的意义，首先在于它的开拓之功。在中国古代文人的传统观念中，小说一直被视为不登大雅之堂的"小道"，正如鲁迅先生本人所说："在中国，小说不算文学，做小说的也决不能称为文学家，所以并没有人想在这一条道路上出世。"(《我怎么做起小说来》)小说一直受到正统文人的鄙薄，创作小说便成了不光彩的事，作者即使想写也得偷偷摸摸，刊刻出版不敢用真名。因此，明清以来相当数量的白话小说连作者是谁都搞不清楚，甚至连《金瓶梅》这样的经典作品，其作者也只是一个化名而已，真正的作者恐怕要永远湮没在历史长河中了。小说创作尚且如此，研究小说当然也不会受到重视，在历代的书目中，"小说家"一直被排在子部的末尾，被视为不入流的对象。中国古代也一直未能出现一部系统研究小说的著作，大多只是一些零碎的、不成系统的序跋和评点。这一情况直到清末民初才被打破，随着中国社会的变革及西方学术文化思想的传入，文人对于小说的评价与看法逐渐改观，特别是梁启超提倡"小说界革命"以后，小说的地位逐渐上升，乃至被视为"文学之最上乘"。然而与小说创作的热潮相比，小说的研究则相对滞后，一些文学史里谈到小说的篇幅很小，专门的小说研究也仅仅停留在对《红楼梦》等几部经典作品的研究上，更不必说写作综合性、系统性的小说研究著作了。正如鲁迅先生所说："中国之小说自来无史；有之，则先见于外国人所作之中国文学史中，而后中国人所作者中亦有之，然其量皆不及全书之十一，故于小说仍不详。"(《〈中国小说史略〉序言》)在这一背景下，《中国小说史略》的出现显示出重大的历史意义，它改变了中国小说研究"自来无史"的局面，使中国有了第一部系统完整的小说通史，其筚路蓝缕、以启山林之功，足以使其成为近代以来学术著作中的经典之作。

《中国小说史略》的经典性，除了基于它的开拓之功外，还在于它勾勒了中国古代小说的基本面貌，构建了小说研究的学术体系，为中国小说史的研究树立了典范和原则，提出了诸多精辟而独到的见解，为后世学者建立了研究小说的基本模式和规范。具体说来有以下几点：

首先，《中国小说史略》的撰写建立在扎实的文献资料搜集工作的基础上。文献是学术研究的基础，小说研究也不例外。面对数量庞大而复杂的古代小说史料，对作品的作者、版本、内容做"正讹辨伪，正本清源"的钩稽和考证，是一项十分艰巨的工作。阅读《中国小说史略》，最好同时配合阅读三部资料书，即《古小说钩沉》《唐宋传奇集》《小说旧闻钞》，前两部是作品集，后一部是史料汇编，都是鲁迅先生撰写小说史的文献基础。早在辛亥革命前，鲁迅先生就已着手小说文献的辑佚、考订与整理的工作，其在《〈古小说钩沉〉序》中称："余少喜披览古说，或见讹敚，则取证类书，偶会逸文，辄亦写出。虽丛残多失次第，而涯略故在。"因此，《中国小说史略》吸收了鲁迅先生多年来对古代小说辑佚、考订的成果，显示出其谨严的学术态度和扎实的治学功力。

其次，《中国小说史略》为中国古代小说发展梳理出了一条清晰的脉络，建立了中国小说史的体系。鲁迅先生治小说史，其目的即是"从倒行的杂乱的作品里寻出一条进行的线索来"（《中国小说的历史的变迁》），而中国小说绵延数千年，作品繁复，情况复杂，想要在一片混沌中理出一条清晰的发展线索，其难度可想而知。《中国小说史略》的章节安排基本以朝代的更替为顺序，除了第一篇《史家对于小说之著录及论述》探讨历代目录的著录，第二篇《神话与传说》探讨小说的起源，从第三篇至第二十八篇按朝代依次介绍、论述了古代小说发展的各个阶段。这种以朝代为经的叙述模式，既能把握小说发展的大势，对小说酝酿、产生、发展和变迁的演进趋势了然于胸，又能在每个朝代内部从横向展示小说发展的各个方面，包括代表性作品、作家，各类小说思想艺术的特色、成就和得失等。在梳理脉络的过程中，鲁迅先生还能兼顾小说类型或文体的演化，突出每一个历史时期最具代表性的小说类型，如六朝的志怪小说、唐代的传奇、宋代的话本、明清的章回等。由于这样的安排，《中国小说史略》建立起眉目清晰、逻辑严密的小说史体系，而且这一模式直到现在仍成为小说史书写的主要模式。

再次，《中国小说史略》开创了诸多小说研究的方法，为小说研究建立了可以遵循的规范。例如，《中国小说史略》十分注重小说创作与时代的联系，评述历代小说兴衰变化的社会历史背景和思想文化的原因，分析作品产生的时代背景和反映的社会历史内容，如对魏晋志怪志人小说、唐代传奇、宋代话本产生的背景进行分析就体现了这一点。这种研究方法不把文学看作孤立发展的对象，而是将其看作特定历史阶段的社会环境和各种思想文化交互影响下的产物，直到现在仍有其价值。又如，《中国小说史略》

从历史进化的角度展示中国古代小说发展的历程,从最早起源于神话传说,历经汉代直至清末,小说的变迁遵循着笔记体、传奇体、话本体、章回体这一脉络,同时由写鬼神向写人情、由无意为小说向有意为小说的趋势演化。如此对小说演进谱系的建立具有开创性,且影响深远。

最后,《中国小说史略》中蕴含了诸多精当卓越而又言简意赅的概括、评述与论断。《中国小说史略》是史论结合的著作,论的部分占有很高比例,也是全书的精华所在。例如,在每一篇开头都会以简明扼要的语言概括这一时段小说发展的大略,对于每一时期小说创作的特点、变化及其原因都有十分精到的论述。又如,《中国小说史略》对于小说类型的划分和类型名称的拟定,如明代以前的"志怪""传奇""话本""拟话本"等类型,明清白话小说中的"讲史""神魔""人情""讽刺""狎邪""公案""谴责"等类型,这些类型命名直到现在仍然被沿用。再如,《中国小说史略》对一些小说现象或作品的评价或论断既精炼又得当,诸如称唐传奇"叙述婉转,文辞华艳""始有意为小说",称宋志怪"平实而乏文彩",称《聊斋志异》"用传奇法,而以志怪",称《三国演义》"欲显刘备之长厚而似伪,状诸葛之多智而近妖",称《儒林外史》"戚而能谐,婉而多讽""虽云长篇,颇同短制",等等。这些评价或论断简洁、准确而深刻,无一不显示出鲁迅先生深厚的语言功底与独到的学术眼光。

如上所述,《中国小说史略》因其独具的开创性与学术价值,自问世以来便广受赞誉,成为治小说史者的必备书,也是学生与一般读者了解古代小说史的入门书。《中国小说史略》初版于20世纪20年代,此后不断再版,如今其版本已经难以统计,其中较为常见的有人民文学出版社《鲁迅全集》收录的版本,还有中华书局出版的"跟大师学国学"系列、上海古籍出版社出版的"蓬莱阁典藏"系列中收录的版本等。

(周瑾锋撰稿)

《形式逻辑》导读

金岳霖主编,人民出版社2006年版。

亚里士多德认为:"逻辑学是一切科学的工具。"逻辑学是人类历史上最古老的智慧学科之一，也是1974年联合国教科文组织规定的七大基础学科之一。逻辑学既是表述和论证的工具，又是认识的工具。逻辑学是研究思维规律的科学。逻辑学具有科学性、基础性和工具性。逻辑学的基础性也就决定了其在社会中广泛的适用性。从聊天说话、交流沟通、面试考核，到学术论辩、科学理论的提出、实际模型的构建，逻辑学的基本思维规律无处不在。因此，从MBA、MPA专业硕士学位考试到公务员考试，再到GRE考试等都把逻辑思维能力作为重要内容来考查。

1959年，在毛主席"要学点逻辑"的指示下，金岳霖带领同事开始逻辑学教材的改革和逻辑学的普及工作，发表了一系列有关逻辑学教学的研究文章，出版了《逻辑通俗读本》《形式逻辑》。《形式逻辑》一书用现代逻辑的观点分析逻辑联结词的真值，介绍了有关命题及推理，充实了逻辑学的内容。该书于1979年作为全国高等学校文科教材由人民出版社出版，并成为后来中国形式逻辑教材的蓝本和基础。1982年4月，由中国逻辑与语言研究会创办的中国逻辑与语言函授大学在北京诞生，时任中国逻辑学会名誉会长的金岳霖担任了这所大学的名誉校长。在此期间，他陆续提出了"逻辑科学必须普及""逻辑学必须与现实生活相联系""人们发现，在我们与世界打交道时，无论我们考虑什么，遵循阻力最小的方向只能是遵循自然界或人类思想中蕴含的某种确切的关系，就是说，遵循逻辑""逻辑学走出大学和研究所的大门是莫大的好事""逻辑学应该是我们生活智慧的引路人"等实用逻辑思想，在普及逻辑学知识方面功绩可谓卓著。

逻辑学是一门历史悠久的古老的科学，从其产生至今，已经有两千多年的历史。从历史源头来说，逻辑学主要发源于古希腊。古希腊著名的学者亚里士多德被公认为是逻辑学的创始人，他著有《范畴篇》《解释篇》《前分析篇》《后分析篇》《论辩篇》《辩谬篇》，后人把这六篇文章收集整理成册，并取名为《工具论》出版。亚里士多德对概念、命题、推理及基本思维规律做了系统的研究和阐述，构成了传统逻辑学的几乎所有的组成部分。他的逻辑学说是完整的，说他是形式逻辑的创始人他是当之无愧的。

金岳霖主编的《形式逻辑》包含了亚里士多德形式逻辑的基本内容，从逻辑思维的形式来看，有概念、判断、推理三大部分。概念构成了判断，判断又构成了推理。"概念"对应的语言表达形式是"语词"，该部分阐述了概念的内涵和外延、概念的分类，以及明确概念的四种逻辑方法。

"判断"对应的语言表达形式是"句子",该部分阐述了几种重要的判断:性质判断、模态判断、关系判断、假言判断、选言判断、联言判断、负判断。其中,性质判断是书中重点阐述的,性质判断分为A、E、I、O四种:A对应的就是全称肯定判断,比如,我们班所有同学都是党员;E对应的就是全称否定判断,比如,我们班所有同学都不是党员;I对应的是特称肯定判断,比如,我们班有的同学是党员;O对应的是特称否定判断,比如,我们班有的同学不是党员。四种命题的"质"不一样,"量"也不一样。"质"不一样在于"是"和"不是"这类判断词,是肯定的还是否定的;"量"不一样在于A、E判断是"全部",I、O判断是"有的"。四种判断之间的真假关系就构成了直言推理,比如从A的真可以推出O的假;从I的真可以推出E的假。而假言判断、选言判断、联言判断又构成了假言推理、选言推理、联言推理。假言判断重点在于区分是充分条件还是必要条件。充分条件就是有此条件必有此结果,必要条件则是无此条件就无此结果。选言判断重点在于区分是相容选言还是不相容选言。而联言判断和负判断则比较好理解。"推理"对应的语言表达形式就是"复句"或"句群",推理从思维进程来看分为三种,第一种是演绎推理,是从一般到个别的思维进程,其中三段论推理就是最重要、最实用、应用最广泛的一种演绎推理的方法。比如,教师是教育工作者,李明是教师,所以,李明是教育工作者。这就是一个三段论。第二种是归纳推理,是从个别到一般的思维进程。第三种是类比推理,是从个别到个别的思维进程。整个形式逻辑就是把"概念""判断""推理"联系起来、贯穿起来。

归纳推理分为完全归纳推理和不完全归纳推理。如果前提中无一遗漏地考察了某类事物中的每一个对象,结论没有超出前提范围,该推理就是完全归纳推理。比如,直角三角形的内角和180度,锐角三角形的内角和180度,钝角三角形的内角和180度,直角三角形、锐角三角形、钝角三角形是全部三角形,所以,一切三角形的内角和都是180度。这就是一个完全归纳推理。结论的范围超出了枚举的对象就是不完全归纳推理。归纳推理中引出了经典的求因果联系的五种方法,即"穆勒五法",都属于归纳逻辑的范围。类比推理则是几种事物的对比,比如李四光把我国松辽平原的地质结构与中亚细亚一带的地质构造做对比,运用地质力学理论,分析生油条件与地质构造的关系,揭示了两者之间的必然联系,从而推断我们松辽平原也可能蕴藏着石油。大庆油田的开发就证明了这个推断是正确的。

逻辑思维能够提高人的学习能力。具体学科是由概念、命题、推理或论证等构成的知识系统，而逻辑学揭示了概念、判断等思维形式的一般结构和规律，从而为学习提供了通用的一般方法。从一定意义上说，学习就是对众多概念和规则进行逻辑分析、消化吸收的过程。因此，能否掌握逻辑思维方法，关乎能否富有成效地持续学习、终身学习。

（杨黎黎撰稿）

《二十世纪中国文学史》导读

严家炎主编，高等教育出版社 2010 年版。

20世纪中国文学史的概念，是 20 世纪 80 年代严先生学生辈的几个年轻学者黄子平、陈平原与钱理群提出来的。相对于传统的近代、现代、当代文学史分期，这一概念更强调在中国现代化进程中文学自身演进的时代性、系统性和连续性，在学术界有较大的影响，掀起了重写这段文学史的热潮。《二十世纪中国文学史》就是严家炎先生对于这一文学史观研究的集中呈现，该书由严家炎、袁进、关爱和、方锡德、陈思和、解志熙、孟繁华、王光明、黎湘萍、程光炜十位中国近代、现当代文学研究领域的学者编著而成，可以说集国内近代文学和现当代文学研究之大成，是多方面协同研究所取得的重要成果。

《二十世纪中国文学史》在时间上将中国现代文学的源头，上溯到甲午战争之前的 19 世纪 80 年代末 90 年代初，"由原来的五四文学革命向上推进了约三十年"。其依据为，理论上有黄遵宪 1887 年定稿的《日本国志》之卷三十三《学术志二》指出了当时中国存在的"文字言语之不相合"的问题，并提出了文体要"适用于今，通行于俗"的理想。编者认为，黄遵宪找到了问题的根子，其文提出言文合一，"比胡适的《文学改良刍议》《建设的文学革命论》等同类论述，足足早了三十年"。虽然大多数中国现代文学史著作在追溯其起源时要提到黄遵宪，但把黄的这篇论说提到这样的高度，《二十世纪中国文学史》还是第一次。然而我们也要注意，胡适的《白话文学史》认为，只有到了五四文学革命时，才有人明明白白地区分死活文学、真假文学，有意提倡白话，并有人力的促进，因此"白话文学的运动能在这十年之中收获一千多年收不到的成绩"。而且《文学改良刍议》确实目的更明确，理论阐述更系统、完整，影响更大。文学创作实践上有"陈季同用西式叙事风格，创作了篇幅达三百多页的长篇小说《黄衫客传奇》，成为由中国作家写的第一部现代意义上的小说作品"和1892年开始在上海的《海上奇书》上连载的"有规模地反映上海这样现代都市生活"的《海上花列传》。《二十世纪中国文学史》首次将《黄衫客传奇》与《海上花列传》并提为中国现代文学的源头，这是因为它们"对家长包办儿女婚姻的制度以及'门当户对'等旧观念、旧习俗提出了质疑"有"相当出色的心理描写和心理分析""有相当浓郁的风俗画色彩""突破章回体的框架"。

这就是严家炎关于现代文学起点的"三大发现"：1887年黄遵宪的《日本国志》、1890年陈季同的《黄衫客传奇》和1892年韩邦庆的《海上花列传》。严家炎的论据相当充分，认为从文学史评价的角度——"文学主张""对外交流""创作成就"来看，三部作品符合中国文学"现代性"的"三大标准"："言文合一""世界文学的""标志性作品"，从而将现代文学发生的时间提前了三十年，现代文学史的边界也由五四前夕推进到了晚清。

因此，有学者把这种"以包容性的学术视野发掘新史料"的特点视为《二十世纪中国文学史》最重要的"创新性的呈现方式"："编著者超越了党派、阶级、民族的界限，以毫无局限或偏见的包容性视野去搜求、洞察和发现尚未被发现或者已发现并未写进文学史的新史料，通过去伪存真地选择和整理，将其纳入文学史书写的框架结构，这既充实丰富了二十世纪中国文学史的内涵又改变了以往对文学史格局所形成的一些习见。由于从新发掘的史料中钩沉出陈季同于1877年至1891年间出使欧洲以法文创作并发表的小说《黄衫客传奇》和剧本《英勇的爱》，并以此为佐证，将中国现代文学的开端由1917年推进到19世纪80年代末和90年代初，向前追溯了二十七年之多，这就大大突破了中国现代文学史已有的学科格局。"

除了在现代文学起源上的创见之外，《二十世纪中国文学史》的另一个文学史编写突破在于将近代的旧文学与新文学并置于大文学史的叙述之中。其设置了近四章的篇幅，将清末民初的部分古体诗词、文言散文和文言小说写进了文学史的框架中。这有利于深化对中国古代文学向现代文学演变的认识和对"二十世纪中国文学史"的整一性、现代性的理解,具有"开辟道路"的意义,在近些年出现的同类文学史中显得新颖独特。

(张学谦撰稿)

《中国近现代通俗文学史》导读

范伯群主编,江苏教育出版社 1999 年版。

苏州大学是中国近现代通俗文学研究的学术重镇,其学术成果在国内外均具有较大的影响力。范伯群主编的《中国近现代通俗文学史》是国家哲学社会科学重点项目,是苏州大学近现代通俗文学研究的标志性成果。这部著作自 1999 年出版之后,曾获得多个奖项,其中重要的奖项有:2003 年荣获第三届全国高等院校人文社会科学研究优秀成果一等奖,2006 年荣获中国现代文学学会第二届王瑶学术优秀著作奖一等奖,2013 年荣获第三届中国出版政府奖图书奖。2006 年《中国近现代通俗文学史》荣获中国现代文学学会第二届王瑶学术优秀著作奖一等奖时,该奖项评委会的评语是:

> 范伯群教授领导的苏州大学文学研究群体,十几年如一日,打破成见,以非凡的热情来关注、钻研中国近现代通俗文学,显示出开拓文学史空间的学术勇气和科学精神。此书即其集大成者。皇皇百多万字,资料工程浩大,涉及的作家、作品、社团、报刊多至百千条,大部皆初次入史。所界定之现代通俗文学的概念清晰,论证新见迭出,尤以对通俗文学类型(小说、戏剧为主)的认识、典型文学现象的公允评价、源流与演变规律的初步勾勒为特色。而通俗文学期刊及通俗文学大事记的史料价值也十分显著。这部极大填补了学术空白的著作,实际已构成对所谓"残缺不全的文学史"的挑战,无论学界的意见是否一致,都势必引发人们对中国现代文学史的整体性和结构性的重新思考。

这段评语基本总结出了这部学术著作的学术开拓性、论点创新性及史料丰富性的价值,并指出:"无论学界的意见是否一致,都势必引发人们对中国现代文学史的整体性和结构性的重新思考。"对这部著作的史学地位给予了高度评价。

《中国近现代通俗文学史》由贾植芳教授作序、范伯群教授作《绪论》。具体内容由八编组成：《社会言情编》《武侠会党编》《侦探推理编》《历史演义编》《滑稽幽默编》《通俗戏剧编》《通俗期刊编》《中国近现代通俗文学大事记编》。

《绪论》给中国近现代通俗文学做了这样的界定："中国近现代通俗文学是指以清末民初大都市工商经济发展为基础得以繁荣滋长的，在内容上以传统心理机制为核心的，在形式上继承中国古代小说传统为模式的文人创作或经文人加工再创造的作品；在功能上侧重趣味性、娱乐性、知识性与可读性，但也顾及'寓教于乐'的惩恶劝善效应；基于符合民族欣赏习惯的优势，形成了以市民层为主要读者群，是一种被他们视为精神消费品的，也必然会反映他们的社会价值观的商品性文学。"根据这样的界定，《绪论》主要论述了中国近现代通俗文学的社会价值、历史价值和美学价值，强调了中国近现代通俗文学是有别于五四新文学的另一种文学现象，是中国现代文学的"另一只翅膀"，与五四新文学一起使得中国现代文学得以展翅飞翔。

《社会言情编》论述了中国近现代通俗小说的两大文类：社会小说与言情小说。该编延续鲁迅《中国小说史略》的写作风格，根据中国近现代文化、社会的特征分析该时期的社会小说与言情小说主要的作家作品，强调中国近现代通俗社会小说与通俗言情小说是中国传统小说的现代继承，是具有中华民族传统精神的世俗性很强的小说文类。该编具体分析了中国近现代通俗社会小说的两大类型：狭邪—倡门小说和谴责—黑幕小说，分析了中国近现代通俗言情小说的两大类型：言情—哀情小说和社会言情小说。

《武侠会党编》认为中国现代武侠小说产生于清末民初爱国主义热情高涨和尚武精神弘扬的社会文化的背景下，是一种时代精神的文学反映。该编将中国现代武侠小说的发展分成了三个时期，认为不同时期的武侠小说有着不同的发展变化，并对不同时期的主要作家作品做了分析。会党小说是武侠小说的一种变异体，是中国现代武侠小说发展中的一种特有的文学现象。

《侦探推理编》论述了侦探小说在中国从翻译到创作的演变过程，强调西方引进的侦探小说对中国小说的美学结构的变革产生了重要的作用。中国现代侦探小说创作并不繁荣，却也出现了一些具有文学史价值的作家作品，特别是中国现代侦探小说在本土化的路径上有了很好的探索。

《历史演义编》将中国近现代通俗历史小说分成掌故野闻、正史演义、翻案重构、现实描写、宫闱秘史、名媛艳史、秘密会党等类型加以分析。历史演义小说是中国近现代通俗文学中创作量最大的小说文类。近现代通俗历史小说创作热潮的形成，既有中国人对历史爱好的传统传承，也是中国近现代商业化运作的结果。

《滑稽幽默编》讲到的滑稽幽默类小说可以视作社会小说的一个部分。由于该类小说面广量大，并且具有较突出的美学特征，所以作者使之单独成编。嘲讽时政、嘲讽卑劣是中国知识分子批判社会的常用手法。嘲讽小说、嘲讽小品、嘲讽诗词、嘲讽曲调等，几乎所有的通俗文学作家都有大量的相关作品。该编从文章、诗文、小说及主要的作家作品四个方面对这些作品进行了整理概括，并进行了特色分析。

《通俗戏剧编》主要是对清末民初流行的新剧展开研究分析。与后期的社会批判性的话剧不同，清末民初流行的新剧更多地表现为新人生、新生活的观念启蒙，有着较强的世俗性特征，在表演形式上有着更多的中国传统戏曲的掺杂。

《通俗期刊编》将中国近现代通俗文学的创刊分成三大波段：清末民初、20世纪二三十年代、20世纪40年代。在中国近现代文学史上，通俗文学期刊自成体系。清末民初是中国近现代通俗文学期刊一统中国文坛的时期，20世纪二三十年代是中国近现代通俗文学期刊与五四新文学期刊并行发展的时期，20世纪40年代是中国近现代通俗文学期刊雅俗共赏的时期。该编整理并分析了中国近现代通俗文学的数十种代表性期刊的发展过程、主要特色和突出贡献，并对中国近现代通俗文学史上重要的编辑给予了评介。

《中国近现代通俗文学大事记编》整理了清末民初到1949年发生的影响中国近现代通俗文学发展的大事。大事记是以编年史为形式的史实记载，从另一个角度丰富和完善了对中国近现代通俗文学发展变化的认知。

（汤哲声撰稿）

《文学理论》导读

〔美〕勒内·韦勒克、奥斯汀·沃伦著,刘象愚等译,文化艺术出版社2010年版。

勒内·韦勒克(1903—1995)是20世纪西方极具影响力的文学理论家和批评家之一。其精深广博的学识与出类拔萃的学术活动,深受学界赏识与赞誉。韦勒克先后被哈佛大学、牛津大学、哥伦比亚大学、罗马大学、慕尼黑大学等世界著名高等学府授予荣誉博士学位。又先后担任耶鲁大学斯拉夫文学系教授、比较文学系主任,哈佛大学、普林斯顿大学、加州大学伯克利分校、印第安纳大学、夏威夷大学等高校讲座教授,以及美国现代语言学会副主席(1964)、国际比较文学学会主席(1961—1964)、美国比较文学学会主席(1962—1965)、美国捷克研究会主席(1962—1966)等学术职务。他曾获得三次古根海姆奖学金、一次富布赖特奖学金,多次获得洛克菲勒、博林根等基金会的资助,同时还培养出了众多知名的当代学者。

文学理论和文学批评可谓是韦勒克毕生的事业。他的理论探索涉及文学本体(《文学理论》《文学理论、文学批评和文学史》《布拉格学派的文学理论和美学思想》等),文学史(《文学史的理论》《文学史中的进化概念》《文学史的衰落》《英国文学史的兴起》等),文学批评(《现代文学批评史》《20世纪批评主流》《新批评前后》《批评的诸种概念》《〈辨异〉:续〈批评的诸种概念〉》《俄国形式主义》等)和比较文学(《比较文学的名与实》《比较文学的现状》《比较文学的危机》《康德在英国》等)等诸多领域。

作为其中极具代表性的《文学理论》,即与韦勒克研究生涯的黄金时期紧密相关。彼时,韦勒克供职于衣阿华州立大学,结识了几位"新批评派"的主将。在"新批评派"理论观念的冲击下,他开始反思新人文主义理论的缺憾,并决定和奥斯汀·沃伦合作撰写《文学理论》。试图将俄国形式主义、捷克结构主义与英美新批评的观点进行有机结合,重点讨论文学艺术作品的本质功能、内部结构和形式等方面的特点,同时阐述文学与相邻学科的关系。这是该书成书的第一阶段。

第二阶段则发生在 1945 年夏天，韦勒克接受了洛克菲勒基金会的资助，与此前因战失联的沃伦重建沟通渠道——他们在马萨诸塞州的剑桥就《文学理论》的各个章节交换了意见，并完成了部分章节的写作。

至于第三阶段，则源于又一次"反思"。韦勒克在受聘为耶鲁大学斯拉夫文学与比较文学教授并主讲"俄国小说"之时，感受到这类课程在传统设置与讲法上存在先天不足。他认为，许多不同民族的文学是有其内在联系的，特别是上承古希腊罗马传统的欧洲文学理应被视为一个有机的统一体。换言之，文学课程的设置与讲授应该从过去的国别文学扩展到超越民族界限的领域。因此，1947 年和 1948 年的夏天，沃伦来到耶鲁，与韦勒克继续《文学理论》的写作。

正所谓功不唐捐，玉汝于成。《文学理论》自出版以来即长盛不衰，先后被译成 20 余种文字。我国著名学者钱钟书在其《管锥编》中多次引用《文学理论》相关内容，以印证中国典籍中的相应论断。1984 年，生活·读书·新知三联书店正式发行该书中文版，我国众多高校将其选作中文系教科书，教育部还曾将之列入中文系学生阅读的 100 本推荐书目中，这些都是对《文学理论》本体内容价值的肯定。

从结构设计出发，该书对文学进行了由外而内的理论探索，以涵盖文学的定义、结构、本质功用及文学研究的对象和方法等众多根本性问题。其中既有本体论上的意义，也有方法论上的意义。《文学理论》之所以在同类书籍中具有突破性意义，是因为它指出了文学研究应该是绝对文学的，从而对文学的"外部研究"与"内部研究"进行了区分，并将研究的重心放在了后者。这一点，也是本书被公认的第一大贡献。作者把作家研究、文学社会学、文学心理学及文学与其他学科的关系之类不属于文学本身的研究统统归于"外部研究"；而把对文学自身的种种因素，诸如作品的存在方式，叙述性作品的性质与存在方式、类型，文体学及韵律、节奏、意象、隐喻、象征、神话等形式因素的研究划入文学的"内部研究"。这一区分把产生文学作品的外在环境、条件与文学作品本身的存在鲜明地分离开，突出了文学作品之所以具有审美价值的内在因素。作者还明确地指出，外部研究虽然具有一定的意义，但如果走向"因果论"与"决定论"的极端则是不可取的，因为，这些"外部研究"的极端方法，完全忽视了对文学作品进行审美的价值判断和评价，而只有重视对作品的"内部研究"，才能真正理解文学作品的审美意义和价值。

关于"外部研究"，本书首先分析了流行的从外在因素分析文学作品的四类"起因谬说"（新批评派术语）：第一，认为文学是创作者个人的产品，因而文学研究必须从作者个人的生平传记及个性、心理等方面来进行；第二，认为文学与人类"组织化的生活"关系密切，因而必须从人类生活经济的、社会的、政治的条件中探索文学创作的决定性因素；第三，认为文学与人类集体的精神创造活动关系密切，因而必须从思想史、神学史及其他艺术活动中探求文学的起因；第四，认为文学与德国人提出的"时代精神"（Zeitgeist）关系密切，因而必须从时代的精神实质、知识界舆论氛围和其他艺术中抽取的"一元性力量"方面来解释文学。据此分类，韦勒克接下来用五章的篇幅从文学与传记、心理学、社会学、哲学思想及其他艺术的关系等不同的角度进行阐析，并立足文学本体的标准评判得失。

关于"内部研究"，既然它的研究对象是文学作品本身，那么，本书作者首先要解决的问题就是文学作品是什么，或者说它的存在方式是什么。在这一问题上，作者首先驳斥了文学艺术品是"人工制品""声音序列""读者的体验""作者的经验""一切经验的总和"等观点，而主张把文学艺术品看作一个"多层面的"复杂"结构"。作者借鉴波兰哲学家英伽登的一种现象学的阐释模式，把文学作品分成了以下层面：第一，声音层面——谐音、节奏和格律；第二，意义单元——它决定文学作品形式上的语言结构、风格与文体及其规则；第三，意象与隐喻——文体中最核心的部分；第四，存在于象征和象征系统中的作品的特殊"世界"或者说"诗的神话"。按照这样一个结构模式，作者安排三章内容依次讨论了这些不同的层面，接着又专章讨论了叙事性作品的形式与技巧，最后用三章的篇幅分别讨论了文学类型、文学评价与文学史的问题。毫无疑问，"内部研究"是本书的核心部分，作者在这一部分倾注了最大的心力，对许多概念和范畴做了十分出色的论述。

《文学理论》的第二大贡献是对文学研究中的文学理论、文学批评与文学史三个分支做了辩证的界定，既指出了它们的区别，又指出了它们的联系。韦勒克指出，为了对文学做总体的、系统的研究，区分文学理论、文学批评与文学史三者的关系是必要的。"文学理论"通常是指对"文学的原理、文学的范畴和判断标准"之类问题的研究，包括文学批评的理论和文学史的理论；而文学批评通常是指对具体的文学作品（往往是静态的）的研究；文学史则是将文学看作一个与时代同时出现的序列而对之做历史的描述。然而，在实际的文学研究中，这三者往往又是互相包容的。文学理论如果不以具体文学作品的批评和研究为基础，文学的准则、范畴乃至技巧就会成为空中楼阁，空泛而无所凭依；反之，如果没有理论的观照，没有一系列准则、范畴和抽象的概括，文学批评和文学史的编写也就无所遵循、无法进行。文学史与文学理论和文学批评的关系也是如此。文学史家必须熟稔文学理论和文学批评，而一个文学史家也应当是文学批评家，因为文学史编写过程中的材料取舍即是一种价值判断，而文学史的编撰也无疑需要一定理论的指导。相对应地，文学史对文学批评而言，也是非常重要的。因为文学批评需要超越个体的主观判断而重视文学史中的规律性内容。也就是说，文学批评家是需要具有历史的观念的。

我们再来看《文学理论》的第三大贡献，即其对"比较文学""总体文学""民族文学"这几个概念所做的全面辩证分析。在韦勒克看来，虽然通行的比较文学研究口传文学、不同民族文学之间的关系等领域，但其研究对象的实质应是文学的总体，故而需要突破民族、语言的界限。而如果我们将"总体文学"视为对诗学或者文学理论与原则的研究，则应有同样的界限突破意识。然而，这并不意味着忽视民族文学，而恰恰是在认识到"文学的民族性"之基础上，将各民族对这个总的文学进程所做出的独特贡献上升为比较文学的核心问题。

总的来说，韦勒克坚持的文学理论与批评研究是从材料的搜求和考订起步，在细致整理和大量分析的基础上，博采众长而坚守纯文学阵地，独立思考而突破社会现实界限，给我们留下的远不仅仅是这部《文学理论》中的知识性财富，更有如何研究、为何研究、成为何种研究者等更为深刻的思考。

（徐婷、王福利撰稿）

《中国历代文论选》导读

郭绍虞主编，上海古籍出版社1979年版。

著书是结构，读书是解构。《中国历代文论选》的编写，是为了帮助同学们更好地阅读。所以，编书的目的是解构，而编书的过程则是结构——这和我们目前正在进行的工作也是一致的。同学们阅读此书，一方面要利用其来解构中国的历代文论著作，另一方面也要解构《中国历代文论选》本身。

我们先来解构中国的历代文论著作。

章太炎《国故论衡》说："文字者，以有文字著于竹帛，故谓之文；论其法式，谓之文学。"这里所谓的"文学"，乃论文之学，也就是我们今天所说的"文论"。英语称文论为"Literary Criticism"，意为"文学批评"。罗根泽《中国文学批评史》按批评的进程，将其内容分为七个部分：批评的前提、批评的进行、批评的标准、批评的方法、批评的错误、批评的批评、批评的建设。虽然罗根泽认为这涵盖了文论的所有内容，但我们感觉比较烦琐，也比较费解。因此，还是应该将文论分为文学之批评、批评之理论、创作之理论三部分，这样简单、清晰、明了。

中国文论著作最早出现之年代，就像文学作品最早出现之年代一样，已经无从知晓。即使是我们今天所能见到的先秦文论著作，是否是最早，在学界也时常有争议，很难下定论。譬如《中国历代文论选》首录《尚书·尧典》，编者称"近人以为由周代史官根据传闻编著，又经春秋战国时人补订而成"，因此确定其为所能见之最早的文论著述。但顾颉刚在《尚书研究讲义》中谈到"《尧典》著作时代问题"，则认为《尧典》的最后成书，当在西汉武帝之后。因其阐述多袭秦汉之制，且所载神话传说，多采自《山海经》《天问》等。凡此，有待进一步研究探讨。不过，无论是《尚书》，抑或《论语》，都不是专论文学的著作。文学之专论，始自魏晋南北朝。《四库全书总目》云："建安、黄初，体裁渐备，故论文之说出焉，《典论》其首也。其勒为一书，传于今者，则断自刘勰、钟嵘。"由此可见，文论著述最早的单篇论文，是曹丕《典论·论文》；而以专著的形式流传至今的，是《文心雕龙》和《诗品》。《诗品》主要是诗歌批评;《文心雕龙》着重在创作和批评理论,对象则是诗文。

所谓"体裁渐备,故论文之说出焉",这就是说,文论著作是随着各体文学作品的出现而出现的。有表演,就有评价:或喝彩,或喝倒彩,当然还有介于二者之间的改进之建议。而中国最早的文学作品,就是诗文。所以,现存的中国文论最早都是以诗文为讨论对象的。譬如"诗言志",不仅出现在《尚书·尧典》中,还出现在《左传》中:"襄公二十七年"记赵文子与叔向对话,有"诗以言志"。至战国,《庄子·天下》云"诗以道志",《荀子·儒效》也说"诗言是,其志也"。故朱自清《诗言志辨·序》认为"诗言志"是中国诗论"开山的纲领"。当然,中国早期的文论著作,在剖析作为文学现象的诗文之同时,以诗文为载体,对文学理论的一般规律也进行了宏观的阐述,并由此开始搭建中国文论的理论框架。随着小说、戏曲、词等新的文学形式的出现,中国文论所涉及的内容也日渐丰富。其中最为浩瀚的诗话著作:清代何文焕在乾隆年间辑有《历代诗话》,收录《诗品》以下、至明人所著 28 种。近人丁福保又补辑《历代诗话续编》,并选编《清诗话》。今人郭绍虞与张寅彭又分别辑有《清诗话续编》和《清诗话三编》。后人仿其体例,将论述其他文学形式的理论著述加以辑汇,今日所见有:唐圭璋辑《词话丛编》、屈兴国编《词话丛编二编》、朱崇才编《词话丛编续编》、葛渭君编《词话丛编补编》;王水照编《历代文话》、余祖坤编《历代文话续编》;俞为民等编《历代曲话汇编》;黄霖编《历代小说话》。文论之专著,于此可得大概。除专著以外,中国文论著述的形式主要还有:诗文集和其他文艺作品之序跋,文人往还之书信,论诗诗和后来兴起的论词词,经、史、子等著作中涉及文论问题的片段。《中国历代文论选》所选,基本不出此范畴。

我们再来解构《中国历代文论选》。

《中国历代文论选》的编写工作,肇始于 20 世纪 60 年代初。当时负责此书编写事务的上海市作家协会工作人员、后调任出版此书的上海古籍出版社副总编的黄屏,曾撰有《1960 年〈中国历代文论选〉编写前后》,回忆编写过程。1960 年九十月间,中央书记处决定编写一套高质量的高校文科教材。身为复旦大学教授的郭绍虞先生,以上海市作协文学研究所所长之身份,领受了《中国历代文论选》的编写工作。作为主编,"郭老为完成此任务,曾亲自上门请马茂元先生参加,马先生又建议请他在无锡国专时的老师钱仲联先生,由他们两人负责总的文论、诗论部分的编写;同时商议请杭州大学的夏承焘先生担任词论部分,刘大杰先生担任小说及近代部分的编写"。此书最早的编者,都是后来被尊为"大师"的著名学者。其起点之高,是今天任何一部中国文学批评史方面的教材都无法企及的。所以,此书初版后,马茂元告诉黄屏,中央高教部有人认为:"在所有大学教材中,以这本《中国历代文论选》的编写时间最短,质量最高。"说时间短,是从1960年5月起入手,至年底便交初稿。而其中钱仲联先生的贡献不可磨灭。黄屏说:"记得当时钱老的工作进度最快,他熟悉典故,记忆力强,随手拈来。"

1964年初版的《中国历代文论选》是三卷本。我们今天所见的四卷本和一卷本,是在此基础上,于"文革"后修订而成的。四卷本是三卷本的扩充,体例没有变化。一卷本则是四卷本的简编本。新版《中国历代文论选》前言称:"四卷本作为教学和科研的参考书。一卷本供高等学校中文系作教材用。两种版本编写的指导思想是一致的,仅有繁简详略的差别。"同样,钱仲联先生在本书的修订过程中也起着举足轻重的作用。当时专任郭绍虞的秘书并协助其修改增补《中国历代文论选》的复旦大学蒋凡教授,在阅读了黄屏《1960年〈中国历代文论选〉编写前后》初稿后,有补充意见为黄屏文章所摘录:"他认为真正出大力起决定作用的是钱仲联先生。郭老一开始即请钱审阅全书,并要蒋凡将全部书稿分批送到苏州,还嘱蒋凡转告钱先生:'文稿中如有不妥处,请钱先生代郭老大胆修改后定稿。'而钱先生也确实不负郭老所托,花了大量心血在书稿上,几处重要修改出成果处都是钱先生的大力。"具有如此渊源,《中国历代文论选》入选苏州大学文学院学生的必读书目,其实是对钱仲联先生等所开创的学术传统和学术风气的继承与弘扬。当然,一卷本作为教材而入选必读书目,并不恰当。所以我着重向同学们推介用作教学和科研参考书的四卷本。

我们解构《中国历代文论选》,可从《例言》入手。

《例言》分"选材和编次""校注和说明"两部分,其实是对体例的说明。第一部分凡六条,前二条言"选材",后四条谈"编次",勾勒出了全书的总体轮廓。譬如入选的标准是"以理论性的著作为限,形式不拘一格",主要是"能够阐明某一种文学思想和主张,在文学理论的发展历史上具有一定的代表意义"。其特别说明的一点是，中国之文学，在魏晋之前尚不是独立的学科，"文学和哲理、历史著作之间并没有一条明显的界限"，故所选篇目有些"并不是论述文学或不是专论文学的，但它们在理论上可以和文学相通，曾经起过作用和影响"。后四条则是介绍各册的内容、编次的顺序、选篇的编目、节选的原则等，而倒数第二条所言附于全书之末的"以文系人""可以较全面地了解每一时代入选的理论家对文学各方面的主张"的选篇编目，不知何故未见。第二部分凡十一条，对"校注"和"说明"做了详细介绍。当然，在解读《例言》之前，我们也应该参阅一下《前言》，以便对《中国历代文论选》的成书过程、编写原则和体例特点，有一个初步的了解。我想，阅读一部选集性质的著作，先翻阅一下《目录》，也是非常必要和十分重要的。

我们解构《中国历代文论选》，可以时间为序。

本书《目录》分为"先秦""两汉""魏晋南北朝""隋唐五代""宋""金""元""明""清""近代"10部分，因受政治、经济、文化等诸种因素的制约，特别是受文学本身的影响，每一时期的文论，都会打上时代的烙印。从文论著述的指导思想、关心重点、评价标准，甚至行文风格，我们都可以认识到某一时期的文论特点。譬如，先秦对文学的认识处于初始状态，人们强调的是文学的社会功能。《论语》所言"可以兴，可以观，可以群，可以怨"，突出了诗歌的教化作用。荀子则将其衍变成明道、征圣和宗经三位一体的文学思想，被郭绍虞《中国文学批评史》称为"奠定了后世封建时代的传统的文学观"，这在以后的两千多年中占据着主导甚至统治的地位。而至近代，西风东渐，梁启超倡导"文学改良"，提出的"诗界革命""文界革命""小说界革命"，其实是对这一时期文学家所做探索和尝试的总结性口号。譬如，梁启超《饮冰室诗话》说黄遵宪之诗，"独辟境界，卓然自立于二十世纪诗界中，群推为大家，公论不容诬也"。关于独辟境界，黄遵宪最早是倡导诗歌的口语化，他在同治七年（1868）20岁时所写《杂感》诗中，提出了"我手写我口"的主张。而光绪年间出使日本时所撰《日本国志·学术志二·文学》，更提出了文学作品的创作，要像欧美那样，做到"文言合一"："泰西论者，谓五部洲中以中国文字为最古，学中国文字为最难，亦谓语言文字之不相合也。"所以，"语言与文字离，则通文者少，语言与文字合，则通文者多"。当然，学习西方的更高境界,就文学而言,则在于思想内容方面的拓展和进步。梁启超《饮冰室诗话》将黄遵宪与夏曾佑、蒋智由推为"近世诗界三杰",就是因为"其理想之深邃宏远也"。及20世纪初,引进和运用西方的文艺思想和文艺方法来研究中国文学,蔚然成风。今天尤为学界推重的便是王国维《人间词话》《宋元戏曲考》等作,《中国历代文论选》均节选收入。而鲁迅《摩罗诗力说》、蔡元培《致〈公言报〉并答林琴南君函》、李大钊《〈晨钟〉之使命——青春中华之创造》、胡适《文学改良刍议》、陈独秀《文学革命论》等,则记录了中国文学和文论走向现代的进程。

我们解构《中国历代文论选》,还可以文体为类。

本书所选,除了宏观阐述文学现象和文学理论的篇目以外,大多数的文章可分为散文、诗歌、戏曲和小说等的专论。如果我们按文体加以梳理,对每一文体的历史演进过程的认识就比较清晰。譬如所收词论,有宋代李清照《词论》、胡寅《题酒边词》,元代张炎《词源》,清代汪森《词综·序》、张惠言《词选·序》、周济《介存斋论词杂著》和《宋四家词选目录序论》,近代刘熙载《艺概词曲概》、谭献《复堂词录·序》和《复堂词话》、陈廷焯《白雨斋词话·自序》和《白雨斋词话》、王国维《人间词话》。而每篇之后又附录若干相关著述,从词的体制到词的功用,从创作的理论指导到批评的标准方法,从宋代词的兴起到清代词的中兴,同学们通过学习都会有所收获。而戏曲之论始自元代钟嗣成《录鬼簿》,其后所收主要是明中叶至清初戏曲家所论:李开先《市井艳词·序》、徐渭《南词叙录》、汤显祖《答吕姜山》、沈璟《词隐先生论曲》、臧懋循《元曲选·序二》、王骥德《曲律》、李渔《闲情偶寄》、孔尚任《桃花扇·小识》,说明随着明中叶昆曲的发轫和繁荣,文人学者对戏曲的关注度有所提升。而这种提升同样是随着社会的城市化和商业化的进程而日渐发展的。由于儒学把诗歌和散文认作正统的文学体裁,所以,《中国历代文论选》所选,诗歌和散文论著为最多,这合乎中国文论著作的实际情况。历史上重要的诗文流派的理论主张和诗文活动的叙述评价,在本书中几乎都能找到相应的材料。譬如唐代韩愈、柳宗元倡导的"古文运动",对其学习对象《孟子》《荀子》《史记》《汉书》的相关论述;韩愈、柳宗元的古文观;以及后来传承衣钵、将其发扬光大,并与韩柳并称"唐宋八大家"的宋代作者;还有明代唐宋派、清代桐城派、近代湘乡派的文论主张,都有展示。

由于本书的初版和再版在"文革"前后，受时代之局限，不足之处显而易见。如偏重思想内容的阐发，轻视艺术形式的探究，这需要同学们在学习过程中加以辨别、修正和补充。

（马卫中撰稿）

《诗学》导读

〔古希腊〕亚里士多德著，陈中梅译注，商务印书馆1996年版。

亚里士多德（公元前384—前322），古希腊哲学家。他出身于马其顿宫廷御医家庭，后来到雅典在柏拉图的学园学习、任教二十年。柏拉图去世后，他外出游历二十二年，其间成为马其顿王子、后来的亚历山大大帝的老师。他晚年回到希腊讲学，创办了鲁开昂学院，直至去世。亚里士多德学识渊博，著作丰富，是一位百科全书式的学者，他的研究遍及希腊学术的所有领域，并达到了当时的最高水准。他有一句名言："我爱吾师，我更爱真理。"这种态度使得他没有受制于柏拉图的局限，而对柏拉图的思想多有批判和超越。亚里士多德是古希腊最伟大的思想家，对西方人文科学和自然科学的发展有深远的影响。

亚里士多德在文艺学、美学方面的论著有《诗学》和《修辞学》流传于世。其中《诗学》被车尔尼雪夫斯基誉为西方"第一篇最重要的美学论文"，不过这部论著后面的部分已散佚，存世的部分主要与悲剧有关。亚里士多德把悲剧定义为"对一个严肃、完整、有一定长度的行动的摹仿……借引起怜悯与恐惧来使这种情感达到'卡塔西斯'（katharsis）"。"卡塔西斯"一词是西方美学史上争议最多的问题之一，一般说，它是指悲剧的功用问题，即观赏悲剧可以使观众的恐惧和怜悯之类的情感保持适度、取得平衡。亚里士多德认为悲剧包含情节、性格、思想、言辞、歌曲、形象六要素，其中情节是最重要的，是悲剧的灵魂。他对悲剧情节提出了很多要求，其核心是情节的整一，即情节要完整、要有一定的长度、只能写一个人物的一个动作。亚里士多德还一再强调，悲剧情节应合乎情理，情节要有变化，寓变化于整一。亚里士多德还指出，悲剧主人公身上有一种性格或行为上的"缺失"（harmatia，也可以翻译成"悲剧错误"），这是其悲剧的成因，比如俄狄浦斯王就是"见事不明"。

亚里士多德的悲剧理论对西方悲剧产生过极大影响，古典主义的"三一律"就是从亚里士多德的情节整一理论而来，黑格尔关于悲剧冲突的理论也同亚里士多德有关，亚里士多德的戏剧观对现代的戏剧仍有借鉴意义。

亚里士多德的悲剧理论是以他的哲学和美学理论为基础的。亚里士多德取消了柏拉图的"理式"概念，他承认实体，即客观事物的真实性。在美学方面，亚里士多德继承了希腊人"艺术摹仿自然"的传统说法，并加以唯物主义的解释，他认为戏剧是"摹仿行动中的人"。

在本书中，亚里士多德把诗（文艺作品）与历史进行了比较。历史叙述已发生的事，诗描述可能发生的事，因此"写诗这种活动比写历史更富于哲学意味""诗所描述的事带有普遍性"。亚里士多德的这种说法回应了柏拉图对诗人的挑战，并纠正了他的偏颇之处。

柏拉图把文艺贬低为"影子的影子""摹仿的摹仿"，不但对文艺的真实性提出了怀疑，而且否认了文艺的创造性。亚里士多德则认为文艺作品中的虚构是可信的，"可能发生的事"虽然在事实上还没有发生，但是它符合可然律或必然律，因而也是真实的。他还讽刺了那些以历史真实为由坚持采用历史人名的悲剧家们，指出他们的历史真实局限于很小的范围。

在本书中，他进一步说明，诗人摹仿行动（中的人），诗与行动有着相同的规律，摹仿即是合乎规律的创造，因此诗人对过去事件的摹仿也是创造。

书中，亚里士多德用一个例子来说明，富有想象力的情节如果能取得"卡塔西斯"的效果，符合因果关系，即使显得意外也是好的。这进一步说明了文艺有着独特的真实观，也为文艺的想象提供了合法的根据，文艺不是照镜子，而是具有创造性的摹仿。

亚里士多德强调想象力对文艺的重要性，提高了诗和诗人的地位。柏拉图为诗人确定的罪状中，有一条是诗人没有真知识；亚里士多德的论述中则包含着诗人能够正确认识、准确把握事物客观规律的意思。这也是对柏拉图理论的纠正。

与柏拉图不同，亚里士多德是一位严谨的学者，他对悲剧的论述是对希腊悲剧和整个希腊文艺实际的一种总结，比如他对于悲剧情节整一的要求就是与当时希腊悲剧演出相一致的。亚里士多德对后代有极大的影响，他的一些论述在后代成为教条或是被误解,这不是他的责任。

(杨正润撰稿。转自胡有清主编《文艺学撷英:中外文论名著导读》,南京大学出版社 2007 年版,稍做改动)

《西方正典:伟大作家和不朽作品》导读

〔美〕哈罗德·布鲁姆著,江宁康译,译林出版社 2005 年版。

哈罗德·布鲁姆(Harold Bloom),1930 年 7 月 11 日生于纽约,美国著名文学教授、批评家、文学理论家。布鲁姆曾执教于耶鲁大学、纽约大学和哈佛大学等知名高校,他的一系列著作曾在美国批评界引起巨大反响。他以独特的理论建构和批评实践被誉为"西方传统中最有天赋、最有原创性和最有煽动性的一位文学批评家"。书名中所谓"正典",英文本意为"经典"。《西方正典:伟大作家和不朽作品》选取西方二十六位大师的经典著作进行赏析和评论。其中除了但丁和乔叟排在莎士比亚之前外,其余几乎全都是围绕莎士比亚来展开,正如目录中所写:"经典的中心:莎士比亚"。布鲁姆并不直接关注二十六位作家之间的互文关系,而是把他们当成整个西方经典的代表。

布鲁姆深受弗洛伊德影响,提出了"影响的焦虑"的观点。据布鲁姆的观点所知,任何作家都会受到经典名作和前辈文学名家的影响和启发,按弗洛伊德的话说,这种影响是那种"熟悉的、在脑子里早就存在的东西",但同时这种影响会使后辈产生受到约束的焦虑。这种担心自己不如前人的焦虑常常会使后人忽略了文学自身的审美特征和原创性,并最终让自己无法摆脱前人文本的阴影,所有作品似乎都成为前人的注解,这就是布鲁姆所谓的"面对前代大师的焦虑"。以莎士比亚为标尺,在布鲁姆的笔下,后世的所有伟大作家只存在为被影响的和相对不被影响的焦虑所左右的这两种。而加以区分的,是所谓"陌生性"(strangeness,台译本翻译为疏异性)。只有在莎士比亚的影响之下,进行变化和疏离,竭力摆脱阴影,才能够给自己立足之地,为自己的文学作品赢得正典地位。正如作者所说:"渴望写出伟大的作品就是渴望置身他处,置身于自己的时空之中,获得一种必然与历史传承和影响的焦虑相结合的原创性。"

除此之外，本书中布鲁姆的另一个重要思想是维护审美的自主性。他说："审美批评使我们回到文学想象的自主性上去，回到孤独的心灵中去，于是读者不再是社会的一员，而是作为深层的自我，作为我们终极的内在性。"他主张深化对文学经典的研究，并重申文学审美功能。他对于文学极度悲观，认为"文学批评"已经被"文化批评"所取代。他抱怨周围"全是些哗众取宠的教授，充满着法德理论的克隆，各种有关性倾向和社会性别的意识形态，以及无休止的文化多元主义"。在书的序言部分，他悲观地说，我们正在经历一个文字文化的显著衰退期，并且这种发展难以逆转。不可否认，布鲁姆对于西方经典的捍卫代表了一种文学精英主义的批评思想，在一些批评家们看来，是"不能被广泛认可，而只能被一批退隐的精英们所滋养的"期望。但他的批评实践和理论在美国学界的影响不容忽视，"对抗性批评"也有着现实性意义，布鲁姆借用近代意大利学者维柯的历史循环观念来构建西方文学经典史，同样为西方文学史和比较文学研究领域提供了独特视野。

（王泽宇、周生杰撰稿）

《中国新文学大系导言集（1917—1927）》导读

鲁迅等著，天津人民出版社 2009 年版。

《中国新文学大系（1917—1927）》是一部由赵家璧主编，经上海良友图书公司出版的中国最早的大型现代文学选集，全书分为 10 卷：一是《建设理论集》，胡适编选；二是《文学论争集》，郑振铎编选；三是《小说一集》，茅盾编选；四是《小说二集》，鲁迅编选；五是《小说三集》，郑伯奇编选；六是《散文一集》，周作人编选；七是《散文二集》，郁达夫编选；八是《诗集》，朱自清编选；九是《戏剧集》，洪深编选；十是《史料·索引》，阿英编选。

书前由蔡元培撰写总序，各卷编选者还分别就所选内容写了长篇导言（第十卷为《序例》）。《建设理论集》《文学论争集》《史料·索引》选辑近 200 篇理论文章，系统地反映了新文学运动和新文学理论从无到有、初步确立的历史过程。编选创作的 7 卷，共收小说 81 家的 153 篇作品，散文

33 家的 202 篇作品,新诗 59 家的 441 首诗作,话剧 18 家的 18 个剧本。其中不少篇什是对新文学的创建起了积极作用或脍炙人口的名作,其他的也大多在思想或艺术上有一定的代表性。

《中国新文学大系》的总序和各卷导言,对于新文学的发生、发展、理论主张、活动组织、重大事件、各种体裁的创作,或做历史的回顾,或做理论的阐述。1940 年 10 月,良友复兴图书印刷公司将《新文学大系》的各卷导言汇为一编,出版了《中国新文学大系导论集》,独立于《大系》出版。1982 年,上海书店将此书再次影印,并这样指出:"全书对我国五四以后第一个十年间的新文学运动做了全面总结。"

在中国现代文学研究中,这些导言的影响比《中国新文学大系》本身更为深远。一般而言,"诸导言的一个相当突出的贡献,是在申辩五四新文化运动的合理性之时,从各自不同的角度展示了新文学发生的历史文化渊源"。导言的作者们为此提供不同层面的解释,其中胡适的解释模式具有多元性的特征:

> 中国白话文学的运动当然不完全是我们几个人闹出来的,因为这里的因子是很复杂的。我们至少可以指出这些最重要的因子:第一是我们有了一千多年的白话文学作品:禅门语录、理学语录、白话诗调曲子、白话小说。若不靠这一千年的白话文学作品把白话写定了,白话文学的提倡必定和提倡拼音文字一样的困难,决不能几年之内风行全国。第二是我们的老祖宗在两千年之中,渐渐地把一种大同小异的"官话"推行到了全国的绝大部分:从满洲里直到云南,从河套直到桂林,从丹阳直到川边,全是官话区域。若没有这一大块地盘的人民全说官话,我们的"国语"问题就无从下手了。第三是我们的海禁开了,和世界文化接触了,有了参考比较的资料,尤其是欧洲近代国家的国语文学次第产生的历史,使我们明了我们自己的国语文学的历史,使我们放胆主张建立我们自己的文学革命。

作为新文学开创史的一份自我证明,《中国新文学大系》诸导言除了从文学理论的层面证明新文学的历史合理性外,还需要从文学审美上证明新文学叙事抒情的优越性。对此,导言的诸作者依据各自对于新文学的理解和审美取向按照各自独特的思路在导言中论证了新文学的审美,比如:茅盾讲究创作方法的角度，鲁迅精于精神思想史的眼光，郁达夫富有体验语言个性的趣味等。

现代读者在阅读《中国新文学大系》导言之时，应该具备更广阔的历史文化视野，努力与新文学运动和文学革命的前辈们进行跨世纪的对话。在历史的现场中去理解中国现代文学的发生与发展，在当代的视角下，重新发现并理解文学历史演变与文学作品发展的诸要素，从而实现对中国现代文学的深入理解。

（张学谦撰稿）

二 各专业必读书目

（一）秘书学专业必读书目

《佐治药言·学治臆说》导读

（清）汪辉祖撰，辽宁教育出版社2000年版。

清代官场有句谚语云："无绍不成衙。"说的便是大家所熟知的"绍兴师爷"。20世纪90年代，有一部电视剧就叫《绍兴师爷》，电视剧中虽有戏说成分，但也道尽师爷这一行当的许多面目。师爷，正式称谓为幕宾、幕客、幕友、西宾、宾师、幕僚、馆宾等，一般统称幕府。幕府制度为中国历史上的一种用人制度，最早可追溯至战国时期，比如我们所熟悉的战国四公子所养之门客。两汉至唐末五代，因社会动乱，幕府大盛；自宋代起，随着中央集权的加强，幕府逐渐衰微；明清时期，尤其是清代，幕府制度逐渐复兴，再次走向繁荣。有清一代，幕府制度的发展，按照尚小明的观点，大体分为三个阶段，第一阶段从顺治初至康熙初，学人游幕主要以参赞戎幕、协理政事为主要内容；第二阶段从康熙中期至嘉庆末期，学人游幕主要从事学术文化活动；第三阶段从道光以后至清末，学人游幕主要转向从事实际事务。

今天我们所介绍的这两部书的作者汪辉祖，就是一位"绍兴师爷"，他先后辅佐过十六位地方官，坐馆长达三十四年之久。后考中进士，谒选为湖南宁远知县。《佐治药言》是其坐馆三十年的箴言；《学治臆说》记录了其在幕友时期和担任州牧县令期间的吏治心得和所见所闻。二书内容是汪氏毕生所学的凝结，贯穿其中的思想核心是礼治与德治，礼法并用，以刑辅德。

《佐治药言》写作缘起，汪辉祖在自序中言："余亦行将从宦，孙甥兰启，将有事读律，请业于余，因就畴昔所究心者，书以代口，而题其端曰《佐治药言》。"可见，是书之作，既是作者对过往从幕生涯的总结，也是为外甥提供一坐馆典范，即"幕道"。基于此，书之内容主要侧重于记载幕客的工作宗旨及内容，一侧重于道德规范，一侧重于具体事务。

幕道宗旨，可概括为：尽心以佐人，立品以律己。作者开篇就提出"佐治以尽心为本"，汪氏如此说，是基于宾主之义。幕主与幕宾是平等关系，大多是一种主宾或师友关系。这就使得一方面官员礼贤下士，另一方面士人"不苟于就"。幕宾尽心也就自不待言，诚如汪氏所言："食人之食，而谋之不忠，天岂以有福之。"幕宾既与幕主是平等关系，又处于官、吏之间，因而更能避免当局者迷，保持清醒，"论理而不论势"，在处理事务上能够做到不偏不倚，做到"佐官而检吏"。

幕宾职责在佐，其建议被采纳与否，又与幕宾之信用休戚相关，"欲主人之必用吾言，必先使主人之不疑吾行"。欲取信于幕主，则不得不立品。操守必须廉洁，这一方面意味着不谋不义之财，不作贪墨之事，另一方面意味着要勤俭节约，"俭以养廉"。

在这一原则宗旨下，汪氏针对具体事务提出了不同的处理原则，但一以贯之的宗旨是爱民省事。"便民之事，莫如听讼速结""幕乐百姓之和，而后能安于无事""吏治以安良为本，而安良莫要于去暴"，等等。省事并非意味着不作为，正如汪氏所劝诫的"图省事而转酿事矣"。避免酿事的方法，无非在于"批示明白"，汪氏提出了一些可资借鉴之法，如"押犯宜勤查""勿轻易金差""宜随机杜弊""草供未可全信"，等等。

汪辉祖生于清雍正八年十二月十四日（1731年1月21日），卒于嘉庆十二年三月二十四日（1807年5月1日），此时游幕之风大炽，周星誉在《王君星藏传》中云："国家当康熙、乾隆之间，时和政美，天子右文，王公大臣，相习成风，延揽儒素。"这并非意味着入幕坐馆是士人的首选，汪辉祖之父辞馆就因"惧损吾德也"。士人入幕大多为了生计，汪辉祖"见入幕诸君,岁修之丰者,最刑名,于是跃然将出而自效"。在出身首重科举的大一统时代,入幕亦非正途,入幕之士大多游幕以养学,借以参加科考。汪辉祖做了十七年幕宾,后考取举人,又入幕七年,四上春闱,得以考中进士。在大一统时代,知县掌一县之吏、户、礼、兵、刑、工,在处理这些事务时,其主导原则是礼法并用,集中体现在其修身处事、治民治狱等方面。

修身处事上,汪辉祖继续秉持坐馆时的原则,牢记"守身为大"的古训,清廉自律。古来贪官,坏于不节俭。汪氏便告诫家人用财要节俭,在用人上谨防任人唯亲,并正本清源,建立一套明晰的财务管理分类法,以绝后患。

治民方面,汪辉祖坚持以民为本。作为州县之父母官,"其于百姓之事,非如父母之计儿女,曲折周到,终为负官,终为负心"。官之俸禄,既然取之于民,"亲民之吏,分当与民一体"。首先,地方官立身要正,并时时自省,杜绝各种陋习及害民之政;其次,要深入群众中,关心其疾苦,珍惜民力,汪氏深知诉讼弊端,"民间千金之家,一受讼累,鲜不破败";再次,汪辉祖熟知地方上蠹吏、刁役、恶棍、讼师等对百姓的盘剥,故他一再重申"安民莫要于去暴";最后,倡导教化为主,刑罚为辅,"司牧之道,教养兼资",推行教化,需要地方官员礼贤下士,导之以学,以辅助官府推行教化。

治民要尽心,官场事上接下,总体原则是"积诚",汪辉祖认为:"事机百变,非名言可罄,唯积诚两字,上下相宜。"首先,为官须获得上司的支持,这就需要为官者以"朴实自居",只要自己尽职尽责,大可不必喜功、躁进,更不能受非分之恩;其次,对待县官僚属,汪辉祖认为既要体恤,也要时刻监察;最后,书吏、常随、幕宾是地方官员治理地方的左膀右臂,汪辉祖针对这三个群体的不同特点,予以区别对待。吏役要严,所谓"宽以待百姓,严以驭吏役";雇佣常随要谨慎,不可一概收用;延请幕宾要隆重,但不可轻信妄任,最好是咨访贤友。

为官之道在清、慎、勤。汪辉祖认为三者之中,勤是主导,万事"非勤不能",要勤,须"以渐以恒"。他还告诫官员,有才有识,才能治理好地方,对此汪氏提倡官员要多读律书,并广泛涉猎诸史,以广识议。这对其治狱实践,多有裨益。建议诸如准确把握法律条文的含义,慎重援引判例；重勘验，慎刑讯；以色听为先；等等。

汪氏以传统札记形式，对自己为官入幕的经验做了系统的总结，所记之事多是亲身经历或耳闻目睹，一事一议，并冠以标题，一目了然。此书自付梓，便成为言吏治者之指南。饶涤甫云："此书于近来官幕大有关系。为官幕者案上常置此书，眼见手常翻，大本必不甚错。"黄毓恩认为《学治臆说》《佐治药言》"诚吏治之津梁，仕途之舟楫"。

张廷骧在《入幕须知五种·例言四则》中言："《佐治药言》《学治臆说》二书刊本流传最多。"龚裕在《学治臆说·序》中亦云："汪龙庄先生《学治臆说》《佐治药言》两书，翻刻遍海内。"据现有研究成果，《佐治药言》刊刻最多，达二十几个版本，最早的版本可追溯至汪氏生前。自民国以来，《佐治药言》《学治臆说》多次被影印发行，可见此书影响之一斑。

（孙启华撰稿）

《高等写作思维训练教程》导读

马正平主编，中国人民大学出版社2010年版。

"写作"到底是什么？如果我们给"写作"下一个定义，写作便是人类使用某种语言文字记录、保存、交流信息和情感的一种创造性活动。无论是这一概念本身还是其具体的行为，某种程度上，人们往往因太过"熟悉""写作"而忽视了理性的思考和认知。开蒙以来，我们在学校的语文教育中识字、组词、造句，然后看图写话，记下日记，尝试作文，一再作文，在这一学习的过程中，我们大量阅读各种写成的"作品"，赏析点评，或许也曾多次生出"作家梦"。写作是什么？我们为什么需要"写作"？在"写作"中又能完成什么，实现什么，创造什么？作为秘书学专业的专业人才，我们的"写作"又需要达到什么样的水平，我们又需要具备怎样的能力？在诸多追问之下，同学们对"写作"的认知也许还存有很多疑问，有着不少的困惑。

为什么在大学阶段还要学习写作？诸位在大量的感性体验中对"写作"活动的概念、性质及规律、评价标准等问题，想必已有了一定的经验性认知，这样一种经验性的认知是同学们进一步科学地专业学习"写作"的基础。本科阶段，秘书学专业学生除了系统地学习文学历史、文学经典与艺术理论、语言学、文献学等专业知识外，作为本专业要求的专业写作能力培养、素质养成及写作实训也是专业培养中必不可少的一环。事实上，写作教学在众多的专业教学中，历史性地呈现出被边缘化的趋势。技术媒体、网络空间正在提供着广阔的写作交流平台，写作行为、写作活动似乎已经不再面对所谓专业门槛的限制，人们把写作能力、水平归结于先天的语感和后天教育中的自我学习、自我积累，在夸大写作的个体经验，沉迷于多种审美风格的阐释时，功用性地否定"写作学"存在。

"开口能说，提笔能写"，这是社会对文科教育背景学生尤其是"秘书学"专业毕业生的一个不成文的期待。某种意义上，能说就会写，能写就不怕说，因为说和写不外乎都是内容与形式的结合，说的内容都是可以写出来的，能够写出来的东西都不难以"发言"的形式再现。具体到我们专业，撰写各类公务文书，完成诸种工作和生活中的写作任务则将是未来职业的重要部分，相应地，我们就需要在本科阶段对"写作"进行专业、系统的学习。

马正平教授主编的《高等写作思维训练教程》为其"高等写作学教程系列"中的一本。这套书的编撰者集合了国内众多高校的写作教学老师，自出版以来好评无数。著名学者孙绍振教授在该教程的序言中评价道："破解了人类写作言说的操作技术之谜、艺术之谜。"该教材在对于"写作学"的科学术语建构、对于写作教学的模式化开拓方面成绩卓越，被评定为国家级精品课程教材和面向21世纪课程教材。教程在导论部分理论性地探讨、阐释作为一门学科的"写作学"其概念、主体、过程和可能性。上编十一章为写作主体素养与能力建构训练，具体包括写作主体的兴趣、人格、审美和思维训练，祛魅写作的神秘性，从写作主体的兴趣激发与培养出发，由人格建构到科学地、技术地分析获得专业写作能力所需系统培养的几种写作思维，并创造性地结合时代历史语境关注技术时代写作主体精神世界与技术技能等方面的变化。下编九章深入具体的写作过程，依次从写作观察和阅读、感思与立意、试思、句法、章法、修改等几个方面理论性地阐述写作的要义、重点、难点。丰富的教学案例在具化、细化理论的同时，也为同学们自己研习提供了充分的学习材料，深入浅出，生动形象。

作为专业必读书目，同学们不仅要学习书本中所涵盖的专业知识，更要注重通过对案例的审读和对章节复习题目的反复演练,重视在"自觉"的专业实训中发现自己写作中"不自觉"的部分,了解自己写作中的困难并能够利用所学知识理论地认知进而技术地改进,在对写作学获得自觉的、专业的、科学的知识认知的同时,在写作过程中提高自己的写作能力。

(李一撰稿)

《中国文化要义》导读

梁漱溟著,上海人民出版社2018年版。

在《中国文化要义》的《自序》中,梁漱溟称自己"无意乎学问""不是学问家",认为"以哲学家看我非知我者",而希望人们能以"一个有思想,又且本着他的思想而行动的人"这样"恰如其分"的表述来看待和评价他。揆诸作者之前的履历与著述,结合作者此后的言论与事迹,可以说,这个评价既准确,又不乏自谦色彩。倒是《自序》中被他认为"十分恭维"的另一种说法,最适合做梁漱溟其人一生的总结:"他是一个思想家,同时又是一社会改造运动者。"

梁漱溟于1893年10月18日出生在北京,原名焕鼎,字寿铭。远祖为元朝宗室,入明后此一支改姓梁氏,至梁漱溟高祖时,其家由广东迁居广西桂林,遂以桂林为祖籍。自曾祖始,梁家即长期宦游北京,父梁济(字巨川),任清政府内阁侍读等官,拥护维新;母张氏(大理白族人)曾在北京女学传习所任教。

梁氏之一生可谓传奇。其一生横跨晚清、民国、共和国三个时代,历经辛亥革命、抗日战争、中华人民共和国成立、"文化大革命"及新时期等不同历史时期。早年入同盟会;1912年任《民国报》编辑兼外勤记者,以"漱溟"作笔名,是梁漱溟称呼之始;1916年至1923年间,任教于北京大学讲授哲学课程,兼研究佛学;1927年南下广州;1928年代李济深任广东政治分会建设委员会主席,提出请办乡治讲习所建议书及试办计划大纲,始留心乡村建设问题并力行之,提出"乡治"主张;1930年主编《村治》月刊;1933年后又致力于民众教育问题和民主运动;抗日战争期间,发起

"统一建国同志会"，参加发起"中国民主政团同盟"，在四川璧山来凤驿创办勉仁中学；1946年更以"民盟"秘书长身份，作为"第三方面"人士参与"国共和谈"，同年，在重庆北碚创办勉仁文学院；中华人民共和国成立后，应邀参加中国人民政治协商会议，后又以共产党和毛泽东的"诤友"身份，为新中国的农村问题等献策、建言；晚年继续从事著述，直到1988年去世。

在写作《中国文化要义》的20世纪40年代之前的二十年间，致力于救国、教育与其他社会活动之余，梁漱溟已出版/发表《东西文化及其哲学》《中国民族自救运动之最后觉悟》《乡村建设理论》三部著述，到1941年在桂林期间，始构思本书，至1944年完成初稿，又于1946年在重庆北碚基于旧稿重新整理，至1949年完成，前后历时九年。四部著作内容有重见之处，可见其一脉相承。

具体到《中国文化要义》，是书参证多方学说，从整体上概括了中国文化的个性特征，继而从集团（团体、集体）生活的角度，对比了国人和西方人不同的文化传统和生活方式，分析了团体与家庭之不相容，认为重家庭生活的中国人缺乏集团生活，进而给出本书的重要论断——中国社会是伦理本位的社会，并提出以伦理组织社会，进而实现中国社会改造的主张。在此基础上，又从道德、理性、阶级、职业、国家等角度，对中国社会的基本结构和文化进行了深入细致的考察，既有对中国文化存在问题的批判，也有对中国民族精神要旨的揭示。

《中国文化要义》自行世，即被视为中国文化研究和中西方文化比较的重要著述。其中涉及中西文化比较的部分，尤其值得留意的是书中第五章和第九章的两幅《中国西洋对照图》。两图将一个人"可能有之最大社会关系"列为四级：个人、家庭、团体、天下。西洋人最重个人与团体两级，而中国人则"就家庭关系推广发挥，而以伦理组织社会，消融了个人与团体这两端"。中国社会及中国文化的优长由此而来，其短劣亦由此而来。这最终体现于本书第十四章《结论》部分：

> 中国人因集团生活之缺乏，而缺乏公共观念，缺乏纪律习惯，缺乏组织能力，缺乏法治精神，一句话总结：缺乏为营团体生活所必需的那些品德——公德。

公德所由养成，端在公私利害之一致；……中国人说近就是身家，说远就是天下，……然而可惜是小起来太小，大起来又太大——……不像西洋人小不至身家，大不至天下，有个适中的范围，公私合成一片，正好培养公德。

论西洋人之轻其身家，似公；而各徇其群，又不过是大范围的自私，不是真公。真公，还要于中国人见之。中国人怀抱着天下观念，……说民族性，这才是中国的民族性。今日世界不讲公理，不得和平，正不外西洋人集团生活的积习难改。……究竟谁自私，不必争论，时代自有一番勘验。

问题只在社会结构与时势需要上，中国人西洋人根本没有什么不同。如其有之，那就是西洋人从身体出发而中国人理性早启这一点……今日中国人恒不免落于两偏的情形：一偏于自私，一偏于不私，而不像西洋人大致总差不多。

梁漱溟的这些判断，或可与鲁迅对中国文化的揭示和对"国民性"的批判相参看。其间异同，颇可玩味。对中西文化之异，梁漱溟在本书的结论中，大体并无高低褒贬之分，只不过认为根据时势与情形，当今不是家庭—天下的时代，而是个人—团体（国家）的时代，"老中国"造就之特点将遭受冲击，而国人当顺应时代，吸取西洋之长处而做出改变。作者此番深心，读者自当有所领会。

包含《中国文化要义》在内的梁漱溟的系列著述，目的不在于"为学问而学问"，而是作者因中国现有的种种问题的刺激，生出解决问题的想法；要解决问题，则势必追根溯源，了解中国的历史、文化和社会发展。用作者《自序》里的夫子自道来说，《中国文化要义》其实是"从活问题和活材料，朝夕寤寐以求之一点心得"，"其中有整个生命在""有整整四十年生活体验在"。

这篇《自序》的写作，以及《中国文化要义》的初版（成都路明书店），分别在1949年的10月和11月，正是旧邦新命、贞下起元的时代关键节点。梁漱溟以"认识老中国，建设新中国"为"口号"和使命，不徒然为书斋之学，而有着非常确切的现实观照。《自序》里说，完成《中国文化要义》后将作《现代中国政治问题研究》，即试图为"建设新中国"

提供"政治上有办法"之思路。而此思路之前提，则是"于老中国有认识"。这部《中国文化要义》，即是梁漱溟"认识老中国"的思想与方法的最集中体现。它虽然写成于七十多年前，却历经时间淘洗，早成经典，并不过时。况复考之于历史、观之于当代，"建设新中国"之路任重道远依然，则此"认识老中国"之作更当具常读常新之价值。

（朱钦运撰稿）

《中国历代政治得失》导读

钱穆著，生活·读书·新知三联书店2012年版。

《中国历代政治得失》是国学大师钱穆先生的代表作品。这部系统阐述中国政治变迁的经典之作，让我们看到了中国政治的历史传承。该书内容丰富，影响深远，无论从哪个角度，都值得每个中国人去阅读。

钱穆（1895—1990），字宾四，笔名公沙、梁隐、与忘、孤云，晚号素书老人、七房桥人，江苏无锡人，吴越太祖武肃王钱镠之后，中国学术界尊称其为"一代宗师"，更有学者称其为中国"最后一位士大夫、国学大师"。

20世纪50年代，钱穆先生应台湾战略顾问委员会主任何敬之邀请，为台湾"战略安全委员会"做五集专题演讲，后在演讲稿基础上补充修改，正式以"中国历代政治得失"为题成书。该书分别阐述了中国历史上最重要的五个朝代汉、唐、宋、明、清的政治得失。五朝具有统一大同、疆土辽阔、史期长久的共性，基本上可以代表中国古代历史的全进程。书中从每个朝代政治组织、考试选举、经济赋税、国防兵役四个方面制度的渊源、沿革、变迁、利弊，深入浅出地进行了概括和比较，叙述因革演变，指出利害得失，廓清了国人对中国传统政治文化的种种误解，让我们看到了一个真实、具体、连续、变化的中国传统政治文化过程，让我们体会到中国历代政治文化制度都不是平白无故地产生的，而是一种历经磨难却生生不息的历史沉淀。这本书弥补了某些历史教科书的不足，让读者对中国历代政治文化制度的渊源和特点了解得更加清楚透彻，从而对中华传统政治文化更加自信，对西方文化制度采取平视视角。因此，这部精练又厚重的著作,尤其适合我们大学生去研读,让同学们对中国古代的政治文化制度有一个全面、系统、深入的认识和理解,相信大家每一次阅读都会有新的收获。

在此,我以该书讲述的五朝政治文化制度中的考试选举制度为例,概括地讲述一下自己的体悟。

"为治之要,莫先于用人。"《中国历代政治得失》从选拔官员的角度,介绍了五个朝代考试制度的演进变化。

"唐以后中国的历史演变是好是坏,那是另外一回事,但罗马帝国亡了,以后就再没有罗马。唐室覆亡以后,依然有中国,有宋有明有现代,还是如唐代般,一样是中国。"中华文明能够独一无二地傲立世界几千年,其中一个重要原因就是得益于中国的考试选举制度。汉、唐、宋、明、清五个朝代的选举制度,让中国各阶层人士都有进政府参与文化政治的希望与可能。各地人才异地为官、声教相通、风气相移,推动了各地经济、文化走向融合。此与欧洲封建贵族世袭领地王权的分裂截然不同,"这也便是唐代之伟大远超过罗马的所在,更是它远超过世界其他一切以往的伟大国家之所在"。

汉武帝时期,地方长官每年可推荐孝子和廉吏参政入仕。后因请托舞弊之风日盛,朝廷增加了考试制度,普通百姓得到了更多进入仕途的机会。汉代形成的"察举制",以孝廉加考试的方式选拔人才。从此,中国政治面向全国开放,逐步形成了士人政府。但是,汉代做官的前提是读书,而当时的书是竹简做的,价值胜过黄金,平民子弟登堂入室的理想很难实现。这样,好制度的弊端逐渐显露。

唐代对汉代的"察举制"进行改革,废止了地方官员推荐制度,实行的科举考试制度有利于以客观标准选拔人才。随着印刷术的普及,政权开放,"朝为田舍郎,暮登天子堂",官员不再只来源于封建贵族阶层,文化政治制度较之汉代面貌一新。但是,唐代科举考试制度鼓励人们当大官、大学者,而不主张人们经商,出现了"求官者众、官乏禄、吏扰人、商遭抑"的社会现象。

宋代基本延续了唐代的考试选举制度,"重文抑武"使得考试制度更加严密,营造了一个"读书人"的政府。但是,宋代的考试选举制度近乎"按图索骥",结果很难选到英才,"考试本欲变学究为秀才,不料成为变秀才为学究"。

明代的考试选举制度在中国封建社会历史中可谓"登峰造极",士子在经历乡试、会试、殿试,中了进士后还要在朝廷读书三年,再经过一次考试选拔进入翰林院,在明代,大政治家、大学问家均出自翰林院。

清代考试选举制度变为巩固满洲部落政权的主要手段。如果说汉、唐、宋、明是士人政权,政府掌握大权,为官者大多数是读书人,那么清代就是部落政权。"各部堂主事皆满人,无一汉人""皆满缺多于汉缺,无一得附平等之义者",朝廷成为大官由满族人来做的部族控制的政府。

由于钱穆先生所处时代是在辛亥革命推翻清王朝不久,所以他在《中国历代政治得失》中对清代考试选举制度的评述带有很强的感情色彩,认为清代部族政权取代了汉、唐、宋、明的士人政权。如果从历史唯物主义观念出发,应当看到作为少数民族统治者的清代皇帝,接受汉化速度最快的部分,就是科举考试制度的选择。既然汉、唐、宋、明的政治得失在当时的历史条件下可以被作者理解,那么涉及清代时怎么就不适用了呢?

中国古代考试选举制度的公平、开放、民主程度,一直领先西方。当今,我们的高考、公务员考试等选拔学生、官员、学者、专家的重大考试,虽然与古代考试选举制度的内容相比发生了重大的改变,但是,依旧秉承了古代考试选举制度公平、开放、民主的理论原则。

"我想讲历史,更可叫人不武断","以史为鉴,可以知兴替"。钱穆先生着力陈述制度须合于本国传统,"须合于事",这一点尤其值得我们加以学习、体会。近年来,一些专家、学者声称"与国际接轨"方可解决中国问题,殊不知他国的政治文化制度并不一定适合中国传统,中国问题需要根据中国国情提出解决办法。我们应当运用中国历史留下的宝贵遗产,取其精华,去其糟粕;同时还须与时俱进。汉唐盛景固然辉煌,但无论如何兴叹历史,都不可一叶障目,忘记我们当下应该做的事情。

钱穆先生的《中国历代政治得失》,让我们对中国政治文化制度的认识结构化、系统化,让我们对现行的中国政治文化制度乃至某一条政策,都能找到其历史渊源,也让我们更能领会为何说即使现代化的中国与历史时期的中国如此不同,但依然是在传承中国的历史。让我们读《中国历代政治得失》,知晓中华传统文化,弘扬历史优秀文化。

(陈朗撰稿)

《项目管理方法论》导读

汪小金著，中国电力出版社2020年版。

关于项目管理，首先应该了解 PMI、PMP 和 PMBOK。PMI（Project Management Institute）即美国项目管理协会，是全球领先的项目管理行业的倡导者，是由项目管理专业领域中研究人员、学者、顾问和经理组成的全球性的专业组织机构。PMP（Project Management Professional）即项目管理专业人士。PMP 认证考试由 PMI 发起，目前已被全球项目管理界人士所认可。

为什么要学习项目管理？如今，人才市场对项目管理人才需求量较大，PMP 证书对于求职者而言是颇具分量的助力应聘成功的砝码，尤其当求职者把项目经理当作未来职业方向时，相应的理论学习是至关重要的。理论指导实践，达到理论与实践的完美结合，无疑可以全面提升个人竞争力。即便抛开求职，项目管理对于个人来说也有直接的意义，它构成解决问题的思维方式，适用于个体日常生活与工作。而就组织来说，项目管理是一门核心学科，是公司管理进步的细胞，为组织创造有形价值与无形价值。有形价值可用投资回报率直接测量，而无形价值，PMI 概括为：

提升组织的学习力。一方面，用规范的方法做事，更容易积累经验；另一方面，通过项目后评价，能够使以后的项目做得更好。

提升组织的整合力。项目管理本质上是跨职能的，既不是单兵作战，也不是简单按组织机构图行事，而是强调把不同层级和部门的人整合在一起，来取得非凡业绩。

提升组织的执行力。项目管理强调用正确的方法取得正确的结果，就是强调执行力。如果每个员工都能按项目管理的要求，在规定的范围、进度、成本和质量等要求下完成工作任务，那么整个组织就会有很强的执行力。

汪小金进一步认为，三大无形价值同样适用于个人，他以提升整合力为例解释道："每个人的生活和工作中，都有许多不同的事情，每个人都可借助项目管理中的整合管理方法把这些事情协调起来，甚至做到在做某件事情的同时就是在做另一件或另几件事情。"

PMBOK（Project Management Body Of Knowledge）即项目管理知识体系，是项目管理的"圣经"，PMP认证考试的内容，即围绕PMBOK展开。PMBOK的精髓，在于十大知识领域、五大过程组。十大知识领域包括项目整合管理、项目范围管理、项目进度管理、项目成本管理、项目质量管理、项目资源管理、项目沟通管理、项目风险管理、项目采购管理、项目相关方管理；五大过程组包括启动过程组、规划过程组、执行过程组、监控过程组、收尾过程组。但是，PMBOK内容枯燥，是公认的难读，如有一本书能够用相对"通俗"的方式对PMBOK内容进行串讲应是入门者学习不错的选择，可以将其作为PMBOK的入门导引，而汪小金的《项目管理方法论》正是提供了这样一种选择。

《项目管理方法论》至少有如下特点：

其一，知识更新。PMBOK每四年更新改版，在2017年迎来第6版，其中的改变反映了项目管理作为一门学科的发展趋势。由此，《项目管理方法论》于2011年推出以来，如今也迎来了第3版。在第3版前言部分，作者列举了五个方面的更新，其中第一个方面便是使相关内容符合PMBOK第6版。在正文撰述过程中，作者时常结合PMBOK版本演变提出并解决问题。如讨论项目相关方管理，作者对第6版PMBOK相关内容的记述与篇幅做了细致说明，勾勒出项目相关方管理快速发展的趋势："从不重视相关方管理到很重视相关方管理；从被动解决与相关方之间的问题到主动引导相关方参与项目；从仅强调在执行阶段与相关方打交道到强调在启动阶段尽早识别相关方，并在规划阶段编制相关方参与计划。"

其二，结构清晰。PMBOK的知识体系呈网状特征，十大知识领域与五大过程组相互穿插跳跃。如何由"平面"转向"线性"表达？《项目管理方法论》在结构上给出了答案。全书除了第1章介绍项目管理背景知识，第2章介绍项目管理基本概念以外，从第3章起围绕项目的"生命周期"展开，即分别为"第3章：项目周期管理""第4章：项目的选择与启动""第5章：项目相关方管理""第6章：编制项目计划""第7章：编制项目风险计划""第8章：项目执行与监控""第9章：项目组织与团队建设""第10章：项目沟通管理""第11章：项目采购管理""第12章：项目收尾与项目成功",大致遵循项目启动、准备、执行和收尾四个阶段。

其三,语言通俗。全书深入浅出,对繁复的理论尽可能用更加直白的语言进行说明。同时,全书语言生动,作者在每一章开头用一段引文导入项目管理知识,风格较为灵动,如第4章开头引用《孙子兵法》中"昔之善战者,先为不可胜,以待敌之可胜。不可胜在己,可胜在敌。故善战者,能为不可胜,不能使敌之必可胜。故曰:胜可知,而不可为",把"不断变化的各种情况"比作"敌人",颇为形象。作者在行文过程中经常代入个人学习项目管理的感悟与心得,容易引起读者共鸣。作者还运用诸多例证解释问题,尤有代表性的是鲁布革水电站。鲁布革水电站位于云、贵两省交界处,是以发电为主的梯级电站。这是我国第一个利用世界银行贷款,并率先实行国际招标竞争的国家重点工程。作者当时为鲁布革工程管理局职工。其后,作者逐渐悟出了"项目管理一定是一个学科,国外大学一定有项目管理这个专业",并立志出国系统地学习项目管理。

总之,《项目管理方法论》对于项目管理学习者而言具有一定的参考价值。

(李晨撰稿)

《一代名幕汪辉祖》导读

鲍永军著,杭州出版社2014年版。

"计君一生,在家为孝子,入幕为名流,服官为循吏,归里后复为醇儒,律身应物则实心实政。乌乎,君亦可为完人矣!"这是清代学者洪亮吉在《萧山汪君墓志铭》中的句子。萧山汪君,即汪辉祖。古人讲究"盖棺定论",洪亮吉作为汪氏友人,话语间虽有过誉之嫌,但墓志铭也基本符合汪氏一生的磊落行径。《一代名幕汪辉祖》主要聚焦于汪氏其人其事,以其人为经,以其事为纬,勾勒出其一生之种种。

汪辉祖,字焕曾,号龙庄,晚号归庐,雍正八年十二月十四日(1731年1月21日)出生于浙江绍兴府萧山县大义村中巷尚友堂东室。乾隆十七年(1752),汪氏三试乡试皆不中,时值其岳父任松江府金山县令,遂招其掌书记,是为汪氏坐馆之始。后入胡文伯幕,从骆彪习刑名之学,此后入幕渐分治刑名。乾隆三十三年（1768），汪辉祖第九次参加乡试，中式第三名举人。汪氏继续以幕养学，乾隆四十年（1775），始中进士。乾隆五十一年（1786），进京参加谒选，授湖南永州府宁远知县。乾隆五十七年（1792）一月，汪辉祖被劾革职，回家乡萧山。《一代名幕汪辉祖》即大体以时间为序，介绍汪氏一生之经历。全书十五章，第一章以罢官归乡后参与修复西江塘为引子，介绍其归乡后之经历，折射出其在当地官员、人民心目中之形象、地位。第二章、第三章概述汪氏自一贫寒孤儿到进士及第的坎坷经历。第四章至第七章记录汪氏自书记转治刑名，并最终成长为一代名幕之历程。第八章至第十一章详细记录了汪氏谒选宁远知县后兴利除弊、移风易俗之事迹。第十二章至第十四章介绍了汪氏归乡后之生活：惠泽乡里、著书立说。第十五章为汪氏历史地位之评价。

纵观汪辉祖一生，自乾隆十七年（1752）至乾隆五十七年（1792），或入幕，或服官，汪氏将一生中最宝贵的四十年奉献于此，并据此时经手经眼之种种案件，总结出坐馆、做官之经验，写成《佐治药言》《学治臆说》等。此时期之经历自然成为本书的主体，作者鲍永军以案例为切入点，借以向读者介绍汪辉祖掌书记尤其是专治刑名时的多谋与仁心，执掌县事时的亲民与明决。乾嘉时期，幕业风气日益败坏，汪辉祖却逆流而上，重振幕道，鲍永军将汪氏《佐治药言》《续佐治药言》宣扬的宗旨总结为："律己以立品为先，佐人以尽心为尚，以俭为立品之基，以勤为尽心之实，读律以裕其体，读书以通其用。"汪氏由坐馆转为做官，知幕道之种种，这一经历无疑有助于其处理日常之事务。《学治臆说》《学治续说》《学治说赘》是其为官吏治经验的总结，"论述了官员从政的原则、思想、品德、职责以及技术，尤其对州县官经常处理的事务，如民治、事上、用人、听讼、治狱、理财、催科等等，都提出了处理的技术与方法"。

鲍永军自博士期间即专治汪辉祖及清代幕僚文化，其博士论文《汪辉祖研究》（作者在博士论文基础上修订出版了《绍兴师爷汪辉祖研究》）系统总结了汪氏本人生平事迹及论著情况，并以此为基础对清代幕府制度的产生、特点与绍兴师爷兴盛原因做了细致分析。《一代名幕汪辉祖》即以作者以往研究为基础创作完成，系《杭州全书·湘湖（白马湖）丛书》之一种。因此套丛书定位为"通俗读物"，突出"俗"字，做到有特色、有卖点、有市场，故本书在写作上通俗易懂，图文并茂，富有故事性、趣味性。

其定位如此，我们也就不能吹毛求疵，苛责其学术性的缺乏，故阅读本书，应结合作者《绍兴师爷汪辉祖研究》，两者相互参考，可能会别有一番收获。

人物研究，或"以所研究人物为主线放射扩展"，或"将其人放在关系脉络的整体之中"，显然后者更可取。游幕之风，肇始于战国时期，其后或隐或显，至清代而获得复兴。汪氏主要生活于乾隆时期，对其研究，应放置于时代背景与关系脉络之中。汪辉祖作为绍兴师爷的代表之一，近年来有大量的博硕论文对其予以关注和研究。在鲍永军之前，1990年，吉林大学丁玎的博士论文《论汪辉祖及其官箴著作》就对汪氏生平、官箴著作及影响，尤其是对秘书学价值予以了细致解读。其实，汪辉祖在嘉庆元年（1796）即口授儿辈自己之生平，写成《病榻梦痕录》，三年后，又亲自写成《梦痕录余》。李慈铭评价二书云："汪氏此书，实年谱之创体。" 1934年，瞿兑之以二书为基础，写成《汪辉祖传述》，从家世、幼年、游幕、入官、学业、家事六部分，叙述汪氏一生行迹。此外，汪氏去世后，洪亮吉、阮元等学者分别撰文，对汪氏一生做了中肯之评。时代变迁、学术气氛不同，评判的价值尺度亦随之发生变化，我们将汪辉祖研究的著作做一对比，或许会有所收获。

（孙启华撰稿）

《中国秘书文化学》导读

何坦野著，浙江大学出版社2016年版。

《中国秘书文化学》由浙江大学出版社有限责任公司于2016年12月出版发行，作者为浙江传媒学院文学院秘书学系何坦野教授。何坦野教授主持多项省级以上科研项目，发表论文80余篇，出版专著5部，《中国秘书文化学》是何坦野教授多年潜心研究秘书文化的重要成果。

秘书文化是秘书职业精神的核心，是秘书日常工作价值的体现，也是整个秘书职业群体应当具有的气质与追求。"秘书文化"是一个内涵丰富而又具有理论张力的概念，也是秘书学理论体系的一个重要组成部分，对其进行的研究自20世纪90年代以来就受到秘书学界的关注。然而，长期以来，社会对秘书职业价值的认知偏差及学术界对秘书理论研究的轻视，导致秘书文化研究还处于初级阶段，对秘书文化的理念、制度、精神等维度的研究还处于探索之中。在社会发展日新月异、不同文化相互激荡交汇的当下，文化建设的战略地位愈来愈凸显，如何在继承我国优秀秘书文化遗产的基础上，创新建设适合时代要求的秘书文化，就成为中国秘书学界必须深入探讨的问题。《中国秘书文化学》正是在这一时代背景之下产生的，是迄今为止国内唯一一部系统研究我国秘书文化的专著。

《中国秘书文化学》由上、中、下、尾四编共二十六章组成。上编为"秘书文化本体篇"（一至三章），包括秘书文化的内涵、秘书起源文化论、秘书定义文化论等内容。对研究对象内涵外延的界定、历史发展的描述、核心内容的揭示，是研究之为研究的起点，为全书打下了坚实的理论基础。

中编为"秘书文化思想篇"（四至十章），包括我国秘书文化的精神内核、秘书人格文化论、秘书职业道德论、古代秘书家思想论、古代秘书专著思想论、中国共产党领袖秘书思想论等内容。在长期的社会和工作实践中，我国逐渐形成了一整套独特的秘书伦理价值观念、角色认同、工作方式、职业意识等，这些观念与方式构成了我国秘书文化的主要内容。同时，秘书文化又具有鲜明的时代性，不同时期秘书文化的内涵不尽相同。本编内容概括了中国古代和近现代史上具有代表性的秘书人物的言行及思想，阐述了我国秘书著作中蕴含的文化精髓。

下编为"秘书制度文化篇"（十一至十九章），包括秘书官吏制文化论、内外朝秘书机构更替论、秘书工作诸制文化论，以及秘书幕友制、科举制、礼制文化论等内容。每一种制度都体现着一定的文化价值，每一种文化也通过特定的制度形式体现它的存在。中国秘书文化具有浓厚的"官本位"色彩，这与中国历朝历代的政治制度密切相关，也与秘书在历朝历代的政治地位密切相关。而这些秘书制度就如同连接各种机构和人群之间相互关系的中介，在秘书与社会关系、秘书个体与群体之间起着不可替代的协调作用。本编内容梳理了我国历史上与政治制度紧密关联的秘书工作制度，力图揭示"行政文化"与"管理文化"之间的相互协调对秘书文化形成的作用。

尾编为"秘书物质文化篇"（二十至二十六章），包括秘书文房文化论、秘书茶酒文化论、秘书书法文化论、秘书作品文化论、秘书版本文化论等内容。器物皆有德,文房四宝、茶器酒盅、书法作品、版本目录都是传统秘书文化的外在物化形式。谈中国的秘书文化,不能不谈素以文章安身立世的秘书们用笔墨纸砚写下的锦绣文章、留下的物质遗存。本编内容揭示了我国古代秘书"以器载道"的文化内涵。

综上所述,《中国秘书文化学》从秘书价值理念、秘书思维方式、秘书工作体制、秘书成果价值等方面建构了秘书文化研究的体系,概括起来有以下三个方面的特点:(1)史论结合,全面系统;(2)理论与实践并重,既有理论阐述,也有实际工作指导;(3)文风活泼,详略得当。书中有较多古代、近现代秘书工作案例,以及著名秘书人物的相关观点、论述和事迹介绍,是一部具有可读性的秘书学著作。

《中国秘书文化学》内容较为庞杂,建议阅读时注意做到以下三个方面。一是阅读时要抓住重点,详略有当。如第一编为全书之纲,应当重点学习,掌握秘书文化的基本概念、发展脉络和本质内容并以此为理论指导,这样其余三编在阅读时就较为容易理解和记忆。二是要在熟悉中国历史的基础上进行阅读。本书四编内容的共同特点是以史为纲、史论结合,"欲知大道,必先为史",因此一定要能够把握中国历史的脉络,同时熟悉中国秘书史上的重要制度、事件和人物,只有这样,阅读时才能融会贯通。三是要联系实际进行阅读。秘书学是应用学科,秘书学理论只有在实际工作中得到印证并产生效果,才是鲜活的、有价值的。《中国秘书文化学》的学习也应当联系实际,学以致用,加强对秘书工作实际问题的理论思考。如在社会高速发展的当下,各种思想观念交流、碰撞与冲突,其中一些负面的观念使得秘书在思想精神方面感到困惑与迷茫,带来了秘书文化的"异化",严重的则会导致秘书贪污、渎职等犯罪行为。因此,阅读时就应当联系现实生活中正反两方面的案例,从书中汲取正确的文化价值观与思维方式,为今后的职业生涯打下坚实的基础。

(吴雨平撰稿)

《商业信息搜集与处理》导读

陈飚主编,经济管理出版社 2017 年版。

商业信息是指一切与商业活动相关或者对商业活动产生影响和作用的信息,可以广泛理解为与社会商品交换相关的一切商业信息。当今社会,互联网技术快速发展,信息的传递变得更加便利,同时,获取信息的渠道、信息的种类也变得越发复杂。在商业经济方面,这种变化使得商业信息的搜集与处理变得越来越专业化,同时进行有效的商业信息搜集与处理工作也日益成为企业生存竞争的重要前提。商业信息及其相关工作对于个人、企业乃至整个商业社会都产生着巨大的影响。

基于种种现实需求,《商业信息搜集与处理》一书应运而生。本书不仅对现代社会的商业信息进行了概念说明,而且对不同种类商业信息的搜集处理方法做了详细的概述与总结,能够有效帮助学生从纲领上把握商业信息搜集处理的相关知识。

一、主体内容梳理

本书主体分为五个部分:第一部分为本书第一章,主要介绍了什么是商业信息,商业信息的特点、起源和价值意义,并对现代社会商业信息的重要性做了简要阐述;第二部分为第二章,主要解释了什么是商业信息的处理,包括为什么要处理商业信息、商业信息处理的相关技术与方法、商业信息处理与市场营销的关系、商业信息如何转化成为对自己有利的商业情报几个部分;第三部分为本书的第三至第七章,将商业信息具体细分为文献型商业信息、网络信息、现场信息、人际信息和访谈(网络)调研五个部分,并分别从这五个方面介绍了如何针对不同类型的商业信息进行搜集工作;第四部分是本书的第八到第九章,这一部分更详细地阐明了如何处理商业信息,介绍了分析、筛选并组织信息的方法和信息处理一般用到的工具;最后一部分是第十章,简要科普了商务智能的概念和数据挖掘的技术,并指出这是未来信息搜集与处理很可能走向的发展道路。

本书除了第一章和第十章之外,其余部分都可以看作对商业信息进行搜集与处理的实践指导。其总体上可以分为两类，一类解释商业信息的搜集方法，一类给出商业信息的处理办法。涉及如何进行具体商业信息搜集工作的是本书第三部分，也就是第三到第七章——分别介绍了如何搜集五种不同类型的商业信息。而第二、八、九章则介绍了商业信息的具体处理办法和对应使用的工具。以下就将从商业信息的概念与商业信息搜集处理的具体方法两个方面进行进一步导读。

二、商业信息的定义与分类

有关商业信息的定义问题可见本书第一章。第一章是全书的总领性章节，随后，作者从两个基础的问题入手，首先解释了什么是商业信息的搜集与处理，其次解释了为什么要进行商业信息的搜集与处理（在解释商业信息搜集与处理的原因时，本书从个人商业行为和商业社会两个角度概述商业信息的重要性）。

商业信息，指的是与商业活动相关或者对商业活动产生影响和作用的信息。商业信息的处理，在本书中解释为"对采集来的信息进行分析加工的过程"。本书着重强调，商业信息从广义上可以视为一切与商业行为相关的信息，也就是说，商业信息的覆盖面极其广，几乎与一切商业行为息息相关——这也从侧面解释了为什么商业信息的搜集与处理能力的高下极有可能决定市场竞争的胜负。

尽管信息的重要性毋庸置疑，但是许多信息刚刚搜集来的时候呈现出来的都是杂乱无序的状态，并不能直接转化为商业情报，故必须对采集来的信息加以处理。商业信息的处理是指对采集来的信息进行分析、加工的程序。商业信息只有经过处理，才能真正变成"通过信息分析以提供市场洞察力，并为你带来竞争优势"的商业情报。这个过程总结一下来说，即在复杂的商业行为中，为了获取最终为自身带来优势的商业情报，必须根据自身目标，积极展开信息的搜集与处理工作。商业信息的重要性不仅仅体现在个体商业行为中，在经济社会的整体运转中，商业信息也扮演着重要的角色。商业信息与参与者的切身利益相关，从社会层面，必须慎重加以把握。同时，从宏观层面上看，商业信息"对社会经济的影响主要表现在信息的传播上"，媒体或者企业主体对商业信息有目的的筛选和传播会带来不同的社会影响，必须对商业信息传播的两面性有所认识，并且保持警惕。

三、商业信息的搜集处理方法

在对相关基本概念有了一定了解，并且明确了商业信息搜集与处理这一行为的意义与价值之后，就可以正式开始学习关于商业信息的搜集与处理的具体操作了。首先面对的就是商业信息的搜集问题，在本书的第三部分，即第三到第七章，就对五个不同类型的商业信息如何进行搜集做了分别阐释。这几章是对于"商业信息搜集工作的具体的实践指导"，对于几个不同领域的信息都有其各自的概括、搜集方法的整理，以及在搜集信息的过程中注意事项的贴士。由于内容琐碎，涉及实践层面指导，导读在此处不做太多分析，读者可以去书中选择自己需要的部分进行阅读学习。

在学习了商业信息的概念及搜集商业信息的方法之后就必须关注商业信息的后续处理。在关于这部分的内容中，作者首先说明了商业信息处理的必要性——商业信息不经过科学处理，那只是杂乱的数据，对商业活动帮助不大，没有发挥其本身应该有的作用。商业信息如果可以正确地处理，便能给商业决策带来巨大帮助。在明确必要性之后，就要开始进行关于处理细节上的分析教学。商业信息处理这一过程不是独立存在的，它是商业决策中的一个环节，是辅助商业决策的一个工具。这一点也就决定了商业信息处理（将商业信息变为商业情报）这一行为在执行之前必须保证两个条件成立：其一是信息必须真实可信、客观全面，这样分析的结果才能理性客观；其二是自身商业目的必须明确，搜集的信息与目的息息相关，而不是漫天撒网，这样才能保证信息有针对性和靶向性。

在实践操作中要注意，在做好信息搜集工作之后，才真正需要面对信息处理这一工作，切勿试图省略步骤导致信息错误，最终导致决策失误。要时刻谨记信息搜集处理本质上是一个过程性实践活动而非认识活动，它与现实社会息息相关，与切实利益息息相关，比起天马行空的思想，它更需要踏实的行动与周密的计划。另外，商业信息处理在实践层面会随着科技的进步、商业环境的改变而不断自我更新，本书在强调实践重要性的基础上，给予学生更多的方向性指导，而非简单地将这一个过程表述成为固定章程。同时，在分析过程的时候将其中比较难把握的环节单独拎出来，并且通过两个独立章节重点教学以下两个难点——商业信息处理的工具和商业信息的组织方法（商业信息的序化）。

四、总结

在互联网时代,商业信息搜集与处理在商业决策中变得越来越重要,成为商务管理与运作中一项必要的技能。本书条理清晰、逻辑严明,旨在培养学生的商业信息搜集处理意识,以及教授基本的商业信息搜集与处理的思维方式。

当然,这本书并非万能指南。随着时代的快速发展,商业信息的搜集处理工作会越来越复杂,本书在关注到这种趋势的前提下,在教授基本知识的同时,鼓励引导学生自主发现并运用新的商业信息载体、处理工具,甚至新的商业逻辑。商业信息是商业社会的碎片,商业社会是现实社会的一部分,只有面向现实,同时保持学术的理性分析能力,才能将本书活学活用,达到本书最终的教学目的,以商业信息与搜集的科学化帮助实现更好的商业决策。

(张鑫撰稿)

（二）师范专业必读书目

《给教师的建议》导读

〔苏〕B. A. 苏霍姆林斯基著，周蕖、王义高、刘启娴、董友、张德广译，长江文艺出版社2014年版（另有杜殿坤编译，教育科学出版社版）。

B. A. 苏霍姆林斯基（1918—1970），苏联著名教育实践家和教育理论家，出身于乌克兰一个农民家庭，从17岁即开始投身教育工作，直到逝世，在国内外享有盛誉。1936年至1939年就读于波尔塔瓦师范学院函授部，毕业后取得中学教师证书。从1948年起至1970年去世，担任他家乡所在地的一所农村完全中学——巴甫雷什中学的校长。自1957年起，一直是俄罗斯联邦教育科学院通讯院士。1968年起任苏联教育科学院通讯院士。1969年获乌克兰社会主义加盟共和国功勋教师称号，并获两枚列宁勋章、1枚红星勋章、多枚乌申斯基和马卡连柯奖章等。

中国的教育科学研究，"文革"前主要是学习苏联的教育理论，后来曾一度不加分析地全盘否定。"文革"中教育科学研究被取消。如今，改革开放打开了教育界人士的眼界，人们发现了五彩缤纷的世界，教育理论界开始介绍、吸收世界各国的教育理论和思想，重建我国的教育科学迫在眉睫。在这种背景下，我们学习苏霍姆林斯基的教育经验，颇有现实意义。

当代教育家B. A. 苏霍姆林斯基是一位具有30多年教育实践经验的教育理论家，为了解决中小学教育的实际问题，切实提高教育、教学质量，他专为中小学教师写了一本《给教师的一百条建议》。译者改称为"给教师的建议"。

本书给教师的一百条建议，内容充实，全面地反映了作者的教育思想和教育实践。书中的一百条建议，每条谈一个问题，既有生动的实际事例，又有精辟的理论分析。文字深入浅出、通顺流畅，极其便于阅读，堪称经典。

苏霍姆林斯基把自己的思维、思索、建议和见解全部倾注在了他的著作当中，其核心就是必须使孩子成长为好学、上进、聪颖、心地善良而高尚的人和好公民，也就是说，教师应该培养"真正的人"。这一百条面向教师的建议分为上、下两篇，两篇中的内容各有所侧重。

在上篇的五十条建议中，苏霍姆林斯基主要对知识的传授和能力的培养做了精辟的总结，虽然并没有进行明确的分类，但还是明显体现了苏霍姆林斯基的"教学论"观点，主要涉及教师、学生、教材、教学、评价诸维度。

就教师而言，作者从教师教学才能的形成（第一条）、教师的身心健康（第二条、三条）、教师的待人处事（第四条）、教师的时间安排（第六条、七条）、特点明显的学校的教师工作（第四十六条、四十七条）、初上教坛的教师的成长（第三十七条、三十八条）、教师计划的制订（第四十八条）等方面做了颇有价值的分析。

就教学对象——学生而言，作者反复强调的是学生的思维发展与个性发展（第五条、九条、十条、三十九条、四十条），强调学生从形象到抽象能力的发展（第十三条），强调引起学生兴趣的重要意义与方法（第二十一条、三十三条、三十五条）；另从绘画与书写等维度提出了对学生全面发展的要求（第四十三条、四十四条），甚至细致到要教会学生左右手工作以开发学生大脑的细节（第四十五条）。

苏霍姆林斯基的教材观也是甚为科学的（第十四条、十五条）。

就知识教学与能力培养而言，苏霍姆林斯基虽然反对死记硬背，却颇为重视学生识记能力的培养（第八条、四十一条、四十二条），这对某些误以为当前的课改反对死记硬背就是排斥识记的人而言，无疑是一剂清醒剂；苏霍姆林斯基甚是注重知识学习与能力培养之间的关系（第十一条、二十二条、二十四条）。

就教学巩固与教学评价而言，苏霍姆林斯基也提出了自己独特的见解（第十六条、十七条、十九条）。

下篇的五十条建议主要针对"教育"而提出，也就是说，为培养学生成为"真正的人"而提出。

首先，作为教育者的教师自身必须具备的必要品质（第五十一条、六十二条、六十三条、六十四条、六十五条、七十四条、八十八条、九十四条、九十七条、九十九条、一百条），这些品质与我们当下对教师的要求基本符合。

其次，指出教育的途径。这里，苏霍姆林斯基颇注重发挥家长的作用（第五十二条、五十四条、五十七条、五十八条、六十条），同时，也注重教育的场合（第八十九条）。

再次，指出教育者的教育方法也颇为重要（第五十三条、五十六条、七十五条、八十三条），苏霍姆林斯基注重从谈话的方式方法入手，告诉我们怎样做学生的思想工作。

最后，教育的目的是使得学生成人（第六十六至七十三条、七十六至七十七条、八十一至八十二条）。

苏霍姆林斯基被人们称为"教育思想泰斗"，他的书被称为"活的教育学""学校生活的百科全书"，他所领导的巴甫雷什中学被列为世界上最著名的实验学校之一。书中每条建议都集中于一个问题，借助于实际事例，做精辟的理论分析。文字深入浅出，通顺流畅，具有很强的可读性。读这本《给教师的建议》，如果能结合教育实际分门别类对症下药，就能有针对性地解决一些实际存在的问题。

该书的译者之一王义高先生在《译后话——像苏霍姆林斯基那样创新！》中说：

  苏霍姆林斯基根据他本人当时拥有的主客观条件，做了先行一步的创新；
  我国同行如何根据各自当前的主客观条件进行创新？
  ——这就要由我国千百万同行来回答了。

总之，我们阅读苏霍姆林斯基的著述，学习苏霍姆林斯基，并不是机械地全盘接受，而是要结合自己的主客观条件，一句话，就是要创新。这就是将这本书推荐给大家的初衷。

（王家伦撰稿）

《爱的教育》导读

〔意〕埃·德·阿米琪斯著，王干卿译，人民文学出版社2012年版。

埃迪蒙托·德·阿米琪斯（1846—1908），意大利儿童文学作家，少年时于都灵就学，年轻时曾参加过统一意大利的复兴运动的战役。他退伍后定居都灵，致力于专业的文学创作，阿米琪斯的代表作品有《爱的教育》《寻母三千里》《少年笔耕》，其中《爱的教育》情感丰富并且文笔优美，他也因之成为世界级的作家。

译者王干卿（1942— ），我国著名的意大利语儿童文学翻译家。1964年毕业于北京广播学院（现中国传媒大学）外语系。在数十年的翻译生涯中，独译代表作有《爱的教育》等12部，曾荣获"中国少年儿童文学作品译作"头等奖；因"了解意大利文化并在中国传播意大利文化方面所取得的功绩"，于1999年获意大利政府文化奖。

日记体小说是小说体裁的一种独特形式，它是以日记形式作为基本结构的小说类型。这类小说在叙述方式上主要采用第一人称，以日记主人公所见、所闻、所感的方式叙述事件、展开情节、刻画人物，最终完成作品。如鲁迅的《狂人日记》、茅盾的《腐蚀》等。日记体小说的文体特征决定了它的真实感，决定了它易于拨动读者心弦的特征。

《爱的教育》原名 Cuore（意大利文"心"的意思）。它采用日记的形式，借用一个名叫恩利科的四年级小学生的视角，写出了他在一个学年中的所见、所闻、所感。小说从10月份四年级开学第一天开始写起，一直写到第二年7月份，全书共100篇小"日记"，每篇"日记"就是一篇独立的小文章。这些小文章包括发生在恩利科身边的各式各样的感人的小故事及父母弟妹等人在他日记本上写下的劝诫启发性的文章；另外，还有10则老师在课堂上宣读的精彩的"每月故事"。每篇小文章的题材都是凡人琐事，但作者借此把"爱"表现得淋漓尽致，大至国家、社会、民族的"大爱"，小至父母、师长、朋友间的"小爱"，处处扣人心弦、感人肺腑。也就是说，作者用"爱"打开了读者的心扉。也许就是这个缘故，这部作品的名字在意大利就是"心"。

　　书中主要人物为恩利科，是一个品学兼优的四年级小学生，他有一颗纯洁高尚的心灵，并带着极大的热情去关注身边的每一件事，不断地从生活中汲取心灵和思想的养分。

　　这是一部以教育为目的的儿童文学作品。它歌颂人与人之间团结友爱的高尚情怀；它鼓励人们消除阶级观念，在日常生活的交往中，努力实现各阶层人民相互尊重和相互平等。长期以来，《爱的教育》一直是意大利青少年在成长过程中不可或缺的精神食粮。

　　《爱的教育》1886年在意大利首次出版，深受意大利教育界的欢迎，几乎是在校学生人手一册，达到了家喻户晓的普及程度。该书在出版后的头两个月就再版40余次，1913年，发行量达到100多万册，这对当时只有3000万人口的意大利来说，实在是个奇迹。

　　作为"教育部统编《语文》推荐阅读丛书"之一，中小学生在阅读这本著作时，除了感受溢于言表的"爱"之外，至少还可以在两方面提高自己的语文素养。

　　其一，作者通过对儿童视角的准确把握，对儿童世界、成人世界做了逼真展示和深刻剖析。在某种程度上，守望童年是作家们的审美理想，而儿童视角的叙述则是表达他们这一审美理想的最好载体。在小说中，读者看到的是一个孩子的日常生活和所做所想，除了这个孩子天真的活力和丰富的内心世界外，基本没有作者直抒胸臆的语句，作者的感情倾向隐藏在文字背后，这种表达方式增加了故事的真实感和说服力。儿童视角的叙述是一种为儿童乐于接受的表达形式，这种儿童文学作品有利于激发儿童读者的联想，使其想象自己是故事的主人公，从而激发他们的阅读热情，提高他们的审美能力；当然，更能实现学生表现美的能力的提高——写作水平的提高。如今，"部编版"初中语文教材九年级上学期第四单元的"单元提示"就有"少年视角"，显然，这不是巧合，而是编者的有意为之，是课内外的呼应。

　　其二，书中的每篇文章都是通过平凡小事表现自己的学习生活，这对破解当今学生感到作文"没东西可写"的难题功莫大焉。

　　100多年来，此书一直畅销不衰，并且曾多次被改编为动画片、电影、连环画，读者遍布全世界。最早将此书介绍到中国的是著名作家包天笑

(1876—1973)，1909 年，包天笑通过日文将此书转译过来，书名为"馨儿就学记"。1923 年，著名语文教育家夏丏尊（1886—1946）对照日、英两种译本，再度翻译此书，取名为"爱的教育"。夏丏尊说道："书中叙述亲子之爱、师生之情、朋友之谊、乡国之感、社会之同情，都已近于理想的世界，虽是幻影，使人读了觉到理想世界的情味，以为世间要如此才好。于是不觉就感激了流泪。这书一般被认为是有名的儿童读物，但我以为不但儿童应读，实可作为普通的读物。特别地应介绍给与儿童有直接关系的父母、教师们，叫大家流些惭愧或感激之泪。"

1929 年，《爱的教育》被评为"对当代美国文化影响最为重大的书籍之一"。朱光潜、丰子恺、茅盾、夏衍等学者曾将此书列为中国学子的重点读物。1986 年，此书被联合国教科文组织列入"具有代表性的欧洲系列丛书"中。1994 年被列入世界儿童文学最高奖——国际安徒生奖《青少年必读书目》之中。2001 年该书被我国教育部指定为中小学语文新课标课外阅读书目。

（王家伦撰稿）

《国文百八课》导读

夏丏尊、叶圣陶编，生活·读书·新知三联书店 2008 年版。

中国语文教科书的发展进入 20 世纪 30 年代后，开启了对单元组合的探索。由夏丏尊和叶圣陶合编的《国文百八课》最具特色，是单元编制型中学语文教科书的典范。该教材用文章学的理论统摄全书，以文话为中心，依据文体构建单元体系，融语文知识、范文和作业于一体，对语文教材的选编产生了深远的影响。

夏丏尊（1886—1946），浙江上虞人，现代教育家、文学家、出版家、语文教育改革家。他长期从事教育和出版工作，在语文教学上，提倡白话文，是中国最早提倡语文教学革新的人。他曾担任开明书店编辑所所长，所编写和出版的教材《国文百八课》和《开明国文讲义》等影响深远，其倡导的人格教育和白话文的思想也在教材编写过程中逐渐形成并体现。曾被誉为"始终献身于教育、献身于教育的理想的""诲人不倦"的教育家。

叶圣陶（1894—1988），字秉臣，原名叶绍钧，江苏苏州人。他不仅是著名的文学家、教育家、语言学家和社会活动家，还是成就卓著的编辑出版家。当过小学、中学和师范学校教员及大学教授，后来到商务印书馆、开明书店从事编辑工作，主编或参与编辑《中学生》等十多种杂志。中华人民共和国成立后，叶圣陶长期任人民教育出版社社长兼总编辑，主持编写了一系列语文教材。其一生的工作离不开教育和出版，他的"教期于无教""工具本质论""语文教材无非是例子"等语文教育思想更是影响深远。

《国文百八课》由夏丏尊和叶圣陶编写并由开明书店出版，于1935年至1938年间先后印出四册，第五、六册因抗日战争爆发，没能继续编印，实际只有七十二课，因先期出版时已使用"百八课"名称，故后期出版仍沿用原名。

当时，在清末学制和课程标准设置变革的推动下，中学白话语文教材得以迅速发展起来，且受西式教育的影响，我国语文从此正式独立设科，掀开了现代语文教育发展的序幕，这些社会变革为《国文百八课》的出版营造了良好的社会氛围。尤其在1932年的《初级中学国文课程标准》颁发之后，国文教科书的编撰更是飞速发展，叶圣陶和夏丏尊也从同时代的国文教科书中得到启迪。

虽说当时初中语文教科书得到了新的发展，但叶圣陶和夏丏尊也敏锐地发现"在学校教育上，国文科向和其他科学对列，不被认为一种科学，因此国文科至今还缺乏客观具体的科学性"。这让他们萌发了"给国文科以科学性，一扫从来玄妙笼统的观念"的想法，这是二人合编该教材的初衷之一。此外，《国文百八课》是编者在1932年《初级中学国文课程标准》的制约下编写的，由于当时课程标准对课程目标的概述笼统模糊，因此当时编写出的教材无法以课程标准为依据；加之当时课程标准对教材的编写限制过于严格，使得大部分教材选文的内容难有新意，教材格局趋同。在诸多尴尬的境况下，编者以其独特的教育理念和编制方式，赋予《国文百八课》以鲜明的个性色彩，构建起该教材特有的课程内容。作为民国时期的语文教科书，《国文百八课》凝聚了夏丏尊和叶圣陶语文教材编写思想的智慧，至今仍能得到社会各界人士的接受与认同。

对于全书的结构，编辑在编辑大意中写道："本书每课为一单元，有一定的目标，内含文话、文选、文法或修辞、习问四项，各项打成一片。文话以一般文章理法为题材，按程配置；次选列古今文章两篇为范例，再次列文法或修辞，就文选中取例，一方面仍求保持其固有的系统；最后附列习问，根据着文选，对于本课的文话、文法或修辞提举复习考验的事项。"一改以往国文教学只讲读选文，不问每小时、每周的教学目标的方式，全书每单元形成一个整体，有一定的教学目标，单元与单元之间有着连贯性、层级性的内在关联，整部教材形成了一个有机的整体。

其中文话起着提纲挈领的作用，这部分主线是探讨应用文、记叙文、说明文、议论文四类文体的相关问题，但在其中又穿插了如学术文、仪式文、宣言、对话、戏剧等不能简单归入上述四类文体的文章。每课讲一个问题，按一定的文章理法进行编排，有逻辑系统性但又不局限于形式上的整齐。

文选服务于文话，选列古今文章。一方面，编者十分注重教学内容的实用性，所以其中应用文占了相当比重。另一方面，语体文的篇目比文言文多。在当时流行的初中国文教科书中，文言文仍占主体地位，该书可谓"异军突起"。此外，选文不再局限于古今名家，选择范围更广。

文法或修辞部分，主要介绍字、词（名词、代词、动词、形容词、副词、介词、接续词、助词、感叹词）、句这三种常用的文法。所用例子大部分从前面出现的选文中选取，有助于学生活学活用。

习问部分，即本书的练习系统，以整部书为着眼点，所出习题前后连贯，起到了训练学生记忆、理解、综合分析等多方面能力的作用；题型多样化，更能激起学生的学习兴趣和热情；而且习问与文话、文选、文法或修辞很好地结合在一起，使本书的练习系统形成一个整体，更好地训练了学生的语文能力。

作为一本独具特色的语文教材，首先，《国文百八课》是侧重于形式的，编者在《文章面面观》中就有所述，即关注文章的体制、写作技巧等，强调从形式入手学习语文学科，但并不忽略内容，而是将语言文字的形式与选文内容、思想融为一体。其次，该书以文章编撰形式为重点，以单元教学为依托，从关注学生身心发展的规律和特征与教材结构体例上的科学化两方面进行了探索，是我国语文教育史上最早探索语文教学科学化的一套教材。再次,《国文百八课》的每一课都有明确的教学目标,文话、文选、文法或修辞、习问都围绕着特定的教学目标展开,形成了一个较为完善、严密的系统,以确保教学目标的实现。最后,本教材在编写上大量选择语体文作选文,开创了以语体文为主体编撰初中语文教科书的先例。

总而言之,《国文百八课》独具特色的风格及其在选编方面所体现出的科学性和实用性,至今仍有借鉴意义。该书自问世以来就受到广大师生的好评,是我国语文教育现代化进程中一部意义重大的教科书,标志着单元组合法的成型与进一步完善。

(高群撰稿)

《叶圣陶语文教育论集》导读

叶圣陶著,教育科学出版社 2021 年版。

叶圣陶先生是我国语文教学史上一位优秀卓越的教育家,在我国语文教育界赫赫有名。他的一生都在从事和关注着我国的教育事业,大约从 1912 年起,叶圣陶先生便开始从事语文方面的教学、编辑、出版等工作,前后共六十多年,叶圣陶先生对于这半个多世纪里我国语文教育工作的利弊得失了解得深切详明,思考得深入透彻,并写出了大量文章。叶圣陶先生提出的一系列语文教育教学思想不仅改善了当时的语文教育教学状况,而且对当今的语文教育教学也有着深刻的影响,大大充实了现代的语文教育教学理论,叶圣陶先生的语文教育教学思想全面而系统,很多思想观点在现在的语文教育教学中依然具有很强的借鉴性。

中央教育科学研究所为了方便广大语文教育工作者研究叶圣陶先生的语文教育教学思想,为改进语文教育教学做参考,并为了满足一般读者学习语文的需要,将叶圣陶先生从 1919 年以来讨论语文教育的文章,编选成了一部有二十多万字的《叶圣陶语文教育论集》。这本书是叶圣陶先生语文教育教学思想的总集,它可以让语文教育工作者清晰地了解及研究其对于语文教育教学的一系列全面而系统的观点,并从中吸取经验,获得启发。全书共编入叶圣陶先生论述语文教育教学的文章一百二十篇、书简三十六封,共分为六大部分:(一)语文教育和语文学习的论述;(二)作者主编和参与合编的各级学校语文课本的例言、序言等；（三）阅读和文章的分析；（四）写作、写作教学和作文评改；（五）语言、文字和修辞；（六）语文教育书简。这六个部分从语文教育理念、语文教学方法、文章作法、教材编法、读书评论、文本解读等方面阐述了叶圣陶先生自己的教育教学思想主张，从阅读教学到写作教学，从抽象理论到具体做法，涉及语文教育的方方面面。只要是关心语文教育的人，都应该先读一读这本书。

通观叶圣陶先生的语文教育教学思想，最重要的是以下两点：一是关于语文学科的性质，叶圣陶先生认为语文是工具，是生活中必不可缺的工具；二是关于语文教学的任务，叶圣陶先生认为教语文是为了帮助学生养成使用语文的良好习惯。但《叶圣陶语文教育论集》这本集子里的文章不止表达了叶圣陶先生的这两种观点，它涉及的面很宽，有商讨语文教育的理论原则的，也有只谈论一篇文章或者评议一两个词语的。在集子的第一辑"语文教育和语文学习的论述"中，叶圣陶先生主要阐述了语文教学的目标应该是养成学生阅读书籍的习惯、培养学生欣赏文学的能力、训练学生写作文字的技能的观点，而要达到这些目标，必须凭借课文或者选文，因此本部分主要论述了语文教学的重要性。集子的第二辑主要选取了叶圣陶先生主编及参与合编过的各级学校语文课本的例言或者序言等，通过这些例言和序言，我们可以了解到叶圣陶先生认为好的语文课本应该具备哪些条件，以及编辑语文课本的要求有哪些，这对当今的语文课本的编选有很大的启发性。在第三辑"阅读和文章的分析"中，叶圣陶先生主要想告诉我们写文章和读文章都不是什么神秘和艰难的事，只要有生活，有经验，再加上会识字写字，就能写文章了。但我们读写文章必须有正确的态度，养成良好的读写习惯。集子的第四辑中，我们可以深入了解到叶圣陶先生对于作文教学、对于学生写作的观点及建议，叶圣陶先生提出了"作文即生活"的观点，认为"作文不该看作一件特殊的事情，犹如说话，本来不是一件特殊的事情……我们要把生活与作文结合起来，多多练习，作自己要作的题目。久而久之，将会觉得作文是生活的一部分，是一种发展，是一种享受"。在集子的第五辑"语言、文字和修辞"中，叶圣陶先生主要对学生的语言学习方面提出了一系列建议，认为诵读名文和养成锻炼语言的习惯，对于追求语言的完美有重要作用。集子的最后一辑主要选取了叶圣陶先生的三十六篇书简，通过叶圣陶先生对一系列问题的回答，更加真切地表现了其对于语文教育的观点。

中央教育科学研究所教育史研究室和教学法研究室的同志们在叶圣陶先生的领导下，在人民教育出版社从事语文教材的编辑工作，在十几年朝夕相处的工作中，他们得到叶圣陶先生的真切教诲，深深敬佩其教育教学思想和工作作风，于是决定将叶圣陶先生关于语文教育教学思想的文章收集整理出来，供教育研究工作者和语文教师学习。事实证明他们做了一件很有意义的事情。《叶圣陶语文教育论集》是语文教育的基础之作，这既是叶圣陶先生1919年以来论述语文教育的文章的结集，也是我国半个多世纪以来语文教育重要研究成果之一，在当代仍具有重大意义。举凡我国的语文教育工作者，都应该深入研究这本集子，去探讨叶圣陶先生对于语文教育各个方面的一系列观点，充分吸收叶圣陶先生的语文教育教学思想，丰富自身的教育教学理论，改进自身的教育教学实践。

（高群撰稿）

《李吉林文集》导读

李吉林著，人民教育出版社2006年版。

李吉林是江苏省首批特级教师，自1956年（时年18岁）从南通女子师范学校毕业后，长期在南通师范第二附属小学任教。李吉林老师执着于小学语文教育的研究与改革，创立了情境教育理论体系和操作体系，相关研究先后被列为全国教育科学规划"八五""九五""十五"重点课题，论文、专著及教育散文等多次获全国大奖。由于对基础教育做出了突出贡献，她获得首批"全国五一劳动奖章""全国先进工作者"等荣誉，并享受国务院政府特殊津贴。

李吉林老师从1978年开始进行情境教学实验，后从哲学和心理学的层面阐述情境教育的基本原理并提出情境教育要向其他学科渗透的观点。《李吉林文集》就是其情境教育教改实验的展示。

《李吉林文集》共八卷。卷一是"情境教学实验与研究"，是李吉林老师从教几十年教改实验的总结。其课上得生动活泼，能促进儿童的语言和思维的发展，特别是能促进儿童情感、意志、品德的发展。李吉林老师的情境教学从开发情、意方面突破。"情境教学讲究学生的积极情绪，强调兴趣的培养，以形成主动发展的动因。"李吉林老师如是说也如是做。在本书中，从情境教学的提出到学理依据的阐发，从类型及原则再到反复实验，都有认真的分析和总结，已形成一套完整的理论体系和实践操作体系。

卷二是其与青年教师的谈话和对年轻教师所上课的评课实录。李吉林老师所言的"师德为上，真情倾注，终身乐学，方为人师"是她的真实写照，也是对年轻教师的告诫。"情境教学是充分利用形象，创设典型场景，激起学生的学习情绪，把认知活动与情感活动结合起来的一种教学模式。"在这本书中，李吉林老师可以说是手把手教年轻教师怎样开展情境教学活动，从字、词、句、篇到散文、诗歌等每一种文体，从方法的掌握到环节的推进，具体而微。从"结对子"式的对青年教师传帮带，到创办青年教师培训中心，再到情境教育在全国遍地开花结果，李吉林老师倾注了全部心血。在此书中可以看到，李吉林老师对年轻教师的影响不仅仅是使其掌握了情境教学具体的教学方法，更重要的是使其目睹了一个教学研究者的眼光和胸襟。

卷三是"情境教育三部曲"。起步的故事——情境教学的探索；发展的必然——情境教育的构建；细化的功夫——情境课程的开发，以及续曲播种的快乐——情境教育的推广。从情境教学、情境教育到情境课程，此卷真实地展现了李吉林老师几十年教学研究的发展过程。从一种教学方法、教学模式的构建，到形成一种教学思想，发展到后来不仅限于语文的其他科目的情境教育课程的开发，为我国的教育理论和教育实践做出了重大的贡献。

卷四、卷五是李吉林老师的教学研究论文集，从中可以看到其学术成长的足迹。从一名普通的教师，到教育研究者，再到教育家，李吉林老师无所依傍，靠的就是自己的艰辛努力。从词语教学、阅读教学、作文教学等，来思考怎么创造"美、智、趣的教学情境"；从情境教学与现代教学论发展观、情境教育模式对建构教育原理的启示等，来研究怎样构建儿童、知识、社会之间的和谐关系，都有理有据。书中并间杂有相关学者的评述。李吉林老师研究视野的广阔，和她教学研究的前瞻性，能给我们很多启示。

卷六、卷七是李吉林老师的教案选录，涵盖低学段、中学段、高学段，内容包括学词学句、阅读教学、观察说话、习作等。在这两本教案集中，我们可以看到李吉林老师情境教学观在课堂教学中的生动表现：其教学目标的设计，注意使学生的认知活动、情感活动协调发展；其教学过程，随处见情，随处入境，构建一个以情为中介的教学进程新模式。这不仅表现在文体本身带情传情的散文和诗歌教学，还见于科学小品、说明文、议论文等文体的教学。从教案所展示的教学策略与方法的选择，我们可以领略到李吉林老师所创设的"美、智、趣"的学习情境，学生于其中能真正成为学习的主体，享受学习的快乐，得到全面的发展。阅读这些教学案例，你一定会和我一样，被李吉林老师的诗化语言和童真情趣所感动。

卷八是李吉林老师的教育散文随笔，也有《中国教育报》《人民教育》《教育研究》等报刊记者对其的访谈。李吉林老师教育散文随笔的一个重要特点，就是情境教育大师创设的散文意境之美；还有诗化的语言美，李吉林老师是教育界的诗人，她字里行间的诗情和诗意，滋润着读者的心田。

从李吉林老师八卷文集中，我们可以看出，所谓的"情境教育"，讲究的是"真"，追求的是"美"，注重的是"情"，突出的是"思"，贯穿了"一切为了儿童""一切为了儿童的发展"的教学理念。这是李吉林老师一生所追求的，也是教育的根本目标。李吉林老师是小学语文教师的一面旗帜，从她的八卷文集中，我们可以看到一个小学语文教师应有的职业素养、学识素养，可以看到一个老师的好是源于对她的学生的炽热的爱，源于对教师职业的敬畏之心和责任之心。

《李吉林文集》是指路明灯，从李吉林老师的成长之路，我们能够学到许许多多。我国当代著名教育家、中央教育科学研究所研究员吕型伟如此评价李吉林："如果问什么叫忠诚党的教育事业，李吉林就是榜样。如果问什么叫为人师表，李吉林当之无愧。如果问什么叫专家型的教师，李吉林堪称范例。如果问什么叫真正的教学改革与教学实验，李吉林的实践是最好的说明。"李吉林老师几十年如一日，兢兢业业，不为名，不图利，不断探索，孜孜以求，形成了自己的思想体系与可操作的规范。李吉林老师成名前后，有很多的升迁机会，但她不动摇，扎根小学，在一所学校，教一门学科，几十年如一日。

教育是事业，其意义在于奉献！教育是科学，其价值在于求真！教育是艺术，其生命在于创新！李吉林老师全部教学实践和理念、李吉林老师八卷文集给我们的最大启示，就是教师职业的精神：奉献、求真和创新。

（陆湘怀撰稿）

"名师讲语文丛书"导读

于漪、刘远主编，语文出版社2007年版。

于漪，出生于1929年，江苏镇江人，长期致力于中学语文教育事业，潜心语文教学改革，获"人民教育家"荣誉称号。"名师讲语文丛书"是于漪、刘远老师领衔主编的教育部语文出版社名师出版工程图书。该丛书为连续出版物，出版时间从2007年开始，所收作品的作者多为20世纪末21世纪初新课改以来的语文教育界的领军人物。丛书名的关键词为"讲"，作者们以"讲"的形式，分别阐述对语文教学的认识，并展示各自独特的语文教学风格。

丛书每册均有四个部分：我的语文人生；我的语文理念；我的语文实践；我的语文语录。

"我"的语文人生，叙述"我"与语文结缘，并在语文陪伴下成长的过程。有着"内在童年"的程少堂老师，一件小事与他内向、倔强的性格，以及对捕捉细微情感情绪的擅长、对语言文字的敏感与喜爱，有着直接和间接的关系。王崧舟老师的"语文人生"是"崭露头角—孤独沉潜——鸣惊人—开创流派"的过程，从中可以看出他的"诗意语文"教学理念的形成与"诗意人生"之间的关系，同学们可以看看他为纳兰性德词《长相思》备课三个月的"诗意"经历。这里，还有盛新凤老师难忘的"第一次"：第一次公开课、第一次独立设计教案、第一次外出上课、第一次参加浙江省上课比赛、第一次品尝失败的滋味、第一次为人教社拍课堂录像、第一次上课"作弊"（突发事件的随机应变），这些也都是我们将来可能会碰到的"第一次"，盛新凤老师的经历会给我们很多启发。"人生经历处即为井泉"，同学们也可以通过刘云生老师的"笔记本中的语文春秋"，"辩证读书方略"，语文教育改革者的"勇气、底气和灵气"，以及"一厘米一厘米超越"的毅力和坚持，来理解这位大山深处的村小教师，所主持的几十项课题是怎样获得国家、省市级教育科研成果奖，他的研究是怎样成为

"十一五"期间重点推广的教育科研成果的。这些老师在教育科学研究道路上以坚实的脚步引领自己，也必将引领我们一步一步走上教学研究之路，攀登一个又一个学术高峰。

"我"的语文理念，是这些教学大师讲自己对语文和语文教学的认识。河南小学语文特级教师武凤霞在接受《中国教师报》记者采访时说："我希望我的语文课堂是为学生生命成长奠基，从长身体、善学习、会生活几个方面关注学生的全面成长。如果要为我的语文教学起个名字，应该叫生命语文。"学生们就像一棵棵小小的幼苗，语文教师就是要"让课堂充满生长的律动"，让幼苗健康成长。江苏省苏州中学特级教师黄厚江倡导本色语文和"语文共生教学"："从语言习得的规律寻求语文教学的科学化""把语文课上成语文课，用语文的方法教语文"，他提出的阅读教学的基本定位和基本策略及写作教学的基本定位和基本策略，都非常准确而有效。因此，上黄老师的课轻松、舒服，如沐春风。从北京去深圳的王君老师提出了语文教学的青春语文观，她认为，要打通教法和学法，一个人怎么活，你就怎么教；你怎么教，学生就怎么活。"语文行为"和"生命行为"是相通的。"青春语文"的终极目标就在于提升和改变教师和学生的生命状态，让师生双方永葆青春和激情。因此，在王君老师的课上，不管是教学语言，还是她理解的文本语言，永远都那么灵动，那么充满活力。江苏的潘文彬老师、北京的吴琳老师、浙江的方利民老师、上海的陈军老师——他们对语文教育问题的深层思考，体现了各自深邃的语文教育思想。同时，从他们各自语文教育思想的形成过程，我们可以看出他们在每天一堂一堂普通的课上，对所产生的教学问题的敏感性，以及执着的钻研精神。

"我"的语文实践，是以实录的形式呈现老师们原生态的课堂教学过程和内容，以及他们自己反思性和说明性的文字。张学青是江苏省苏州市语文学科带头人，致力于语文阅读课堂教学研究，她的课形成了智慧、简洁、本色、丰满的教学风格，她的《灰椋鸟》，带领学生在词的丛林中寻找美的声音。在余映潮老师的课上，我们可以看到他对为板块式思路和主问题设计的"课型创新"新理念的实践。"一堂好的语文课，存在三种境界：人在课中、课在人中，这是第一重佳境；人如其课、课如其人，这是第二重佳境；人即是课、课即是人，这是第三重佳境。境界越高，课的痕迹越淡，终至无痕。"王崧舟老师如是说。建议大家着重看看他纳兰性德词《长相思》备课过程的"三变"(先变骆驼,再变狮子,最后成为婴儿),再看看他的上课实录,一定会有很多启发。盛新风老师认为:"课堂是个场,场内散发的信息会影响课的效果。良好的信息会使整个场向良性的方向运转,产生和谐的课堂状态,获得好的课堂效果。"在盛老师的课上,你会感受到她的从容、娴静,有时仿佛还有点儿自炫自赏。陈军老师课的特色是"重积累、重推断、重表达",引导学生培养语文双基、重视理性思考,自由发表思想。陈老师对"点拨法"很有研究,给"点拨"教学注入了新的内涵。他的教学实录《故乡》《祝福》《明湖居听书》《梦游天姥吟留别》中,精巧的点拨不经意地"随手拈来",看似自然,却可见陈老师的用心所在。总之,无论是课堂教学节奏的把控,还是教学资源的开发与利用,甚至对朗读技巧的说明,等等,所有这些在课堂实录中都有精彩的呈现。

"我"的语文语录,是以传统的语录形式汇集老师们富有个性色彩的教学言论。这些精彩的言论,道出了语文教育大师们的教学真经:

"一堂好课就是一次愉快的旅行,——教师设尽法子扇飞孩子的翼翅,课刚始,情已萌,以积极的姿态踏上即将开始的行程。"江苏省特级教师周益民就是一个好"导游"。

"语文教师,是农夫,也是思想者。农夫是品性,思想者是其化身。"上海市特级教师陈军就是农夫和思想者的结合体。

教师就是导游,带领学生们领略语文的美好风光。

教师就是农夫和思想者;农夫的勤恳,春播秋种;思想者的敏锐,观察、思考、发现。

从这里,从"名师讲语文丛书",我们可以看到一个个优秀的语文老师的成长之路。

(陆湘怀撰稿)

《教育研究方法导论》导读

裴娣娜编著,安徽教育出版社1995年版。

裴娣娜(1942—),女,重庆人,北京师范大学教育学院教授、博士生导师，北京师范大学教育科学研究所名誉所长，天津师范大学教育科学学院院长（兼），浙江师范大学杰出教授，浙江省基础教育中心主任。1959—1964年就读于北京师范大学教育系，1988—1989年在美国匹兹堡大学做访问学者。1991—2004年历任北京师范大学教育系主任、教育与心理科学学院副院长、教育科学研究所所长、课程与教学系主任。主要研究领域为教育基本原理、课程与教学论、教育研究方法。先后主持和参与多项国家级、省部级重点科研项目和四项国际合作研究课题。1992年开始主持的"少年儿童主体性发展实验研究"，是一项把教育理论探索、为基础教育改革服务、培养教育专业研究人才三者结合于一体、带有一定开拓性、层次较高的教育实验，在国内产生了广泛影响。出版专著、合著十余部，在国内外学术刊物发表论文七十余篇。1997年被评为全国优秀留学回国人员。现兼任国务院学位办教育硕士专业指导委员会委员、秘书长，教育部全国中等职业教育教学指导委员会委员，教育部中小学教师继续教育教材评审专家，中国教育学会学术委员会委员，中国教育学会教育学分会副理事长、教学论专业委员会主任等职。

　　裴娣娜教授长期从事本科生、研究生的教学工作，她积累总结经验，广泛地吸取了我国和西方教育科学研究的丰硕成果，著成此书。书中既有对教育研究方法的一般原理、教育研究的构思和设计、教育研究结果的分析与评价的理论总结，又有全面、系统、务实的论述。

　　全书共分为四编15章，第一编谈教育研究方法的一般原理，设有教育研究方法概述、教育研究方法的历史发展、现代教育科学研究的基本思路及方法论原则3章；第二编为教育研究的构思与设计，设有研究课题的选定、文献检索、理论构思形成研究假设和教育研究的设计4章；第三编为教育研究的基本方法，设5章；第四编为教育研究结果的分析与评价，设有教育研究数据资料的分析、教育研究成果的表述及评价、教育科学研究的组织及其效能等3章。

　　理论与实践紧密联系，是此书的显著特点。所以说，此书的实用价值运用至少有两个维度。

　　就一般的语文教师而言，所谓的"教育研究"，无非就是将自己在教学中的心得体会上升到理论的高度，撰成一般意义上的教学论文，这是当前的必须。该书的第二编指出了明确的操作程序。

首先是"研究课题的选定",在教学中遇到实际问题,就有必要深入研究。这些问题,既可以是新遇到的问题,更应该是困惑整个语文教学很久甚至在学界未有定论的问题,也就是说,这个课题必须具有普遍意义。如果在研究中有了突破,那么,自己的教学就能有所突破,虽不敢说"填补空白",至少可以使得自己的教学顺顺畅畅,换成著名特级教师魏书生的话,就是从此在这个问题上就可以"偷懒"了。

其次是"文献检索",检索文献的目的是检索分析别人的研究成果,如果是这个问题别人已经解决了,自己没有能力进一步研究,就吸收别人的成果用于教学;如果是别人尚未研究或者研究得不够透彻,那就应该也必须研究下去,力求突破,为教学理论添砖加瓦。在这一环节中,裴娣娜老师为我们指点了文献检索的方向,她特别强调了中国人民大学《复印报刊资料》的权威性,书籍的时间性肯定远逊于那些报刊,语文教学界最权威的杂志主要有《中学语文教学》《语文建设》《中学语文教学参考》《语文教学通讯》《语文学习》等。

再次是"理论构思形成研究假设",所谓的"理论构思",就是说研究的课题必须有理论的依据;所谓的"假设",就是做出推测性的论断或假定性的解释,也就是说,应该有预设的结果。这中间,必须有对研究对象的比较精确的确定。当然,在研究过程中,有些时候可能会"偏离"预设目标,得出其他的新的结论,这就是生成,生成往往有着难以预料的精彩。

最后是"教育研究的设计",简单地说,就是形成教学论文的写作构想,并将之成文。

在我们的语文教学中,还必须有理论化的研究,就是不以论文写作为目的的真正意义上的形成体系的研究。就真正意义上的研究而言,就应该走理论化的道路,这在该书的第一编、第三编与第四编做了详尽的阐述。

第一编中,作者从"教育研究方法的一般原理"入手,对"教育研究方法"做了界定,并指出了教育研究方法的几种基本类型,实际上,即使是教育专业的研究生,对此也未必熟悉,所以就此点而言,颇有现实意义。阅读此编第二章,就能了解自己将要涉及的教育研究方法的历史概貌,就能少走弯路。第三章主要从"现代"的维度,辩证分析教育科学研究的基本思路与方法,也就是告诉我们,进行教育科学研究,必须有为现代教育服务的意识,不能过度地钻进故纸堆中。

第三编中，作者分析了教育研究的几种基本方法，如历史研究法、调查研究法、比较研究法、实验研究法等。实际上，在具体研究的过程中，应该也必将会有新的方法出现，故具体操作时不应过分拘泥。

第四编涉及教学研究的评价问题。虽然说这些都是较高档次的要求，但作为一般的研究者，在进行研究后，借用这些"指标"，对自己的研究进行一下初步评价，也不失为一个更上一层楼的好办法。

该书被列为国家"十一五"重点图书，是我国众多高校采用的教育学研究方法的优秀教材，也被众多高校指定为"教育学研究方法"专业考研参考书目。但由于完稿于二十多年前，21世纪以来一些新的成果与更为现代化的研究手段未曾涉及，所以，我们在阅读使用该书时应该与当今的教育教学现状做紧密联系。

（王家伦撰稿）

《21世纪学生发展核心素养研究》导读

林崇德主编，北京师范大学出版社2016年版。

随着全球化、信息化与知识时代的来临，我们到底应该培养什么样的人，学生应该具有哪些核心素养，已经成为全球教育改革的研究重点，成为许多国家或地区制定教育政策、开展教育实践的基础。

自全面恢复高考以来，我国初步形成了现代化教育体系，教育规模逐渐扩大，已然成为一个教育大国。为了实现向教育强国的转变，20世纪末，国家全面实施"跨世纪素质教育工程"，将"提高民族素质，多出人才，出好人才"作为改革的根本目的。素质教育的改革成效是显著的，但是在中考、高考指挥棒下培养出来的学生也存在素养发展不全面等一系列问题，素质教育质量评价体系尚未建立和形成也导致素质教育的推行陷入重重困境。核心素养是对素质教育内涵的解读与具体化，确立以"学生核心素养"为基本框架的教育质量评价体系和课程体系，能够促进素质教育的落实，全面深化教育改革。

党的十八大报告指出，"坚持教育为社会主义现代化建设服务、为人民服务，把立德树人作为教育的根本任务，培养德智体美全面发展的社会主义事业的建设者和接班人",将立德树人作为教育工作的根本任务,明确强调了教育的本质功能和真正价值,对"教育要培养什么样的人"这一教育最根本的问题做出了解答,指明了我国教育改革发展的目标和方向。为贯彻十八大精神,教育部启动了"立德树人"工程,以培养德智体美全面发展的社会主义事业建设者和接班人,让每一个孩子都能成为有用之才。

2013年5月,北京师范大学林崇德教授承担了教育部哲学社会科学研究重大委托专项,组织5所高校90余名研究人员组成联合攻关项目组,遴选和界定中国学生发展的核心素养,即21世纪中国学生应具备的、能够适应终身发展和社会发展需要的必备品格和关键能力。"学生发展核心素养"系列丛书是该项目的研究成果之一,目的是为广大教育工作者理解和把握中国学生发展核心素养提供参考。

本书是"学生发展核心素养"系列丛书的第一册,是一部系统探索中国学生发展核心素养的研究性著作,也是教育改革新阶段的破题之作。围绕学生发展核心素养为何与何为的问题,对学生发展核心素养提出的缘由、学生发展核心素养的内涵、外延,以及如何推行等基本问题进行了系统探索与分析。主要从基础理论研究、国际比较研究、传统文化研究、实证调查研究、现行课标研究、教育实践探索等角度系统化地展开对核心素养的探索与分析,对于全方位理解和把握中国学生核心素养的内涵具有重要参考价值。全书共包括六章。第一章核心素养的内涵,通过梳理核心素养内涵的历史变迁与国际共识,得到核心素养概念的内涵界定。第二章在国际视角下探寻核心素养的研究现状,梳理了经合组织,联合国教科文组织,美、日等国家或地区的15个国际组织对学生核心素养的界定及框架,从价值定位、内容选取、指标命名与内涵界定等维度梳理国际共识,为中国学生发展核心素养研究提供经验借鉴。第三章从传统文化中发掘学生发展的核心素养,基于民族性研究原则,对优秀传统文化和传统教育进行分析,为建构民族的、科学的、现代的学生核心素养指标体系奠定基础。第四章从社会的现实需求中归纳梳理学生发展的核心素养,基于整合型研究思路开展实证研究,对来自四个领域、代表十类社会群体的608位专家进行了调查,归纳总结出公众认可的学生核心素养,体现研究的时代性原则。第五章从现行课程标准中反思学生的核心素养问题,对义务教育阶段的19门课程标准和高中教育阶段的16门课程标准采用内容分析法进行统计分析,揭示现行课标中学生核心素养的分布、结构和教育理念。第六章核心素养推行的实践探索，从教育质量评估、课程教学改革、教师专业发展与学习环境创设等方面探索学生发展核心素养的落实问题。

　　本书认为理想的核心素养内容体系应该坚持个人发展、社会发展与国家发展相统一的价值取向，倡导构建以道德修养为核心的学生素养指标体系，这与国家"德育为先、能力为重"的教育发展要求相一致，是连接宏观教育理念、教育目标和具体学科的课程内容与教学方式的中介环，对各学科的课程改革有着深刻影响。同时，师范生在读这本书时还应该认真思考书中内容能够为我们的专业学习、教学技能、学术研究带来哪些帮助。我认为主要有以下几点帮助：

　　（1）明确专业学习的内容和方向：2016年教育部正式发布学生发展核心素养体系研究成果，将其分为三个方面、六个素养、十八个基本要点。人才需求标准的改变必然要求教师重塑教育新角色，引领教育新风向，打造教育新生态。师范生应该将核心素养理念融入专业学习当中去，以确保自己能够成为促进学生核心素养形成和发展的有力的引导者、辅导者、咨询者及合作者。

　　（2）提高自我教学技能：师范生是我国基础教育高素质、专业化教师队伍生力军的主要来源，教学技能不仅是其专业学习应具备的核心技能和素养，也是积极促进师范教育和基础教育改革、贯彻和落实"学生发展核心素养"理念的关键要素。因此，大家应该不断提高自我的教学技能，努力成为"人格健全，素养深厚，基础扎实，理念先进，技能突出"的优秀教师。

　　（3）拓宽学术研究思路：本书综合运用了自上而下的演绎推理和自下而上的归纳总结，形成整合型思路架构，实现了逻辑思辨与实证研究相结合。同时，本书根据不同的研究问题和目标合理选用问卷调查、访谈、文献分析、比较研究等多种教育研究方法，可作为研究方法的范例。

（陆亚桢撰稿）

《当代语文教育学》导读

刘淼著，高等教育出版社 2005 年版。

作为改革开放以来发展语文教育学的关键学者，刘淼教授有着鲜明的研究特色：致力于语文教育心理学的研究，试图从心理学视角对语文教育学进行审视。对于语文教育的研究，她一生热爱并且执着，因此她能够在苦思冥想的惨淡经营中独立著作《当代语文教育学》这本教材。在这本教材中，她立意深远，立足学术发展的前沿，努力构建当代语文教育学的学科体系；她体大虑周，其研究形成语文教育、语文教学及语文教师三个完整的体系框架；她以"诚"为要、求"新"为旨的学术品格成为其语文教育学学科理论体系的灵魂。

一、立意深远：构建当代语文教育学的学科理论体系

当代语文教育学是对语文教育规律进行探寻的具有应用理论特点的学科，规律的探寻始于教育改革全面深入的背景，立足当代教育理论和教学实践，以更加开放的姿态站在语文新课程的高度，借鉴外国先进经验，引进文学、教育学、心理学、社会学等学科理论，研究语文教育。《当代语文教育学》教材的编撰是语文教育规律探寻及其学科理论体系发展的外在表征。当代语文教育学，便是要处理好学科交叉与学科主体、传统语文与当代语文、外国经验与民族传统的关系。

从学科交叉与学科主体的角度看，当代语文教育学学科体系的构建必须认识到：当代语文教育学正朝着纵深方向发展，与文学、教育学、心理学、社会学等学科的联系日益加强，各个学科之间彼此敞开、照亮、渗透，但是学科交叉并不能忽视学科主体性的特点，当代语文教育学具有独立的研究对象，它关注当代人们的语言实践活动、社会的语文现象及语文教育教学研究，因此当代语文教育学应该有独立的学科体系和学科特色。

从传统语文与当代语文的角度看，汉语文教育历史悠久，许多宝贵经验有待汲取，继承和发展传统存在许多空白，当代语文教育学理应在传统与现代的碰撞中发展、在否定和肯定中持续反思、在扬弃和继承中不断前

进。作者以教材建设为例，追溯了教材从蒙学、经学与文选教材到单元组合、文白合编的嬗变历程，也梳理了从"一纲一本"到"一纲多本"的发展脉络，在教材发展的源流演变中，探寻当前语文教材的发展动向。

从外国经验与民族传统的角度看，语文教育学学科理论体系的建构必须立足中国本土的现实需求，将"外察世界之潮流"和"内省固有之血脉"深度交融。无论是建构主义理论、多元智能理论还是后现代主义理论，刘淼教授都关注这些外来理论与中国语文教育的对话；无论是社会学理论、心理学理论还是教育学理论，她都注意到了应避免对外来理论产生依附心理，避免出现"重他轻我""有他无我"的现象，她植根于中国语文教育的土壤，向外国经验、古代传统经验寻求智慧，构建具有中国时代特色的语文教育学学科理论体系。

二、体大虑周：形成语文教育、教学及教师三个具体完整的体系框架

刘淼教授试图通过教材的编写来构建当代中国语文教育学学科理论体系。同时，面对语文教育学学科理论体系不系统、不全面、不深入的问题，她在教材的编写中还注意到了学科理论体系的细化和深化。本教材由语文教育、语文教学、语文教师等三个完整的体系框架构成。

第一编语文教育部分，聚焦在勾勒语文学科理念，语文学科理念为研究主体对语文教育"应然"状态的判定和思考。第一章、第二章为语文学科理念的影响层，洞悉语文教育理念需要跳出用语文教语文的局限思维，毕竟语文教育理念在发展和完善中不断得到最新教育理念与其他学科理论的滋养，因此，从最新教育理念和相关学科理论透视语文学科理念便有了必要性。第三章为语文学科理念的本体论，它由核心层和表层两个结构构成，核心层关注的是语文教育的本质观、价值观、对象观，语文教学观、语文学习观、语文师生观、语文评价观等构成了语文学科理念的表层。第四章为语文学科理念的外在表征层，语文教育目标与语文课程是语文教育理论研究的重要内容，语文教育目标以教育部颁布的课程标准的形式规定，它客观反映语文教育的规律，预示语文教育发展的方向，是语文学科编选教材、确定教学内容、选择教育方法和手段、设计教学程序、评价语文质量等一系列教育活动的重要依据。课程是为实现各类学校的教育目标而规定的教学科目、内容、范围、分量和进程的综合，包括为学生个体的全面发展而营造的学校环境的全部内容。

第二编是语文教学部分，聚焦在语文学科理论的落实，重在对语文学科理论实施路径的探索。本编包括语文课程标准与语文教材的研究，语文知识、阅读与作文、口语交际及综合性学习教学的研究，语文教学艺术与技术的研究，语文教学评价的研究等。语文课程标准与语文教材是语文教学的重要依据，语文教材是根据语文课程标准及语文教学需要而编写或制作的用于教学或与教学有关的材料，是语文教学的重要载体。语文知识、阅读与作文、口语交际及综合性学习教学是语文教学的重要内容，特别是语文综合性学习是综合课程的一种范式，是语文学科与综合课程有机融合的结果，能够有效地促进学生的全面发展。掌握语文教学的艺术与技术是提高语文教学质量的重要手段，高超的教学艺术可以彰显语文学科魅力、体现教师素质、促进师生交流、提高教学效率。综合使用传统、现代、信息化教学媒体技术，可以促进教师教学质量的提升，支持学生个性化的学习需求。语文教学评价是依据一定的教学目的和标准，在系统搜集资料并加以分析的基础上，对教学过程及结果所做的价值判断。

第三编是语文教师部分，聚焦在语文学科理论的保障，语文教师是语文教育的实施者，其自身的素质及有效工作是语文教育成功的保证。本编包括教学工作、教育工作、教研工作、教师心理、教师素质、教师成长等内容。教学工作、教育工作、教研工作服务于职前教师的工作现实，着眼在能做事方面，教师心理、教师素质、教师成长服务于职前教师的未来发展，立足在会做人方面。总之，语文教师是人类知识与文化的传播者，他们接受过去的教育，从事现在的教学，培养未来的公民。他们不仅要具有广博的知识、深厚的文化底蕴，还要具有优良的心理素质、专业素质，并在不断学习中充实与完善自己，这样才能不断适应瞬息万变的现代社会，更好地承担起现代语文教师的责任。

三、学术品格：语文教育学的学科理论体系的灵魂

学术品格，是学者在学术研究中彰显出的精神操守和心性品格。无论是教材的编写，还是当代语文教育学的学科理论体系的建构，都是主体学术精神品质的外在表征。学术品格是一位学者的灵魂，包括以"诚"为要、求"新"为旨的治学品格。

以"诚"为要,就是要直面语文教育学学科发展的问题,并着力突破,夯实学科发展的基础。语文教育学学科建设需要三大基石的支撑,这三大基石分别是:理论研究、应用研究、历史研究,以理论研究最为薄弱,理论研究的薄弱也影响着应用研究的效果和历史研究的深度。在语文教育学学科理论体系的建构中,历来存在着传统语文教育经验的现代化、西方理论的中国化、其他学科理论的转化、学科本身基础理论的细化深化问题,刘淼教授的这套教材便是针对这些紧要问题展开的探索。问题是理论与理论之间、理论与经验事实之间的缝隙处,它诱发学者的学术研究活动,同时,问题意识便是学术研究"诚"的生命和灵魂,它需要学者寻根究底和革新批判的精神。最终,研究者在发现问题、定义问题、解决问题中展开科学研究活动,在科学研究活动中提出新的问题。

求"新"为旨,便是要有前沿意识和特色意识。前沿意识就是要关注理论基础研究、研究领域和研究心态的最新发展,着力解决理论建设和实践应用方面的问题。特色意识便是要注重学科的特性,这是当代语文学科理论构建的出发点和落脚点。在教材中,刘淼教授如此来谈本教材的求"新"意识:突破传统语文教育学理论的固有模式,以崭新的研究视角对语文教育规律与语文教学改革进行新的审视,在研究传统语文教育、借鉴国外先进经验、引进相关学科理论的基础上,构建新的更为科学的当代语文教育学的理论体系。教材的求"新"意识也在召唤未来具有创新意识的语文教师在系统学习、掌握语文教育学理论与深入理解语文教育改革的前提下,不仅具有丰富的教学知识和高超的教学技能,更有超前的教育意识、先进的教育思想、合理的知识结构及知识更新的意识与能力,有对教学、学习与学生的正确认识,能够掌握语文教育与教学的艺术与技术,能够懂得学生心理、调节教学心理并具有完善的教师素质与人格特质。

(管贤强、尚宁撰稿)

（三）汉语国际教育专业必读书目

《对外汉语教学导论》导读

周小兵主编，商务印书馆 2014 年版。

《对外汉语教学导论》从对外汉语学科性质、语言学习与教学法流派、语言要素及文化教学、语言技能的教学、语言测试与成绩分析、第二语言习得、教材编写与使用、汉语传播与对外汉语教学发展这八个方面入手，全面周详地介绍了对外汉语教学领域的相关知识。这些与必读书目《对外汉语教育学引论》《对外汉语教学中的理论和方法》《汉语第二语言教学理论概要》里的内容均有诸多交叉之处。但与以上著作的一个显著不同是，本书的概念介绍不是长篇累赎的理论性阐述，而是用极简练的语言，从教学实践的角度结合各种实例进行解说。

在谈到汉语本体研究成果如何服务于对外汉语教学时，作者提到，"对外汉语教学的实践要求语言理论与现象解释具备形式化、外显化的特点，方便教师教学，易于学生理解、接受，可操作性强"。本书的行文也在践行这一理念。

一方面，本书的理论体系是科学的、完备的，基本涉及了对外汉语教学的方方面面。另一方面，本书的介绍又是详略有别的，没有追求理论的详备，而是集中笔墨介绍与教学实践紧密相关的部分。如对学习心理的介绍，只选取了"行为主义心理学的联结论"和"认知论"这两个理论，前者是听说教学法的理论基础，后者是认知教学法的理论基础。

本书的行文在形式化方面也下了一番功夫，力求用相同或相近的语言结构、篇章组织来对同一类的概念进行解析。如在谈到教材的评估类别时，首先将评估类别分为三类：实然性评估和应然性评估、内部评估和外部评估、主观评估和客观评估。作者对每一个概念的解释都极其简练，且结构基本保持一致，使用的是"……评估，主要评估……。具体来说，……。可以说，……"的语段结构。在介绍各种教学法时，使用了基本一致的分层说明，首先谈教学法原则、特点及教学实施，然后介绍理论基础，最后是对该教学法的评价。这样做，可以使读者更好地把握概念的共性和演变历史及各个概念自身的特点。

  总的来说，本书的理论知识是易于读者理解和接受的。在阅读这部分内容的时候，可以先通过本书的介绍和实例对理论有一个整体的认识与初步的了解。对于自己感兴趣的、希望进一步深入的部分，可以结合其他必读书进行精读。如教学法部分，本书的介绍是极为简略的，如果希望对教学法有更深入的了解，可以结合吴勇毅的《对外汉语教学法》一起阅读。同时，本书在介绍教学法时使用的分层说明类别这种方法也可以运用到《对外汉语教学法》一书的阅读中，这将有助于提炼每个教学法的主旨。

  书中的"语言要素及文化教学"和"语言技能的教学"这两章是其他必读书目所没有的内容，或者说没有这么系统的相关介绍。这两章内容与对外汉语教学实践紧密相连，对于课堂教学有直接的指导作用。认真研读这两章的内容，可以很直观地了解到对外汉语教学的特点及教学需要注意的方面。"语言要素及文化教学"一章提供的很多实例，都是对外汉语教学的重点和难点，认真研读并掌握这些内容，将有助于大家的汉语国际教师资格证考试和出国志愿者考试，也可以使大家在研究生入学面试时能更好地应对。"语言技能的教学"从对外汉语综合课、口语课、听力课、阅读课、写作课等几个方面进行探讨。这样的内容组织不仅可以使读者对听、说、读、写各项技能的训练各有什么特点有比较深入的了解，也可以使读者知晓各个课型具体的教学要求和步骤是什么样的。对于初任教师来说，一个最大的问题就是课型意识不强，所有的课都容易上成精读课。在刚刚接触对外汉语教学理论时就让学生对各个课型有一定的了解，可以比较好地避免此类问题的发生。每个课型的最后都有一个课堂教学示例，对于没有教学经历的读者来说，这部分内容也许会显得乏味。但这些都是很经典的教案，是前面所讲理论的课堂实践文案。对于这部分内容，可以结合前面的理论一起看，看看教案有没有体现这个课型的教学目的和要求，怎么体现的；教学任务和内容与该阶段的要求是否匹配；教学各个环节是否完整，是怎么展开的，运用了哪些教学方法……对于有一定对外汉语教学经历的读者来说，结合自身教学体会，这部分内容可以使其教学技能有一个比较明显的提升。

"第二语言习得"这章在介绍各种概念和假设时，用了很多经典的例子。这些例子一方面可以帮助读者理解相关概念，另一方面也可以启发读者去发现、去思考一些现象背后的理据。此外，在概念基础上，本书还重点讲解了第二语言习得一些假设的研究和使用步骤，这是其他必读书没有涉及的。这也是本书实践性的一个体现。第二语言习得理论是提高第二语言教学效率最重要的理论支持，学会如何运用这些理论极其重要。而且许多学生在写相关毕业论文的时候都需要用到第二语言习得理论，运用这些理论进行学术研究，也是一个很现实的要求。

本书的简练在某些地方可能会使读者难以理解一些概念。比如在讲到"语内偏误"时，作者对其的定义为"第一语言内部的发展偏误"，这就可能使读者产生疑惑，明明是第二语言学习中出现的偏误，怎么是第一语言内部的呢？在该小节的最后，作者又指出，"语内偏误，不但第二语言习得者会出现，第一语言习得者也会出现"。这就更让读者糊涂了，究竟是第一语言还是第二语言？遇到这样的问题，读者就要到其他书本中寻找相关内容对照着看。在其他第二语言习得书籍中你会发现，"语内偏误"主要强调的是这种偏误不受其他已知语言的影响，只受一种语言的影响。

因此，对于必读书的阅读，不建议一本一本地读，可以将几本书放在一起读，将相关的内容对照起来读，比较优劣。这样做不仅有助于理解和记忆，也可以培养读者的批判性思维。

（周国鹃撰稿）

《对外汉语教学法》导读

吴勇毅主编，商务印书馆2012年版。

21世纪初，随着中国的和平崛起，汉语加快走向世界，汉语国际教育事业获得蓬勃发展。当时开设对外汉语专业的高校已逾百所，然而作为一个专业的对外汉语既无统一的教学大纲，也无标准的课程设置，更无规范的教材。为此，在国家汉办的指导下，商务印书馆组织全国各高校对外汉语教学资深人士，跨校合作，在初步制订专业课程大纲的基础上，编写了一套针对对外汉语专业本科生的系列教材。由吴勇毅主编的《对外汉语教学法》即该系列教材之一。

编者以理查德（Richards）和罗杰斯（Rodgers）（1986、2001）提出的教学法构架为底座构建起本书的框架，全书共十二章。

在现代外语教学中，"教学法"的概念有低层次和高层次之分，它既可指个别的具体的语言要素的讲解方法或语言技能的训练方式，也可指一整套研究外语教学法的科学规律的体系。第一章对涉及教学法的各种概念进行了简单的梳理和介绍，包括安东尼（Anthony，1963）提出的教学法的三层结构框架（AMT构架）、王才仁（1996）提出的教学法的五个层次的概念（MASMT构架）、理查德和罗杰斯（1986，2001）提出的伞状的教学法框架（ADP）和吕必松归纳的四大环节（总体设计、教材编写、课堂教学和测试）。

进入21世纪的对外汉语教学在继续深入做好来华留学生汉语教学的同时，也开始把目光转向汉语国际推广。因而，厘清汉语作为第二语言教学与汉语作为外语教学的差异和规律有着十分重要的意义，因为语言环境对语言教学和语言的学习/习得有重要影响。第二章梳理和分析了"第二语言教学"和"外语教学"的定义、内涵，指出我国的对外汉语教学指的就是汉语作为第二语言教学。继而从学习环境的制约与选择、环境对词汇学习/习得的影响和环境对学习策略的影响这三个角度分析了环境因素对汉语学习的影响。编者再从教师、教材和教学法三方面简述了汉语作为第二语言教学和汉语作为外语教学的差异。

第三章指出，第二语言/外语能力标准是对使用者或学习者掌握和运用某种第二语言/外语的能力的描述，是制订教学大纲、编写教材、开发评估测试工具的基础和前提，是第二语言/外语教学和学习的"实现"目标。编者介绍了不同时期汉语能力标准的内容，《欧洲语言共同参考框架：学习、教学、评估》的能力等级划分及其与汉语教学的对应关系，还有美国外语教学学会（American Council on the Teaching of Foreign Languages/ACTFL）制订的《ACTFL语言能力等级标准》及其口语测试（OPI）的评价标准。

编者认为从教学总体设计到教材编写，再到课堂教学实施和测试评估，都离不开纲领性的教学大纲，第四章概述了教学大纲的性质、类型和作用，介绍和分析了不同教学理念和教学流派的第二语言教学大纲（如语法大纲/结构大纲、情境大纲、功能—意念大纲等），以及汉语教学大纲（如《汉语水平等级标准和等级大纲》《汉语水平等级标准与语法等级大纲》等）。编者还在本章介绍了通用教学大纲和专用课程大纲制订的基础，并指出教学大纲在实施中应根据教学实际进行调整。

第五章先梳理了教学模式的定义和内涵，后从汉语教学的设计层面介绍了汉语作为第二语言/外语教学模式的演变和发展过程：从 20 世纪 70 年代初期的结构驱动的教学模式到 80 年代中期的技能驱动的分技能教学模式，再到 21 世纪的词汇集中强化教学模式、"口笔语分科，精泛读并举"模式、"语文分开，语文分进"模式等。接着从课堂的操作层面介绍了汉语课堂教学模式：综合课教学模式、听力课教学模式、口语课教学模式等。另外，编者还简述了教学模式构建的两种方式及教师选用教学模式时必须考虑的因素。

第六章对教材的选择和使用进行了说明。教材是涉及授课内容的各种材料，因教学对象、教学目标、教学环境、教学条件等诸多方面的不同，教材也呈现出多样性特点。编者提醒，在选择教材时要辨明其是否符合汉语作为第二语言/外语的教材的编写规律，是否适合特定的教学对象、教学环境和教学需求。选定教材后，教师应把握其编写理念，领会编者意图；了解教材全貌，树立全局意识；确定教学重点，推敲教学细节。此外，在实际教学中，教师还应根据学习者的特点、课程体系和实际教学环境及教师自己在教学理念上的倾向对教材内容进行适当调整。

在进入课堂教学之前，教师要进行充分的课堂教学设计。第七章详细介绍了课堂教学设计的内容与流程（阐明教学目标→设定教学起点……→进行教学评价），介绍了课堂教学设计的形式——教案的编写，还介绍了课堂教学设计的实施——教学的组织，并对教学的组织过程中教师的角色、教师的语言和课堂组织与管理做了详细阐述。

然而，在组织教学的过程中，可能会有未考虑到或准备不足的情况（非预设事件）出现。这些事件的发生不仅会影响教师预设的教学进程，也会引起教师对教学内容、教学思路及教学方法的调整，还会影响教师知识和技能的发展。第八章介绍了非预设事件的分类和教学资源价值，论述了其与课堂教学、教学预设的关系，还有它对汉语教师专业化发展的作用，以及指导教师如何应对和处理这些非预设事件，如何将非预设事件转化为教学资源等。

第九章详细介绍了汉语作为第二语言/外语教学的语法教学。编者指出，语法教学只是语言教学的手段，是为培养学习者语言交际能力服务的，故语法教学应包括三个层面：词语与词语之间在结构形式上的关系（句法），词语与词语之间在意义上的关系（语义），以及词语和句子与语境的关系（语用）；同时也要考虑语篇层面的问题。另外，编者还整理了语法教学应遵循的几条原则，如针对性、简明性、层级性、结构形式和表达内容相平衡等。

对学习者而言，具有充足的词汇量、理解词语的意义、掌握词语的用法是语言学习成功的关键因素。编者在第十章指出，词汇教学是一个复杂的工程，因为一个词有词音（词的语言形式）、词形（词的书写形式）、词义（词的意义）和词用（词的用法）。词汇教学除了词义解释以外，实际与语音教学、汉字教学和语法教学相交叉。本章重点介绍了词汇教学中解释词义的五个角度：语言和非语言的角度、语内和语际的角度、语言形式和语言功能的角度、释义主体的角度和词语本义与附着义的角度。

第十一章通过具体的案例，讨论了汉语课堂教学中可能发生或已经碰到的一些常见问题，对这些问题进行了具体分析并讨论其利弊，提供可能的解决办法。本章内容涉及课堂指令、课堂组织与管理、学生差异性等几方面内容。

第十二章是本书的最后一章，编者从汉语教师应具备的素质、从教所需的基本知识和技能、教师的课堂表现及教师如何形成自己个性化的教学模式等方面讨论了怎样做一名好的汉语教师。

本书是对外汉语专业本科学生的专业必修课教材，其突出的特点之一是理论与实践结合，每一章都如此，以大量的"实例""案例"阐释理论和理念，分析和指导如何教。此外，它还注重从教学过程出发，突出教学设计、教学过程和课堂操作等层面，易于让读者进入"教师角色"。本书对培养学习者分析问题和解决问题的能力有很大的帮助。

（周品撰稿）

《对外汉语教育学引论》导读

刘珣著，北京语言文化大学出版社 2000 年版。

北京语言大学刘珣教授所著《对外汉语教育学引论》（下简称《引论》）于 2000 年 1 月出版，至今已有二十余年，该书经久不衰，目前仍是许多院校汉语国际教育专业的主干教科书，也是不少高校的汉语国际教育专业硕士入学考试的重要参考书。该书为何能具有如此魅力呢？

首先，《引论》定位清晰，宗旨明确。作者在前言中指出："本书定位于对外汉语专业本科生、硕士生的教学用书和汉语作为第二语言教师的培训或自学参考书。本书的宗旨是，从培养汉语教师的需要出发，介绍汉语作为第二语言的教学理论和习得理论以及相关学科的理论基础知识，并以本书所提出的对外汉语教育学科理论体系为纲，力图使之形成一个初步的系统。"

其次，《引论》为对外汉语教育学科构建了完善的学科理论体系。《引论》最鲜明的特色是对学科理论体系探讨的广度与深度（周健，2003）。作者从建设对外汉语教育学科的角度重新梳理了对外汉语教育学科的教学理论，从学科正名的角度，提出了"对外汉语教育学"这一学科名称，并在第一章"对外汉语教育是一门专门的学科"中对学科名称、任务、体系、性质、特点、定位等进行了全面完整的论述，构筑了完备的学科体系。全书围绕这一体系，分别从学科体系、发展与现状（绪论篇），学科基础（基础篇），第二语言习得理论（习得篇），第二语言教学法、对外汉语教学理论与应用（教学篇），学科建设（结语篇）等方面加以论述，涵盖了本学科各个领域，可谓集大成之作。

最后，《引论》将继承、借鉴、创新相结合（周健，2003），提出了许多真知灼见。作者参考了国内外大量重要论著，在继承、借鉴前人或时贤成果的基础上，对各种纷繁复杂的理论与论述进行选择、梳理，力图构成一个新的学科系统。同时，作者结合自身长期从事对外汉语教学科研的积累与思考，对本学科的不少重要问题提出了深刻而独到的见解，如第一章"对外汉语教育是一门专门的学科"中对外汉语教育的学科定位与争论、第四章"对外汉语教学的心理学基础和文化学基础"中对外汉语教学与文化教学的关系、第八章"对外汉语教学理论与应用（上）"中对外汉语教学的基本教学原则、第九章"对外汉语教学理论与应用（下）"中的汉字教学等，它们对帮助读者认识和理解对外汉语教学学科相关问题有着十分重要的指导意义。

以上是《引论》的主要特色，以下根据该书前言简要介绍一下该书的框架与内容。

《引论》共分五篇十章，分别是：

绪论篇：讨论了学科的任务、特点和学科定位，回顾了对外汉语教学的发展简史，介绍了学科发展的现状，提出了学科体系。以此体系为纲，开展后面各篇、各章节的论述。本篇是全书总纲。

基础篇：介绍了作为本学科理论基础的语言学、教育学、心理学、文化学与本学科密切相关的基本概念和基本知识，以及这些学科对本学科的影响，使读者能以更广阔的视野加深对本学科的认识，对未学过本专业的对外汉语教师更具有针对性。

习得篇：着重介绍西方有关语言习得的理论和假说，以及对语言习得进行研究的几个主要方面，为介绍教学理论打下基础，同时也突出了本学科研究的这一新的前沿阵地。

教学篇：是本书的重点之一。主要介绍了第二语言教学法流派，对外汉语教学论（包括教学的目的和课程，教学基本原则，对外汉语教材，对外汉语教学过程，课堂教学的技巧和评估，语音、词汇、语法、汉字的教学，以及语言测试等方面的内容）。

结语篇：主要介绍学科研究方法问题和学科理论建设的任务。

由于《引论》"干货满满"，所涉内容较广，理论性强，对初学者来说并不十分友好，建议读者在阅读时注意以下几点。

首先，建议读者在学习完现代汉语、语言学概论等语言学基础课程后再研读《引论》。理解和掌握相关语言学基础知识，对阅读本书裨益极大。

其次，读者需要在阅读本书的同时，寻找各种手段增强感性认识。例如，《引论》第七章对第二语言教学法主要流派进行了全面的介绍，读者可以在网上搜索并观看相关教学法的教学视频，深化认识，避免死记硬背，不求甚解。此外，观看对外汉语教学视频、观摩留学生汉语课堂、参与对外汉语教学竞赛、担任外国学生家教或语伴，对于理解本书内容也会有很大的帮助。

再次，读者在阅读《引论》时，可以先浏览全书，注意做好笔记，厘清全书框架和内容大纲，并注意弄清书中出现的术语和概念，然后再选择感兴趣的章节进行研读。教学篇是本书重点，读者需要着重关注。有条件的读者可以选修第二语言习得、跨文化交际、第二语言教学法等专门课程，这样就可以在本书的基础上对以上领域有更为全面深入的认识。

最后，由于本书成书年代较早，距今已有很长时间，而这段时间又恰好是汉语国际教育事业蓬勃发展的时期，新理论、新方法层出不穷，读者应注意参考赵金铭主编的《对外汉语教学概论（修订本）》（2019）、陈昌来主编的《对外汉语教学概论》（2005）等较新论著，我们也期待《引论》这一经典之作能够进行系统的修订，以飨读者。

(陶家骏撰稿)

《国际汉语教师课堂技巧教学手册》导读

王巍、〔韩〕孙淇编著，高等教育出版社2011年版。

在对外汉语教学中，组织课堂活动是汉语教学内容中的重要环节。而汉语课堂的趣味性主要靠课堂游戏来实现，因此对课堂活动和游戏教学的研究逐渐增多。王巍、孙淇编著的《国际汉语教师课堂技巧教学手册》即是这样一本从具体教学应用出发，探讨和完善对外汉语课堂游戏教学的专著，也是国际汉语教师成长必读书目之一。本书秉持以活动为主导的课堂教学理念，提倡减少枯燥乏味的语言输入，使国际汉语教师学会设计有趣的课堂活动，营造轻松活泼的课堂氛围，借以提升教学效果和魅力。此书特别适用于国际汉语教师、汉语志愿者，以及汉语国际教育专业的本科生和硕士研究生研读与学习。

本书的结构主要分为两大部分：第一部分是课堂活动设计。书中的课堂活动设计分别与不同的语言要素相结合，分为语音、汉字、词语、句法、语篇等五个大类。大类下又细分为国际汉语教学中最常见的近百个语言点，分别与128个课堂活动一一对应。其中每种课堂活动标题下，按照语言技能分类具体指出此活动的适用范围（听、说、读、写）和适用人数（单人、双人、小组、集体）。活动具体内容包括：活动目的、活动准备、活动步骤、小贴士（主要内容是活动扩展说明和适用范围）。这种点对点的结合编写模式便于教师进行检索、学习和操作，内容小贴士的设计更是贴近教学实践，非常贴心和人性化。但是由于编者在澳大利亚从事的是中小学生的汉语教学实践，因此书中的课堂活动设计大多是针对国际中小学生的，很多活动设计对中高级汉语水平的汉语习得者并不适用。此书和大多数研究课堂游戏教学的专著一样，关注的几乎都是中小学阶段以儿童和少年为学习主体的课堂游戏，关于成人的汉语游戏教学则鲜有涉及。因此研读此书要注意把握什么阶段运用什么游戏，不同年龄阶段使用游戏的频率，以及不同游戏针对不同的课型等问题。

本书的第二部分是课堂教学解惑，这也是这本书比较出彩的部分。书中从教学准备、学生情况、教师自身、教学组织、教学环节等五个方面提炼出汉语课堂教学常见的 50 个问题。编者引入这些常见问题的角度也别具匠心，分别从编者的思考、解决年轻教师困惑的编者信箱及编者心语等几个不同的角度来引入各种教学问题。这些问题大部分来自实际教学过程并极具典型性，比如："万一被学生问住了，应该如何化解尴尬？"再如："如何调动课堂气氛？"等等。编者以娓娓道来、引人入胜的方式对这些问题进行了解答，为国际汉语教师提供了较为贴心实用的教学指南。

随着对外汉语教学实践和理论探索的不断发展，改变以教师为中心的教学模式，转向以学生为课堂主体培养学生学习积极性的课堂教学，成为如今互联网时代的发展趋势。在此背景下，从具体教学应用出发探讨课堂游戏教学的专著层出不穷：比如崔永华和杨寄洲主编（1997）的《对外汉语课堂教学技巧》从语言、语法、汉字、听力理解、口语、阅读理解、写作课等几个方面探讨课堂教学技巧，课堂游戏就包含在其中。周健主编（2009）的《汉语课堂教学技巧325例》则介绍了 325 种实用性、趣味性俱佳而又易于操作的课堂教学方法、技巧与游戏。继之有丁迪蒙和李白坚编著（2007）的《做游戏 学汉语》，其从具体教材出发，采用课文中大量浅显易学的词语和句子，围绕这些语言设计多种多样的课堂游戏。杨文惠著（2009）的《轻松教汉语——汉语课堂教学实用技巧72法》也从课堂教学的检查、导入和结课这三个重要环节入手，展示了 72 个具体实用、易于操作的教学技巧。以上专著都达到了活跃汉语课堂气氛的目的，对课堂活动的开发和应用做了有益的探索。而王巍、孙淇编著的《国际汉语教师课堂技巧教学手册》在探讨课堂活动和游戏教学方面有其独特的创新性。主要具有以下三个特点：

一是源于经典，注重实用。本书所搜集罗列的课堂活动均来自教学实践。其中一些课堂活动的原型是汉语或英语作为外语教学的常用课堂活动和游戏，这些课堂活动和游戏历经代代相传并不断改良延续至今，可谓囊括了世界范围内无数外语教师的教学智慧结晶。其中设计的大部分游戏对开展汉语教学非常有益，不仅紧密结合课堂教学内容，而且善于调动学生多种智慧，全面进行听、说、读、写的技能训练，更注重游戏设计的互动性和竞争性，激发学生参与的积极性。这些课堂活动设计不仅形式多样、内容新颖、插图生动，而且其中各项步骤讲解清晰，易于国际汉语教师在具体教学实践中模仿和操作。

二是贴近教学，方便使用。这本书没有任何枯燥的理论概述，而是将 128 个课堂活动以点对点的模式分别与不同的语言要素相结合，内容全面覆盖了汉语中最重要、最基本的语言项目，俨然是一本汉语游戏实用手册。书中的课堂活动设计包含参考词语、表格图案及参考答案，书后更附有活动页供教师复印使用。这样的编写设置不仅方便使用者检索和学习，更有利于缩短教师的备课时间，减轻教师的工作负荷，为国际汉语教师的教学提供更加实用贴心的服务。

三是扩展教学技能。"授人以鱼不如授人以渔"，本书大量总结了各种可以提高课堂趣味性的游戏方法，旨在提高国际汉语教师的教学技能。因此书中的课堂活动设计环节还包含活动扩展说明（书中称为"小贴士"），即给每个课堂活动提出灵活扩展的合理建议，帮助使用者逐渐熟悉并掌握活动设计的思路和方法。这样编写有益于帮助国际汉语教师举一反三，将课堂活动与语言知识的教学灵活结合起来，从而在教学实践中不断提高课堂活动设计能力和课堂教学组织能力。

虽然影响课堂氛围营造的因素有很多，但是课堂游戏的加入可有效避免汉语课堂的单调无聊，使得汉语教师能够做到娱乐性和教育性并驾齐驱。因此课堂游戏这一教学方法，在实际教学活动中越来越受到对外汉语教师的重视和喜爱。假如作为一名国际汉语教师的您缺乏教学经验，对汉语课堂的活动设计和课堂趣味性的激发仍有不少困惑，相信这本书一定会使您受益匪浅。

（王军宁撰稿）

《对外汉语教学中的理论和方法》导读

黄锦章、刘焱主编，北京大学出版社2004年版。

《对外汉语教学中的理论和方法》是2004年出版的由上海财经大学国际文化交流学院的黄锦章和刘焱两位先生主编的一部著作。

该书是综述性的理论分析与总结，主体部分有四个章节，分别为"对外汉语教学中的语言理论""对外汉语教学中的语言学习理论""对外汉语教学中的语言教学理论""对外汉语教学中的跨文化交际理论研究"。

"对外汉语教学中的语言理论"章节主要阐述了汉语本体研究同对外汉语教学的关系等问题。语言理论是对外汉语教学的语言学基础，正如赵金铭（2001）所言：对外汉语研究应包括本体论、认识论、方法论和工具论四个层面，其中本体论层面就是汉语本体研究，其理论基础是语言学，解决的是教师教什么的问题。但是，语言学理论和对外汉语教学必须衔接好。语言学理论并不能直接拿来教对外汉语，因为这些本体研究理论性太强，不够大众化、通俗化，用到教学当中可能会越讲越不明白。可以用很多方法和技巧，比如比较的方法、框架的方法、展示的方法（金立鑫2003）。该书从语言要素的角度将本体研究分为如下几个方面：语音研究、词汇研究、语法研究、汉字研究、修辞研究、语篇研究、方言研究，分别阐述这几个语言要素（语言本体）同教学的关系。但是，这样还不够，该书又从语言学分支阐述语言本体同教学的关系，分为语义学研究对教学的作用、语用学研究对教学的作用、认知语言学研究对教学的作用、对比语言学研究对教学的作用，还有文体学研究、语料库语言学研究等。

教学是由"教"和"学"组成的有机统一体，故而第二章为"对外汉语教学中的语言学习理论"、第三章为"对外汉语教学中的语言教学理论"。

"对外汉语教学中的语言学习理论"章节重点介绍了1998年以来在国

内重点期刊上发表的关于第二语言习得的几种影响较大的理论模式。第二语言习得是在课堂教学的环境下，由专门的教师指导，严格按照教学大纲和教材，通过讲解、练习、记忆等活动有计划、有系统、有意识地掌握语言规则，逐步应用目的语进行交际的过程。本章首先介绍这些理论的基本观点，简单评价这些理论的优势和劣势，总结对外汉语教学对这些理论的吸收和借鉴，具体包括：（1）普遍语法理论；（2）中介语理论、偏误分析；（3）语言监控理论；（4）话语分析理论。该章接着阐述了第二语言习得领域的其他热点问题，如对对比分析法、文化适应模式、学习主体（学习动机、学习策略等）等的探讨。每一种理论都从该理论的基本观点入手，介绍这些理论的基本内容，接着再综述各家对该理论的评述或应用，尤其是重点分析这些理论在对外汉语教学中的应用、利弊等。

"对外汉语教学中的语言教学理论"章节包括语言要素教学、言语技能教学、对外汉语教材建设、多媒体语言教学、中国汉语水平考试（HSK）、教学主体——教师的研究等部分。语言要素教学包括几大语言要素（语音—词汇—语法—汉字）的教学理论，每个语言要素的教学情况都包括了该要素在对外汉语教学中的地位、该语言要素研究的进展等方面。言语技能教学则根据课程性质分为听力、口语、阅读、写作训练四个部分，每部分均包括该课程训练必须注意的重难点及其相关方面的研究动态。对外汉语教材建设则主要阐述了中国对外汉语教材的发展历史、对外汉语教材的不同类型的建设（考虑国别、民族、文化、背景等的非通用教材）、对外汉语教材的内容建设（语法项目的编排、配套的口语教材、试听教材等）等几个方面。多媒体语言教学，阐述了现代科学技术在对外汉语教学中的优势。这一部分在当今快速发展的网络媒体的时代背景下具有非常大的进一步研究的空间。中国汉语水平考试则介绍了HSK设计和编制理论。教学主体——教师的研究则介绍了教师的教学意识、教师的体态语的应用，这对于即将成为对外汉语教师的同学们来说是非常实用的。

"对外汉语教学中的跨文化交际理论研究"章节包括跨文化交际理论的研究概况、对外汉语教学中的文化意识、跨文化交际的理论研究及其在对外汉语教学实践中的应用研究、其他的文化问题。

该书最大的特色就是整本书可以说是研究综述的"精选"、是论文综述的集合。对每个专题下的以往研究都做了详细的罗列和评介，并按照理论和实践相结合的方法，既有对每个理论的基础研究，又有对其后续的研究动态发展的阐述。其引用的资料非常丰富，每一章节后面都附有该章节所涉及的参考文献，可以看出该书论述之详尽。所罗列的论著包括了在当时乃至现在都是经典的作品：既有相关的语言本体研究，又有相应的语言应用研究；既有学习者角度的研究，又有教学者角度的相关方法论；既考虑到了语言研究，又考虑到了文化研究。

阅读建议：同学们在阅读该书的时候，可以先按照章节浏览一遍，厘清四大章节的专题安排；再按照自己的研究兴趣选择重点章节阅读。建议同学们重点阅读第二、第三章节。在阅读过程中，对于某个被罗列的文献有兴趣想进一步深入研究的，可以参考该章节末尾的参考文献出处，找到原始文献之后再进行查阅，阅读原文。比如，如果对"语言监控理论"感兴趣并想做进一步扩展研究，就可以阅读"语言监控理论的基本观点""对语言监控模式的评价""监控模式对第二语言学习的指导意义""语言监控理论与对外汉语教学"这几个小节，对语言监控理论有一个大致的了解，对其研究动态有一个大致的把握后，再进一步细化。如果你想研究该理论的具体应用，则可以看书中列举的文献，诸如雷卿（2002）《克拉申输入假设对目前外语教学的启示》、易兴霞（2000）《克拉申二语习得理论与英语口语教学》等，查找原文，予以精读。

当然，由于该书的成书时间是 2004 年，2004 年之后对外汉语教学理论和方法的相关研究自然就没有被收纳其中了，想进一步了解研究动态的同学就需要参考其他相关书籍和论文了。

（杨黎黎撰稿）

《国际汉语教学案例与分析（修订版）》导读

朱勇主编，孙岩、张京京副主编，高等教育出版社 2015 年版。

2008 年，国内大学开始招收第一批汉语国际教育专业硕士，培养方案强调应用与实践。专业硕士的特色正在于做中学、用中学。案例教学正是国际汉语教师培训中极具特色、功效显著的一环。

《国际汉语教学案例与分析（修订版）》（下称《案例与分析》）由北

京外国语大学朱勇副教授担任主编，修订本于 2015 年 8 月出版。该书是分布在世界各地的 30 多位作者共同努力的结果。案例来源多样，涉及 9 个国家（意大利、德国、法国、挪威、美国、日本、韩国、泰国和澳大利亚），还有中国的 8 个城市（北京、上海、重庆、南京、成都、广州、西安和郑州）。这是一部用心之作，案例来源的多样性、案例本身的真实性、案例撰写的反思性，都为本书得到学界的认可贡献了助力。作为第一本正式出版的汉语课堂教学案例的著作，《案例与分析》填补了世界汉语教学界在这一方面的空白，提供了许多宝贵生动的细节材料，大大缩短了培训与实践之间的距离，对新教师迅速进入状态、上手开展教学帮助很大。该书作为《国际汉语教师证书》考试参考用书，被广泛使用。

一、内容与体例

该书由教学环节、教学与管理、汉字教学、语言要素教学、文化与跨文化交际、语言技能教学、少儿与老年人汉语教学和专门用途汉语教学八个章节构成。共有 126 个案例，有些案例由 2~3 个小案例组成，大小案例加在一起合计 180 个。这些案例从不同的角度细致入微地呈现了当前国际汉语教学的课堂面貌，跟其他的教辅参考书或教学技巧指导用书相比，教师与学生的一言一行、一举一动，教师本人的教学步骤和心理活动都描写得纤毫毕现，最大可能地再现了真实的原景，不但极具现场感，更重要的是保留了原生态的材料，为读者提供了多角度解读和多角度研究的可能性。尤其突出的是案例教师在授课过程中所产生的触动与反思，对这些心理认知过程的描述在其他书籍等资料中很难找到。

每一个案例包含 4 个部分：（1）案例描述，在案例描述前，会给出教学地点及教学对象；（2）案例分析，指出了案例中教师的优缺点，并提出了相应的教学建议或相应的策略；（3）思考题具有实战性，是国际汉语教师在实践教学中可能面临的问题；（4）阅读文献，旨在为读者提供与本案相关的论文、作品等资源，帮助读者加深对相关问题的认识。

二、撰写方式

（一）叙事风格

《案例与分析》中的案例大多是叙事性的，具有故事性，但不一定是按时间先后顺序像记流水账一样把真实情况简单地罗列出来。撰写的案例有以第一人称叙述的，也有以第三人称叙述的，案例中或引用对话，让人物发声，或描述行动、表情、心理活动。

（二）案例主题

案例主题是案例所包含的课程内容或学科主题，主要从汉语国际教育硕士课程理论和国际汉语教师标准中的知识模块和基本能力中选取。课程理论包括第二语言习得、汉语作为第二语言的教学、课堂教学、跨文化交际等模块，围绕这些模块的某一方面来撰写案例。比如以第二语言习得中的"母语负迁移"为主题，撰写意大利成人学生学习汉语语音的案例；以"课堂教学"为主题，撰写如何让教学环节环环相扣的案例、如何提问和纠错的案例、如何培养可懂输入基本功的案例。在语言技能主题下，分听说技能和读写技能，前者有关于如何做好口头报告、如何组织课堂讨论、如何提高学生开口率等一系列听说教学中的常见难点问题；后者有关于如何了解学生阅读难点、如何给学生搭"脚手架"、如何评改作文等读写课中备受关注的现实问题。总的来说，《案例与分析》所选案例大部分源于国内外从事教学的汉语教师或志愿者在教学中遇到的事故或问题。

（三）案例撰写的侧重点

好的案例不会是流水账似的记录，应该包括复杂的冲突元素。书中180个案例侧重点并不一样。有的侧重于教学设计，详细描述一堂课的预期目标、打算使用的教学法，然后描述实施教学的过程，最后反思成功和失败的做法。有的侧重于困境的突出，提供一个真实而不明确、复杂而有意义、没有唯一正确答案的问题情境，然后对已经发生的教学事件进行描述，最后以一个意想不到的问题和困难结尾，为读者留出足够的讨论空间，便于学习者分析问题。有的侧重于对结果的反思，对解决问题的经验做一个回顾，描述采取了哪些措施去克服教学中遇到的困难，通过反思之前处理问题的经验，探索如何加以改进，呈现出经验丰富的教师思考和解决问题的方式。这些来自世界不同地区的一手教学日志，深入课堂教学细节的方方面面，给一线教师提供了不同的思路和多角度的启发，为案例学习者提供了思考和分析的机会。

三、阅读方法

《案例与分析》的每一个案例正文字数为 300 字左右，相对其他专著篇幅是比较小的，选取的内容大部分是课堂遇见的事故或是问题，书中简单概括并描述出来，便于读者快速获取正文的信息及案例所传递的思考。

书中大部分案例来自世界不同地区汉语教师或志愿者的一手教学日志，涉及汉语教学的方方面面，有些是客观描述某种教学场景，还有很多是教学反思。其中所呈现的观点和做法可能是有益的，值得借鉴，也可能存在问题，甚至是严重的问题，因此不能简单地将案例作为经验和范例来对待，更不能简单地效仿。

好的案例并不是因为它提供了正确的观点或较好的解决方案，而是因为它提出了问题，具有启发性和讨论的价值。应该采取批判性的方式研讨案例，而不应盲目地照抄照搬。读者可以像当事人一样根据教学环境和教学对象的特点重新设计可行的方案，探索更好的教学策略。

每个案例后面有一个对应的案例分析，如果读者是非语言学的专业背景，缺乏专业的语言教学知识，理论基础薄弱，评论和分析能起到很好的指导和示范作用。同时也是让案例学习者理解同一问题可以从不同的角度去看待，以培养他们的多元思维。当然，对于同一案例，专家、资深教师、新手教师、学生、校长、行政人员和教育心理学家可能有不同意见，他们的意见并不代表问题的"标准答案"或"正确答案"，因此不可照搬。

四、学习要求

认真研读案例，了解案例撰写的体例、案例文本的特点和案例叙述的侧重点（侧重于教学设计、侧重于困境的突出、侧重于教学反思）及写作手法。结合文献阅读和实践经验，学习写作主题鲜明、具有问题意识的案例。

仔细阅读与案例相关的论文、著作等资料，加深对有关问题的认识。

文后的思考题有的是对案例的进一步探讨，有的是案例的延伸，其中不少思考题具有实战性，是国际汉语教师在实际教学中很可能要面对的问题。这样的问题设计能有效促使学习者所学知识的内化，培养学习者创造性解决问题的能力。更难能可贵的是，作者团队在新浪微博每天都组织对案例思考题的讨论，目的是给读者朋友更多的启示和帮助，不同观点的碰撞有助于读者朋友对相关问题的思考和认识。2015 年，作者以此为基础，出版了《国际汉语教学案例争鸣》，作为《案例与分析》的姐妹篇，它同样是适用于汉语国际教育专业学生和广大国际汉语教师的观点碰撞类书籍，同学们有机会可以找来阅读。

学习案例分析的写作框架。案例分析是对案例的一种重新解读和建构，它不是模糊的价值判断，如教学效果"不错"、教师水平"高"等，而是分析具体的教学行为产生的实际效果，评判教学行为与情境是否相符合，发掘使课堂更具吸引力的方法、手段和技巧。通过对案例中的场景、教师行为、学生反应及师生互动的观察和归纳，提炼课堂实践性知识，思考解决问题的多元方法，反思自己在教学实践中的种种问题，获得启发和经验。

（曹晓燕撰稿）

《国际汉语教学案例分析与点评》导读

叶军主编，外语教学与研究出版社 2015 年版。

《国际汉语教学案例分析与点评》（下称《分析与点评》）由华东师范大学叶军教授担任主编，2015 年出版。书中共有 41 个案例，案例内容覆盖亚洲（日本、柬埔寨、泰国、缅甸、印尼、韩国、黎巴嫩）、美洲（美国）、欧洲（俄罗斯、意大利、德国、英国、捷克、葡萄牙）、大洋洲（澳大利亚）、非洲（马达加斯加）的 16 个国家和地区，还有中国的城市上海。

一、内容和体例

该书根据案例反映的主题分为五个部分，分别是教学内容、教学方法、资源与评估、教学管理、文化与跨文化交际。教学内容相关的案例既涉及语音、词汇、语法、汉字等汉语语言要素教学，又包括听、说、读、写等语言技能教学；教学方法相关的案例涉及的内容有直接法、全身反应法、任务法等教学法，有课程、教案等教学设计，还有课内课外的各种教学活动；资源与评估相关的案例涉及教材与教学资源的选择、处理、管理及多媒体、远程教育技术在汉语教学中的应用；教学管理相关的案例有课堂管理、汉语推广等；文化与跨文化交际主要反映了文化教学、文化适应、跨文化意识和沟通技巧等方面的情况。可以说，案例的内容涵盖了汉语教学的方方面面。

每一个案例包含5个部分：（1）导读，在导读前会列出地区、汉语水平、课型和对象，导读中点明主题或提出问题，吸引并引导读者进入案例正文。（2）案例描述，在案例旁给出了与案例相关的许多小问题。一是提醒读者关注案例中描述的事实、细节及案例中人物或案例作者提出的观点和意见；二是对案例中的做法质疑；三是列出希望引起读者思考的问题；四是提出假设，让读者寻求问题的解决方法。（3）思考题，有的思考题选自案例本身，是对案例的进一步探讨；有的思考题则是案例的延伸，是对相关问题的展开讨论。（4）案例点评，每个案例都有两个点评，结合有关理论指出案例中的教师在教学中的优点或不足，并提出相应的教学建议或对应策略。（5）延伸阅读，旨在为读者提供与本案例相关的论文、专著等资源，帮助读者加深对有关问题的认识。本书作为汉语国际教育硕士系列教材、核心课教材，受到读者的广泛好评。

二、本书特点

《分析与点评》中每一个案例正文字数为1500字以上，相对于朱勇的《国际汉语教学案例与分析》来说，案例的背景交代和事件描述更加清晰，甚至有心理活动等内容的描写，有利于让读者身临其境进行体会，也比较适合进行讨论，具有启发性和讨论的价值。

此外《分析与点评》为案例阅读和分析提供了一个很好的样本——要善于提问和质疑。案例正文中设置了思考题，位置在正文的右边，大多是以问句的形式出现，用不同的字体区别正文部分。如在《情态补语让我"刮目相看"了》中，随着案例中事件的推进，作者提出了若干问题：班级里学生的年龄和汉语水平有差距会给教学带来什么困难？以前教情态补语时老师遇到了哪些问题？句式结构复杂是学生没记住的根本原因吗？老师觉得以前的情态补语教学问题出在哪儿？又做了哪些改进？你觉得这些改进会有效果吗？老师是怎样导入情态补语的？你还有哪些更好的导入方法？用图片导入起到怎样的作用？什么是机械性练习？机械性练习和有意义的练习的区别是什么？为什么老师用了很多体育明星和歌星的图片练习情态补语？你还有其他操练方法吗？相对文后的思考题，案例正文中同步设置的问题，意在引导读者仔细阅读案例，把握案例的关键问题。提出问题和质疑的能力正是我们通过案例获得的最重要的能力。

三、阅读指导

1. 读者在阅读案例时，要排除干扰，抓住主要问题。由于该书所收案例的作者在海外一线工作，所面临的问题很多，接收的信息很多，感受也很多，在写案例时，作者难免会将一些与主题无关的东西记录下来，使所写案例显得内容庞杂、繁复。尽管编者在整理、编辑案例的过程中已经进行了必要的处理，比如，该书在案例正文中同步设置问题，意在引导读者仔细阅读案例，把握案例的关键问题；但是，为了使原作保持完整性，上述问题还会或多或少存在。因此，读者在分析案例时不要被无关的记述所牵绊，要善于抓住主要问题。

2. 不要轻信案例作者的态度，要有自己的观察与判断。案例最有价值之处是其真实性，在阅读案例时，一定要分清楚案例作者什么时候在记述事实，什么时候在表达自己的观点，什么时候在带有观点（倾向性）地记述事实，不要轻易地被作者的观点立场所左右。有的时候，作者得意的地方未必就好，作者认为不好的地方未必就不好。一定要用自己的眼睛抓住事实，用自己的大脑做出判断。

3. 不仅要注意案例呈现的事实，也要注意案例作者的想法和表达方式。尽管读者不应为作者的观点所左右，但是要关注作者的想法。由于本书中的案例都是作者以第一人称的方式撰写的，作者的态度、情感、观点往往就是案例当事人的态度、情感、观点。因此，案例中所呈现的观点和做法可能是有益的，值得借鉴，也可能存在问题，甚至是严重的问题，因此不能将案例作为经验和范例来对待，更不能简单地效仿。一定要用自己的眼睛抓住事实，用自己的大脑做出判断。

4. 增强问题意识。阅读案例时不要急于看点评，要自己先主动提出问题。同时，不要拘泥于本书提出的问题。提出问题和质疑的能力是我们通过案例获得的最重要的能力。好的案例并不是因为它提供了正确的观点或较好的解决方案，而是它提出了好的问题。我们在阅读案例时要摒弃简单思维，不要一味地说好，也不要一味地说不好。对案例进行分析的时候，要实事求是，要善于以多元的思维方式分析问题。

5. 注意问题的复杂性，重视各个案例在背景、对象、条件上的差异，对具体问题做结论时都要将适用条件甄别清楚，具体分析。不要贪图放之四海而皆准的所谓"真理"。

6. 通过解决案例中的问题积累知识。阅读案例可以让读者在案例所营造的真实氛围中体验实际上课的情境，积累一些教学经验，但经验的积累并不必然导致教学能力的提高。不经过理论学习一味模仿案例很可能只是低水平的重复，未必能真正掌握新的知识。所以，为了解决案例中的问题，有必要去学习专门的知识和理论，以期获得解决问题的途径，由于学习的知识与问题直接相关，会大大提高学习的效率。

（曹晓燕撰稿）

《国际汉语教师语法教学手册（第 2 版）》导读

杨玉玲编著，高等教育出版社 2014 年版。

北京语言大学杨玉玲教授编著的《国际汉语教师语法教学手册（第 2 版）》（以下简称《手册》）是一本以语法项目为纲，具体讲授如何进行对外汉语语法教学的教学参考书。

语法教学一直都是对外汉语课堂教学的重点和难点。只有学好语法，学生才能正确地理解语言、遣词造句、清楚准确地表达和交流。但是语法教学又很难，语法本身是高度抽象概括的，汉语语法跟其他很多语言语法相比又有很明显的差异，这两点相信学过现代汉语这门课程的同学都深有感触。那么让一个汉语水平很低甚至是零基础的外国学生学好汉语语法，就是一个很大的挑战！

在阅读这本书以前，我们应该已经学完了现代汉语课程，对现代汉语语法有了一个比较全面的、系统的了解。但是，同学们在跟外国学生交流的过程中，或者在观摩对外汉语课堂教学时，常常会有这样的感受：你能很快地纠正外国学生的错句，教授的语法点也很基础，你也很清楚汉语本体研究中的分析和结论，但是你不知道该如何简单明了地告诉学生，有可能花费了很多气力，学生却越来越糊涂，最后你可能不得不说这就是中国人的表达习惯。这些都在表明，语法教学不容易，知识和技能缺一不可。正如杨玉玲教授在《手册》前言里说："一位优秀的汉语教师需要系统地掌握汉语语法知识是毋庸置疑的，但一位真正优秀的汉语教师更需要具有正确的语法教学意识和过硬的语法教学能力。"因此，当我们在阅读《手册》时，不仅仅要学习书中对外汉语常见语法点的教学内容和方法，更要关注其所表现出的语法教学意识和教学技能，学其精髓，举一反三。

初步阅读《手册》，我们应该认真学习书中列举的语法教学内容。《手册》一共选取了62个初级阶段核心语法项目，从词类、句子成分、特殊句式和固定结构及句类四个方面编排讲解，这个分类与常见的现代汉语语法研究基本一致（除复句放入固定结构外）。同时，选择的这62个语法点更针对对外汉语语法教学的需求，都是使用频率很高的、母语者习以为常但第二语言学习者感觉很特别或者很难的语法点，比如动词形容词的重叠、高频出现的副词和助词、存现句等。事实上，这些语法点基本上覆盖了对外汉语初级阶段语法教学的主要内容，对于我们同学来说，熟悉这些语法点，就可以对整个初级阶段语法教学的重点和难点有个整体的印象，做到心中有数。

《手册》中，每一个语法项目按"知识扫描""常见偏误""教学提示""教学建议""课堂活动""训练营"六部分编排。"知识扫描"初步解释该语言点初级阶段需要讲授的内容，然后通过"常见偏误"罗列的典型错句帮助老师提前了解外国学生经常出现的问题，这两部分侧重于语言知识方面。"教学提示"则承上启下，或者总结前面偏误表现出的代表性问题，或者进行汉外对比或汉语语内对比，进而给出教学重点及合适的教学方法。接下来的"教学建议"则展示了比较真实具体的汉语课堂，每个语法项目都列举了2到4个采用不同教学方法的案例，详细描写了师生的多轮问答、板书内容和操练活动，目的是增加读者对语法课堂教学的感知。"课堂活动"则提供了更多操练相关语言点的游戏选择，可以帮助提升学生的活跃度和课堂的趣味性。最后的"训练营"则通过多种练习帮助学生巩固学习成果，检验教学效果。应该说这六部分环环相扣，逐步推进，教学设计真实可行，内容相当实用。缺乏教学经验的老师基本上可以直接模仿流程、使用材料进行相关语法点的教学。

进一步深入阅读《手册》则应该努力领会其所体现出的语法教学意识，锻炼提升语法教学能力。我们结合国家汉办组织研制的《国际汉语教师标准》中的语法教学基本能力要求和《手册》内容，从以下几点来说明：

第一，语法教学应选择符合第二语言学习者特点和要求的内容。首先，语法项目的选择，我们前面已经讨论过了，这里引用一下陆俭明先生（2000）曾经指出的"语法教学教什么？"他说，一是汉语本身，汉语中哪些语法点是必须而且最急需教给学生的；二是汉语（目的语）和母语（如英语）在语法上的异同；三是学生在学习汉语过程中出现的语法毛病。其次，某一个语法项目具体讲哪些内容也要从外国学生的情况考虑。同学们在阅读"知识扫描""常见偏误""教学提示"时，如果与《现代汉语》教材的语法部分对照着看，就会发现讲解的重点有很大的区别。最后，教学时解释的语言也要符合第二语言学习者的情况，要深入浅出，采用相对简单明了的词语句式概括相关语法规则，这一点说起来容易，做起来比较难。同学们在阅读时可以重点关注《手册》中大量出现的语法格式和"常见偏误"部分的分析，可以先想想如果让你总结规则、解释错句，你会怎么说，再对照《手册》内容，看看哪个更好。这就是一种从理论到教学的知识转化能力的锻炼。

第二，语法教学应广泛运用对比分析和偏误分析的方法。老师应具备语言对比和偏误分析的能力。这里的语言对比不仅包括汉语和其他语言的对比，也包括汉语内部相似语法点的对比。《手册》中有大量的汉语语内对比，比如副词"还"和"也""又"，趋向补语"起来"和"出来""下来""下去"的引申义，"一边……一边……"和"V+着+V"句式，等等。学习的知识越多，越要多联系、多对比，这样才能温故知新，真正习得相关语法点。此外，在教学中我们也要重视偏误分析，《手册》的每一个语法项目都列出了"常见偏误"。偏误分析作用很大，课前分析常见偏误可以帮助我们确定教学重难点，课中和课后出现的偏误则可以帮助我们掌握学生习得的真实情况。所以，同学们在阅读的时候应有意识地培养自己语言对比和偏误分析的能力，不急着完全相信结论，而是自己也试着对比、纠错、分析，然后对照《手册》看看思路是否一样，是否还有不同的看法，训练自己分析和归纳的能力。

第三，语法教学应注重交际性、互动性、多样性和趣味性。《手册》的

"教学建议"部分展示的是多种教学方法运用下的师生问答互动，如情景举例法、图片法、实物道具法、动作演示法、体验法、谈话法、图表法、生词卡片法等，"课堂活动"部分则是各种各样的游戏设计，"训练营"部分也多是理解性练习和交际任务性练习。这些都提示我们，对外汉语语法教学不能是教师单向的填鸭式的，而是要模拟真实的语境，在交际互动中传授知识，在丰富多样的课堂活动中进行操练，只有这样才能减少语法教学的枯燥乏味，寓教于乐，保护学生学习的积极性和主动性，提升他们的成就感。同学们在阅读时也可以开动脑筋，试想用不同的教学方法教授同一内容，评估哪一种方法更合适、更可行，或者还可以选择某一语言项目，设计更多、更新的交际场景对话和语言任务活动，以提高自己的教学设计能力。

对于刚刚接触对外汉语语法教学的同学来说，《手册》是一本帮助入门的很实用的教学参考书，认真阅读该书，勤于思考，有助于培养对外汉语教师应具备的语法教学素养和能力，有助于训练把本体理论知识转化为语法教学内容的技能，为今后的教学实践打好基础。当然也要注意，《手册》偏重初级汉语语法教学实务，语法点涉及内容较浅，讲解不够全面，有兴趣钻研的同学可以在此基础上阅读一些更深入更系统的对外汉语教学语法书籍。

(何薇撰稿)

《汉语第二语言教学理论概要》导读

朱志平著，北京大学出版社 2008 年版。

当年我在北京师范大学读博时，朱志平老师的名字就如雷贯耳。朱老师从 1987 年开始从事汉语第二语言教学，曾在美国威廉玛丽大学和波兰密茨凯维奇大学分别任教两年，海外教学经验十分丰富。回国后，朱老师一边在北京师范大学授课，一边潜心进行学术研究，主持了国家汉办项目"北美高中汉语教材研究与开发"、国家社科基金项目"对外汉语教学使用的现代汉语双音词属性库的创建"等，出版专著《汉语双音复合词属性研究》，发表论文三十余篇，并主编了英语国家高中学生使用的汉语教材《跟我学汉语》。

从 1999 年起，朱老师开始给北京师范大学汉语文化学院的硕士研究生开设专业课"应用语言学"。整整 8 年，朱老师不断地根据与每届研究生的交流及学生反馈反复修订授课讲义，最终形成了《汉语第二语言教学理论概要》（以下简称《概要》）这本专著。

《概要》中涉及的研究领域既广泛又深入。书籍标题中的"汉语第二语言教学"指的是所有对母语为非汉语者进行的汉语教学，"理论概要"包括了诸多与汉语第二语言教学相关的语言学理论、心理学理论、教育学理论及跨文化交际理论等。除此以外，此书还重点探讨了汉语第二语言教学需要应用哪些理论，以及怎样应用这些理论等。

《概要》全书共分为六章。第一章着重介绍了应用语言学的概念与研究范围，特别是汉语第二语言教学研究的发展、成熟、现状以及未来趋势。学术界一般对应用语言学有"广义"与"狭义"的概念界定，《概要》认为：语言教学即是狭义的应用语言学。汉语第二语言教学属于语言教学的一个分支，自然与应用语言学有着千丝万缕的关系。因此，要了解汉语第二语言教学就必须先了解应用语言学的产生与发展，而后才能理解汉语第二语言教学在理论研究中的定位。

第二章集中讨论了语言性质和语言学习的关系。首先，本章总结了语言的六大性质；然后，厘清了第一语言与第二语言的概念及其研究特点；接着，客观评价了第二语言学习的最终目标；最后，落足在如何衡量第二语言水平的标准上。这一章对树立科学的汉语第二语言教学观念有着很好的匡正作用。

第三章着重从汉语第二语言教学的视角讨论了与第二语言教学相关的语言理论。此章阐述了第二语言教学对历史比较语言学及比较研究方法的借鉴；介绍了结构主义语言观及结构主义语言学对汉语第二语言教学的重要意义；论析了乔姆斯基生成语言学与功能语言学派对语言教学产生的不同影响；说明了语言教学对语言理论的检验与应用。这部分内容对梳理第二语言教学的理论源流有着提纲挈领的作用。

第四章主要介绍了第二语言学习与习得理论。除了详细介绍各种和第二语言学习与习得有关的基本概念与理论流派以外，此章还在此基础上讨论了第二语言学习与习得的研究方法，包括研究的基本手段与语料的搜集、处理等。这一章对开展有的放矢的汉语第二语言习得研究工作有着切实的指导意义。

第五章集中阐述了语言教学传统，介绍了第二语言教学流派及其方法，并从汉语第二语言教学的角度讨论了各种教学流派的优劣。不同的语言教学法有着不同的理论渊源。语言教师必须根据具体的教学要求，分析教学对象的特点，灵活采纳适合的语言教学法。这就要求语言教师必须对各种教学法的性质、特点、理论基础、教学原则等有较为充分的理解与体悟。此章大致从历史角度，侧重于语言理论、心理学和苏联第二语言教学法等方面分类介绍了各种第二语言教学法，并且在介绍这些教学法的同时，还结合汉语独有的特点对其进行了历时与共时的比较，得出了较为中肯的结论。最后，本章还介绍了如何在描述性数据、观察性数据、有效性数据、比较性数据的基础上，对各种教学法做出客观的评估。这一章不仅有助于深入理解和掌握不同的第二语言教学法，还有助于实际操作与科学评估。

最后一章重点讨论了学习者的母语文化传统与第二语言教学之间的关系。第二语言教学具有很强的跨文化性质，学习者的母语文化与目的语文化的差异常常是导致学习者目的语水平止步不前的重要原因。因此，第二语言教学必须正视并且重视文化的作用。此章便旨在讨论文化如何与第二语言教学相关联、文化与第二语言教学和教育学的关系，以及如何将学习者的母语文化与第二语言课堂教学有机结合等内容。这一章对设计合理高效的第二语言课堂教学、营造良好和谐的第二语言课堂氛围、消除学习者因文化冲突而产生的第二语言学习障碍、帮助学习者有效提高第二语言水平，都有着巨大帮助。

虽然在北京师范大学读博时，我没能有幸聆听朱志平老师的这门课程，但我时常在学习与工作之余研读朱老师的这本书。书中的理论阐释与方法介绍清晰明了，能为阅读者在较短的时间内构建起一个较为完整的汉语第二语言教学理论框架，可为汉语第二语言教学专业的学生筑建起扎实而系统的专业理论基础。希望有更多的第二语言学习者与从业者能从这本书中汲取到知识与力量，共同推动我国汉语第二语言教学事业的继续发展与进步。

（姜晓撰稿）

《对外汉语读写课优秀教案集》导读

崔希亮主编,北京语言大学出版社2016年版。

《对外汉语读写课优秀教案集》是"北语对外汉语教学法研究丛书"中的一册,书中共收录对外汉语读写课教案9篇,内容涵盖初级到高级的阅读课、写作课、读写课及商务汉语(经贸汉语)阅读课等,每篇教案附有汉语教学专家的针对性点评。

本书中阅读课使用的教材有《汉语阅读教程》、《汉语阅读速成》(中级篇)、《报刊语言基础教程》(下)、《时代》(上册)、《尔雅中文:高级商务汉语阅读教程》及《高级经贸阅读教材》(自编)。读写课和写作课的教材主要为《成功之路·进步篇·读和写1》、《汉语写作教程》及《高级应用写作》(自编)。

在此之前崔希亮已经出版了《对外汉语综合课优秀教案集》和《对外汉语听说课优秀教案集》,形成了较为成熟规范的教案写作模式,本书以此为据,教案编写内容呈现以下特色:

一、内容丰富:包含初级到高级各种常见读写课型,不论是阅读课、写作课,还是读写课、商务汉语(经贸汉语)阅读课,都囊括在内,大致能够反映出阅读课和写作课这两种课型的全貌。

二、实践性强:教案作者均为北京语言大学优秀的对外汉语教师,具有多年教学经验。读者可以从教案中汲取这些优秀教师的教学方式与方法,来弥补自身的不足,及时反省自己在教学中存在的问题。对刚刚开始这项工作的新教师来说,这本教案集尤其能够有所助益。

三、理论性强:教案作者在教案后记中进行了深刻的自我剖析,能让读者看到其教学行为背后的理论支撑,让读者在了解汉语课程序化的同时提升理论素养。

四、点评专业:每份教案之后,都有一名专家为该教案设计做出点评。目的是让读者了解业内专家对于该课的评价,提升读者对读写课教案优劣的鉴别能力。

读者阅读教案及后附的专家点评,能够在未来课堂教学的设计和改善方面得到一些启发，比如：

一、教案设计中务必突出课程课型特点，教师补充材料应与课程学习相得益彰。

教案1《闲话中国茶》，整个教案紧紧围绕提高学生汉语阅读能力、阅读技能，一环扣一环，层层展开。第一层次通读全文（每分钟220字），侧重对阅读材料的整体理解；第二层次分段细读（每分钟200字），侧重细节的捕捉；第三层次快速阅读（每分钟200—400字），侧重阅读技能的运用。且朱老师选取的5篇补充材料，其难易度、内容、趣味都与主课文相配合。

二、在课堂教学过程中可尝试开展主题式教学活动，充分贯彻自主学习的理念，采用以学生为中心的启发式教学法，突出情境，调动学生的主动性和参与性。

在教案5《会展经济篇·第113届春季广交会》中，沈老师通过图表、案例引导学生进行分析解读，了解中国商务文化的特征。通过小组讨论、交互式学习进行深入探究，培养团队意识，完成展会中的一些实际操作任务。

三、教师不能忽视作业布置的环节，作业不仅是学生对课堂内容学习的反馈，更是其课后自主学习能力的体现。

在教案8《介绍一个熟悉的城市或乡村》中，专家在点评里建议加强重视作业的布置。学生课前准备是否充分跟教师对作业的指导直接相关。教师必须让学生了解为什么做、做什么和怎么做，以此激发学生的学习积极性。

综合来说，尽管本书选择的教案存在一些美中不足之处，但瑕不掩瑜。通过对《对外汉语读写课优秀教案集》的研读，读者还可以深入思考教案的细节。例如：

一、阅读课中教师应格外重视阅读技能和技巧的训练，特别是猜测词义和跳跃障碍的练习；同时，为检查和培养学生的阅读能力，重点突出快速阅读的训练；此外，篇章和语素教学也需要加强。

在教案2《网虫状态》中，吴老师设计了三种阅读技能的训练：（1）提取关键词；（2）根据上下文猜测词义；（3）利用标志词提高阅读速度。同时，训练学生在规定时间内对指定内容进行阅读理解，完成配套练习，以此提高学生的阅读能力。

二、读写课与写作课则从不同的角度进行了探索：利用范文、组画及铺垫式的讨论等，使学生的创造力得到发挥，提高了学习的积极性。

在教案9《记叙文写作：看图作文》中，黄老师通过图片展示、小组讨论、上台汇报、教师点评的方式来进行读写训练，分组互评的模式也极大地调动了学生学习积极性。最后教师从写得较好的作文中选取一篇作为范文。

三、加强了课前预习和课堂教学各个环节之间的联系，根据课程安排不同类型的预习，大大提高了课堂效率，也培养了学生独立自主的学习能力。

在教案6《经济全球化》中，丁老师要求学生课前查阅"丰田"是如何成为世界一流汽车品牌的，而且在教学中安排的各个环节都与预习内容相关，从词汇到句式、从篇章到结构，都颇具新意。

四、使多媒体课件（PPT）与教学融为一体，使之成为教学的一个有机组成部分；教师也可利用网络设置公共邮箱进行互动、布置作业和练习等。以上都是现代技术在教学上的广泛应用。

在教案3《关于中式宴会改革的探讨》中，黄老师的教案设计使用的PPT体现了新闻阅读课型的特点。PPT展示中设计了判断题、选择题、问答题、表格题等，帮助学生对阅读内容的层次进行梳理。

（莫娲撰稿）

（四）文科基地专业必读书目

《论语译注》导读

杨伯峻译注，中华书局1980年版。

20世纪70年代初，美国学者迈克尔·H. 哈特选择了人类历史上有重大影响的一百位名人，并给他们排列名次，我国古代最伟大的思想家孔子被排在第五位，仅次于耶稣和释迦牟尼等人。说句不夸张的话，但凡为中国人，没有不知道孔子的。宋代大儒朱熹称："天不生仲尼，万古长如夜。"意思是说上天如果没有造就像孔子这样伟大的人物，那么万古就像漫漫长夜一样黯淡无光。

作为儒家学派的开创者，孔子生于"礼崩乐坏"的春秋时代，遂以恢复古代文化传统为己任，收徒讲学，奔走列国，为自己的政治理想不懈奋斗，即使明知不能成功，亦毫不气馁，绝不止步。孔子毕生致力于教育工作，培养人才，他秉持"述而不作"的态度，先后整理了《易》《书》《诗》《礼》《春秋》等古代文化典籍，并以之为教材，亲自给学生讲解。但是，他没有留下属于自己的系统性著作，后人要了解孔子的思想和学说，比较可信的文献只有《论语》。作为一部记载孔子及其弟子言行的典籍，《论语》对中国古代文化传统和伦理思想有着深刻的影响，有人将之比作西方社会的《圣经》，非常恰当。孔子去世后，其声望随着时间的推移而越来越高，众多学者对此多有解释，如林语堂先生就将这种现象归结于三个原因："第一，孔子思想对中国人特具吸引力；第二，中国古典学术与历史知识为孔门学人所专有，而当时其他学派对中国古典及历史则不屑一顾。同时，中国此等古代学问本身即极为宝贵；第三，孔子本人的人品声望使人倾慕。在我们这个世界上，有些伟大师表人物，他们影响之大多半由于其人品可爱，反倒不是由于他们的学问渊深。我们想到古希腊哲人苏格拉底，意大利圣人圣芳济,他们本人并没有写过什么重要的著作,但是,给当代留下那么深厚的印象,其影响乃不可磨灭,竟至历久而弥新。孔子的可爱之处正像苏格拉底可爱之处一样。"好在还有《论语》,虽不能全面反映孔子的学术和思想,却是留给后人的关于孔子的巨大精神财富和文化财富。

《论语》是语录体散文,主要记录了孔子及其弟子的言行。由于记录者为孔门弟子,或者再传弟子,他们或亲炙孔子,聆其謦咳,或相距不远,搜其遗言,故所记真实可靠。更为重要的是,《论语》中保存了大量最能代表儒家政治思想和伦理观念的言语和行事,包含治国理政、人际交往、个人修养等方方面面的内容,且叙事简洁,语言精练,含义丰富深刻,所以,南京大学的莫砺锋教授称之为"中国文化第一经典"。

《论语》为语录体,用的是孔子时代的口语,记言记事力求简略,较同时期的其他文献相对容易阅读,但由于历时久远,且词语具有多义性,有些语句后人读来便有不同解说,不同的解说可以并存,但有高下之分、正误之别,因此,阅读《论语》离不开各种注释本。西汉武帝时期,儒家思想被确定为统治思想之后,历代研究《论语》的著作不断涌现,近代日本学者林泰辅在编纂《论语年谱》时做过不完全统计,得出与《论语》相关的文献多达三千多种,东汉郑玄《论语注》、三国魏何晏《论语集解》、唐陆德明《论语音义》、宋朱熹《论语集注》、清刘宝楠《论语正义》等,均为《论语》学史上的经典名作。这些著作或引证繁富,或借题发挥,几乎每一章节都有两三种甚至十多种不同的解释,现代人阅读颇觉不便。而杨伯峻的《论语译注》自问世以来,一直广受学界好评,非常适合初学者,尤其是青年学子阅读和学习。

杨伯峻(1909—1992),原名杨德崇,湖南长沙人。出身于书香之家,幼年在家诵读古书,其后入小学、中学,1932年毕业于北京大学中文系,曾为冯玉祥将军研究室成员。先后任中学教员、国立中山大学讲师、湖南《民主报》社社长、国立北京大学中文系副教授、兰州大学中文系副教授。1949年后任北京大学中文系教授、中华书局编辑、中国语言学会理事等,并参与"二十四史"的整理。著有《中国文法语文通解》《文言语法》《论语译注》《孟子译注》《文言文法》《文言虚词》《列子集释》《春秋左传注》《古汉语虚词》《春秋左传词典》,辑有《杨伯峻学术论文集》《杨伯峻治学论稿》等。

《论语译注》一书分为"试论孔子""导言""译注""论语词典"四部分。"试论孔子"从孔子身世,孔子思想体系的渊源,孔子论天、命、鬼神和卜筮,孔子的政治观和人生观,关于忠恕和仁,孔子对后代贡献等六个方面论述了孔子的生平、思想及其文化贡献。"导言"则从《论语》命名的意义和来由、《论语》的作者和编著年代、《论语》的版本和真伪、略谈古今《论语》注释书籍等四个方面介绍了《论语》的有关情况。《论语词典》列述了《论语》中词语的意义、用法和使用频率。本书把《论语》分为四百八十六章,其中《乡党篇》一章分为二十七节,故全书共分五百一十二节,每节先原文,次译文,后加注释。注释部分在名物考释、词语训诂、内蕴发掘等方面旁征博引,提供了许多进一步研究的材料。译文基本直译,务求既字字落实,又符合原著本来意义,几十年来一直作为一部最有影响的现代《论语》译注本,对读者学习和研究《论语》思想、语言,有较高的参考价值。

该书初稿曾经杨树达审读。古籍出版社 1958 年出版,中华书局又于 1962 年、1980 年再版和三版,并多次印刷。作者说,编著本书的目的是帮助一般读者比较容易而正确地读懂《论语》,并给有志深入研究的人提供若干线索。对于想通过自学来提高阅读古书能力的读者来说,本书也能够给以重要的指导作用。该书的译文在尽可能不走失原意并保持原来风格的基础上,力求流畅明白。注释部分重点关注的是字音词义、语法规律、修辞方式、历史知识、地理沿革、名物制度和风俗习惯等。该书的初稿经过杨树达先生逐字审读,再经王力先生审阅,第二稿则交给冯友兰先生审阅。先后经过三位通才仔细审订,这在当代《论语》学史上也是少有的。

(周生杰撰稿)

《孟子译注》导读

杨伯峻译注,中华书局 1960 年版。

孟子(约前 372—前 289),名轲,字子舆,邹国(今山东邹城东南)人。他是鲁国贵族孟孙氏的后裔。《史记·孟子荀卿列传》说他"受业于子思之门人"。子思即孔子的孙子孔伋,孔伋的老师就是孔子的学生曾参。

孔子与孟子之间的渊源如此。

孟子学成后，就像当时大多数士人一样，周游列国，游说诸侯，宣传他的学说并谋大用。其政治主张被当政者认为"迂远而阔于事情"，因而未被采纳，他在政治上也就没有什么建树。到了晚年，他便不再出游，而以著述为务。其生平事迹，主要见于《孟子》和《史记》本传，以及魏源的《孟子年表》、钱穆的《孟子年谱》等。

孟子生活在战国时代。当时，每个诸侯国的中心任务就是图强，孟子认为，社会发展的决定力量是人民，因此他提出了著名的"民贵君轻"的思想。他认为统治者要图强，就要对百姓施"仁政"。这当然是进步的思想。可是，孟子也有一些论述，减弱了"民贵君轻"思想的进步意义。

由于贵族对文化的垄断被逐渐打破，私学发展，到孟子生活的时代，知识分子的队伍已经壮大，贵族政治向官僚政治的演变已经基本完成，平民知识分子有机会进入官场。孟子认为，知识分子谋取当官的机会时，要遵守礼法，不能走歪门邪道。有机会当官的知识分子应该以其"道"为社稷苍生服务，而不能仅仅为某个人或者某些人服务。没有机会当官的知识分子，要以传道为己任，在和富贵者的交往中，要恪守礼法，维护自己的尊严。"得志，与民由之；不得志，独行其道。富贵不能淫，贫贱不能移，威武不能屈，此之谓大丈夫。""天之生此民也，使先知觉后知，使先觉觉后觉也。"知识分子，正是"先知""先觉"者。

孟子的"性善"说，影响很大。孟子说的"性"仅仅是"仁义礼智"等人的社会性，因此他认为"性善"。荀子说的"性"，仅仅是人的动物性，因此他认为"性恶"。他们都认为"仁义礼智"使人为善，人的动物性使人为恶。孟子在"性善"的基础上提出的"天爵"说，是有重要意义的发现。所谓"天爵"是和社会上贵族爵位、官员品级等"人爵"相对而言的，是一种自然而然形成的尊贵。孟子认为，"人爵"不是每个人都能够求得的，但是，每个人都有"仁义礼智"，人只要扩充其"仁义礼智"，就可以获得"天爵"，得到社会的尊重。在"平等"思想资源匮乏的传统文化中，孟子宣扬"道德平等"的思想，是有重要的进步意义的。

《孟子》具有丰富的文学性。在游说或辩论中，孟子好用具有幽默或夸张色彩的比喻和寓言等阐明自己的观点，使理论阐述具有鲜明的形象性和趣味性。许多言简意赅、富有魅力的成语都出自《孟子》。此外，在行文的策略、逻辑等方面，孟子也很讲究。孟子提出的"知人论世""以意逆志"等读书方法，至今仍然是常用的文学研究基本方法。

《孟子》在汉文帝的时候被列入儒家经典，官方设立专门的博士研究之。《史记》云《孟子》有七篇。《汉书·艺文志》著录《孟子》有十一篇，东汉赵岐认为，多出的四篇，乃后人仿作。南宋时，那多出的四篇亡佚。今本《孟子》七篇，每篇分上下卷，共十四卷。

自东汉赵岐以来，对《孟子》做注释或研究的人很多。《中国社会科学报》2014年6月13日A02版张清俐《孟学史成孟子研究新生长点》一文说，山东孟子研究院收集到的研究《孟子》的文献，汉代至明代有305种，清代有672种，民国有100种，清代和清代以前国外流传的《孟子》版本有19种。

我给大家推荐若干种。

1. 《孟子注疏》，东汉赵岐注，宋代孙奭疏，《十三经注疏》所收者即是。赵岐虽为汉人，但其注《孟子》，多发明其主旨义理，与郑玄等注释经典的路数不同。包括朱熹在内的后儒多采其说。孙奭之疏，多围绕赵岐所说做讲解。

2. 《孟子集注》，宋代朱熹注，收入其《四书集注》中。此书乃宋代理学家研究《孟子》观点的精华集萃，以发挥《孟子》义理为重点。《四书集注》是明、清两代科举考试的重要内容，因此，是当时读书人的必读书，其影响之大，自不待言。

3. 《张居正讲评孟子》，明代张居正作。这是张居正给青年皇帝讲《孟子》的讲稿，典型的帝王之学，结合最高统治集团之为政来讲述，是其最大特点。

4. 《孟子字义疏证》，清代戴震作，其名虽为"字义疏证"，戴震也是朴学大师，然此书思想之深刻性、丰富性、进步性，在古代研究《孟子》的著作中都是首屈一指的。

5. 《孟子正义》，清代焦循作，以赵岐注为基础，吸收清代学者考订、训诂方面的研究成果，堪称研究《孟子》的集大成之作，又较多地吸收戴震之说。

6. 《孟子大义》，唐文治著，为其《四书大义》之一种。此书发挥宋代理学家思想较多，然结合唐文治本人在晚清长期担任尚书等高官的政治经验、结合当时的社会风气来发挥孟子的学说,是其显著特点。此书是无锡国专用的教材,因此,还较多地讲《孟子》的文章艺术。

今人研究《孟子》的专著及对《孟子》所做的注释、翻译等,数量很多,都可以阅读。例如,华东师范大学出版社出版的赵杏根的《孟子讲读》,除了对《孟子》文本的注释外,还有对其义理做阐述和评价的"文化史拓展",包括"相关文学典故""后世有关诗赋文""文学技法"在内的"文学史链接",汇集前人精彩阐述的"集评",引导读者进一步研究的"思考与讨论"等。

(赵杏根撰稿)

《老子今注今译》导读

陈鼓应注译,商务印书馆2003年版。

《老子》,即《道德经》,据说是海外发行量仅次于《圣经》的经典著作。德国哲学家叔本华、黑格尔、海德格尔的思想在不同程度上都受到《道德经》的影响。20世纪传奇小提琴家梅纽因巡演时更是随身带着一本《道德经》,1979年年底访华时更谈及他对贝多芬小提琴协奏曲的诠释正是受到老子哲学思想的启发。这些事实分明告诉我们:《道德经》虽然产生于早期中国,却已属于全世界了。

可惜《道德经》作者的身份事迹难以考明。司马迁在《史记》中作了一位"老子"的小传,仅400多字,不乏缥缈之辞,引起后世学者不少争议,疑此老子实非著《五千言》之人。如此种种,似乎更增加了《道德经》的神秘性。我们认为,在没有相关考古资料确凿证据之前,司马迁的部分叙述暂可采纳。据《史记》,老子为楚人,姓李,名耳,字聃,曾经担任周朝的"守藏室之史"(类似现代国家博物馆馆长),孔子曾专程见面求教并大为服膺;老子的思想颇与时世不合,当周朝之衰,出关隐去,不知所终,临行前著书上下篇,阐述道、德之意。叙述至此,也算终始贯通。可是末了,司马迁又提到老莱子、周太史儋二人,称不能确定是否和老子就是同一人。可见大概在汉初,老子的传说就很多了,连太史公也没把握著成信史。

较之老子身份的模糊难辨,《老子》文本的情况更加复杂。《老子》传本极多,其中以王弼注本、河上公注本、唐代傅奕校本三者流布最广;此外尚有石本,如开元御注《道德经》幢(有易州本、邢台本等)、景龙《道德经》碑;另有敦煌写本多种。以上版本文字已多参差,加之后世辑佚、疏解、校订之作,更有治丝益棼之叹。随着考古工作的开展,近些年更有古本问世,如1973年长沙马王堆汉墓出土帛书中发现《老子》两种写本,1993年湖北荆门郭店村战国楚墓中发现三种简本,2009年北京大学又入藏汉简《老子》。这些早期传本的问世,极大推动了《老子》研究的深入。我们认为,《老子》的文本其实一直处于流变当中,是历代黄老道家思想演变的写照。即使如今日通行的王弼本《老子》,也绝非三国曹魏时期的原貌了。

文本差异会影响对《老子》的解释,但并不妨碍我们从整体上大致了解其思想体系。如司马迁所称,老子思想的兴起乃有惩于周文化之衰敝,其发挥之要旨,与孔子开创的儒家思想截然分流。《老子》一书成为道家思想的根基,开出了中国文化传统中富于哲理与自由精神的一脉。老子的宇宙论建立在朴素的自然主义基础上,涤除了鬼神占验等原始宗教思想,直指形而上的道体——"无"。《老子》开篇:"无,名天地之始。"(1章)"无"即大道,是形成天地之本始。在老子"正言若反"(78章)的叙述中,道体呈现出静观玄览,无形无名(41章"大象无形,道隐无名")之境;万物感其虚静,各复其本,各遂其性,方能自在自全。(16章"致虚极,守静笃。……夫物芸芸,各复归其根")老子的"无",不是简单的"没有",也不类佛教的空相,而是一种虚一而静的境界。道体虚静无待,故可化生万物。以此境界立心应世,即是"无为"之道。"道常无为而无不为"(37章),是说要顺其自然,不扭曲万物的自性与生命力,让其自然成长、自我成就("自化""自正")。谦退尚柔的思想,也在虚静无为之教中生成。可见老子"道"论,蕴含极广,宇宙论、认识论、修身功夫论、政治治国论皆包含其中;而其总体智慧,则在消解礼乐文化的偏见与虚伪,以期顺应自然,回归自由、自在、自全之境。可贵的是,在此形而上学境界追求当中,老子并不鄙薄经验知识的研习积累。如"为学日益,为道日损"(48章),强调知识当博观广求,求道则须静观玄览。同理,"绝智弃辩"(19章)乃是要弃绝巧诈伪饰,最终还是为了"见素抱朴"(19章)。

于此可见老子之真意,乃是期待超越经验知识的畛域,以体悟朴素的"至理",如此方可上通道心。老子的认识论蕴含辩证思维与超越精神,引导着自由意识、主体情感的自觉,而这正是纯粹艺术境界形成的前提。后来庄子所标举的逍遥、齐物之境,可以说正是对老子思想的发挥。正因其兼具形而上学的哲理思想与虚静自在的艺术境界,《老子》一书才呈现出穿越时空的现代意义,成为融入并塑造世界文化的中国经典。

陈鼓应的《老子今注今译》初版于1970年,作者在教学研究中仍坚持不断订补;1999年作者根据马王堆帛书与郭店简本续加修订完善,堪称精益求精。此书自问世以来,即以其平实周详,广受读者欢迎。我们这里推荐的是作者第三次修订版。此本开头有《老子哲学系统的形成和开展》一篇长文,分析老子"道"论的意义与脉络,阐明其如何由形而上学的性质逐渐落实到人生、政治层面。主体部分先据王弼本列《老子》正文,继引历代学者意见详加注解,次列"今译",末缀"引述"以阐发心得,体例颇便初学入门。又附《历代老子注书评介》,从严灵峰所编"无求备斋老子集成丛书"中择列先秦以降《老子》相关疏解著作,加以评述,其作用不啻一简明的学术史。最后,又附《帛书〈老子〉甲乙本释文》《郭店竹简〈老子〉甲乙丙三组释文》《〈老子〉校定文》等,读者循此,自可继续深入研读。

(顾迁撰稿)

《庄子今注今译》导读

陈鼓应注译,中华书局1983年版。

《庄子》是先秦道家学派最重要的代表作之一,也是影响我国文化最为深远的一部经典:魏晋时期,《庄子》与《周易》《老子》并称"三玄";唐代时,《庄子》与《老子》《列子》《文子》并列道经"四子书",曾一度被列为科举考试科目。宋元以后,《庄子》的地位虽有所下降,但其意蕴已深入地影响传统士大夫阶层,有助于士大夫"外儒法而内庄老"典型性格的形成。

历代有关《庄子》的注解阐释之作可谓汗牛充栋,不过,历代注者在阐释《庄子》时，多是根据自己的立场对《庄子》进行理解，这主要分成四种倾向。

一是以玄论庄。魏晋时期，玄学兴盛。郭象的《庄子注》是玄学的重要著作，他对《庄子》的阐释虽然别有理论体系，却在很大程度上与庄子原意有所背离。

二是以道释庄。这里的道，主要指的是道教。《庄子》中多用寓言释理，达到理想境界的人物被称为至人、圣人、神人，后世以道教释庄者便用道教神仙系统来解释庄子，甚至将庄子神化成南华真人。在注释《庄子》时，也常用道教的术语重新阐释。这一类的著作，有许多收录在《道藏》中。

三是以释解庄。佛教传入中国后，为了传教，早期的僧徒往往借谈论《庄子》来阐释佛教的义理。《世说新语》中的支道林，便是此中高手，曾引得王羲之等人折服。唐代成玄英的《庄子疏》、明代陆西星的《南华真经副墨》、清代张世荦的《南华模象记》、近人章太炎的《齐物论释》，都是用佛典解释《庄子》的重要著作。

四是以儒阐庄。唐人认为庄子之学出自子夏弟子田子方，后世学者遂多以庄子为儒门信徒，往往会对其著作中与儒家相左之处曲为解说。这一类著作，有宋人林希逸《庄子口义》、清人陆树芝《庄子雪》、清人刘鸿典《庄子约解》等。

大略而言，以别家别派的理念解释《庄子》，虽在一定程度上体现了《庄子》的重要价值，但也对《庄子》的本意产生了一定的误解。审于此，宋人褚伯秀开始采用集解的方式，参酌诸家异同，对《庄子》进行阐释。清代郭庆藩的《庄子集释》、王先谦的《庄子集解》都是这方面较为成功的作品。但诸家歧说，往往互相矛盾。因此，到现代学界，便强调要跳出传统的三教理念，既基于《庄子》文本阐释其哲学，并对历代注疏的精要有所提炼集成，也要对庄子及其哲学有准确的定位和系统的把握，并据以阐释。这一方面的著作，目前看来，较为系统、精要、全面、细致的，要数陈鼓应先生的《庄子今注今译》（中华书局1983年第一版、2009年第二版）。

陈鼓应，1935年生，福建长汀人。1949年后迁居台湾地区，毕业于台湾大学，先后师从著名哲学家殷海光、方东美，硕士毕业后留校任教。因参与校内运动，于 1974 年被当局解聘。后赴美国加州大学伯克利分校研究哲学。1984 年，受聘到北京大学任职。1997 年返回台湾大学任教，直至退休。2010 年，受聘为北京大学哲学系人文讲座教授。

陈鼓应先生是享誉两岸、蜚声世界的著名哲学家，一直致力于研究道家哲学，兼及存在主义哲学，撰述著作二十余种，并主编《道家文化研究》。其中，《庄子今注今译》是他用力最勤、传播最广、评价最高的一部著作。

就该书的形式而言，《庄子今注今译》仍采用了传统的注疏形式，但又有所新变，陈先生较为有意地设计出一套立体的阐释框架：每章的题解部分，除了阐释本章大旨外，还划分该章段落，提炼每段要点，并从语源学角度，指出出自本章的成语；每章之间的关系、各章在庄子哲学体系中的定位，往往也借题解呈现；每段之后，有兼赅诸家的注释，这些注释通常都非常精要准确，部分重要术语的注释对全书哲理的层次、术语的运用及其相互关系，也有所涉及；每段之后，以较典雅精要的白话文对该段进行翻译，这些译文可以与注疏互相参照，便于更好地明了注译者的理解；全书之末还附录"综合索引"，除索引人名、地名、朝代与文献等专名外，还索引成语、概念和一些重要术语，这对理解全书，以及寻绎《庄子》中理念的通贯性也具有重要作用。

就内容和价值而言，《庄子今注今译》同样是一部既具有开创性，又具有集成性特点的著作。

首先来看其开创性：此书是在现代学界重回庄子文本的一次有益尝试。在书中，陈鼓应先生将庄子哲学看成先秦诸子思想中的一个"例外"，诸子多着眼于政治秩序的重建，而庄子则侧重于疏解乱世中个人生命所受到的压力。因此，陈先生将庄子哲学归纳为一种心灵哲学，认为其特点重在提倡开放的心灵、平等自由的精神，以有效抵抗乱世和暴政对个体生命的蔑视、屠戮和压抑。正因如此，《庄子》一书便成了后世历代士人寻求心灵安稳的有效法宝。

其次来看其集成性，这主要表现在：

一、博观约取，取精用宏。此书所引资料繁复，但并不驳杂。既搜罗筛选了历代注庄的优秀成果，也对当代海峡两岸的论庄著作，乃至海外解庄之作皆能够做到择其优长、有所吸纳，甚至一些报纸杂志上的资料，也被辨析引证，纳入本书的解释之中。往往在一条注释之中，涵纳数家，互相比较，要言不烦，间或加以按断，比较精到地对庄子的用意进行了阐明。

二、校勘精密，剔衍释讹。《庄子》一书，因年代久远、传抄众多，其中的讹篇错简不在少数。历代学者的校勘成果不少，本书皆能有所辨析引证。甚至有不少训诂校勘成果是陈先生自己的发明。陈先生还从庄子哲学的内在逻辑出发，特别注意剔出《庄子》中与其理念相扞格的衍文。

三、注译兼湛，训释同工。陈先生的翻译用语流畅，较好地体现了庄子汪洋恣肆的文风。甚至为了对应《庄子》原文中的韵语，译文中也往往用韵语翻译。从全书而言，这些翻译质朴深沉而又凝练，具有玄理，已较为准确地传达了《庄子》文意，并与该书的注释互相参证。

总体而言，陈鼓应先生的《庄子今注今译》是我们探研《庄子》的一部非常有用的参考书。当然，需要强调的是，该书也并非庄学的止境，在分断篇章结构层次方面，往往互有歧说；在字句释义方面，仍有不够圆满之处；就庄子哲学的深蕴而言，也存在言人人殊的可阐释余地。谚语云："终点即是起点。"学者正可从本书出发，对《庄子》进行更深入、精妙的探讨。

（陈昌强撰稿）

《诗经注析》导读

程俊英、蒋见元著，中华书局1991年版。

《诗经》是我国文学史上第一部诗歌总集，原名"诗"或"诗三百"，共305篇，另有笙诗6篇，有目无词。《诗》分风、雅、颂三类，最初皆是乐歌，后被周朝太师收集整理编纂成书，成为贵族所习教材之一，广泛用于祭祀、朝聘、宴饮等场合。《左传》中多载有当时诸侯君臣赋诗言志之事，但往往是断章取义，仅求《诗》之实用价值。至孔子时，夫子重视《诗》，对《诗》进行"正乐"，《论语·子罕》中所言"吾自卫反鲁，然后乐正，雅、颂各得其所"，便是此事。孔子也将《诗经》教授弟子，用"思无邪"为《诗经》打上标记，重视的是《诗经》的社会功用，《诗经》也自此逐渐经典化。

秦火后,《诗经》以其易于记诵而得以保全,在汉朝得以流传。然汉儒传《诗》,是使《诗经》经典化,是从政治教化与道德伦理方面阐释《诗经》,形成的是经学的诗教系统和说诗体系,《诗》成为"经",经学的《诗》出现,而文学的《诗》却逐渐隐于幕后,自汉魏以迄清末,对《诗经》的研究基本是循经学轨迹进行,而经学阐释中大致有以下三种倾向。

一是今文三家诗。汉初,传《诗经》有齐人辕固生、鲁人申培公和燕人韩婴,称"齐鲁韩三家诗",三家诗以汉隶书写,称"今文经",于汉代兴盛一时,立于学官,成为官学。至东汉,今文经逐渐被古文毛诗取代,后渐散佚,齐诗亡于魏,鲁诗亡于西晋,韩诗到唐时还在流传,而今只剩外传十卷。直至清嘉道年间,魏源、龚自珍及康有为等人主张变法,他们吸取了汉代今文经学派主张改制的思想,极力提倡今文经学,今文经学才渐渐复兴。清末王先谦《诗三家义集疏》在前人研究的基础上,辑录三家遗说,考证疏解,集今文经学研究之大成。

二是古文毛诗。鲁人毛亨和赵人毛苌的古文"毛诗"晚出,在西汉未立于学官,但在民间教授流传,渐渐压倒三家诗。汉末郑玄笺毛传,以古文为本,兼采今文之义,使得"毛诗"彻底压倒三家诗。至唐朝修《五经正义》,为毛传、郑笺作疏,更使"毛诗"成为官方承认的《诗经》注释依据,受到后世推崇,至宋代方被《诗经》宋学取代。然至清初,古文经学再兴,"毛诗"研究也再次兴盛起来。

三是《诗经》宋学。宋代疑古风潮盛行,群儒疑经疑《毛序》,促进《诗》学革新,至南宋朱熹《诗集传》出,弃《序》言《诗》,《诗》之宋学遂大成。朱子言:"凡《诗》之所谓《风》者,多出于里巷歌谣之作,所谓男女相与咏歌,各言其情者也。"相比《诗经》汉学,他对《诗》的阐释一定程度上回归文学,但同时,又以为"此《诗》之为经,所以人事浃于下,天道备于上,而无一理之不具也"。又把《诗三百》纳入理学体系,仍视为修齐治平之道。

大略而言,无论是有今古文之别的《诗经》汉学还是主张"就诗论诗"的《诗经》宋学,本质上还是将《诗经》视为能"经夫妇,成孝敬,厚人伦,美教化,移风俗"的政教工具,忽视了《诗经》作为"诗"的本质——文学作品。经学的《诗经》重视政治教化,强调道德伦理;而文学的《诗经》应该是从审美角度分析诗。因而现代学界对《诗经》的研究，多是回归《诗经》"诗"的本质，拨开千年经学的雾霭，显露《诗经》的本来面目，从韵律的使用、诗歌意境的营造和情感的表达等方面来理解《诗经》。而这一方面的著作，目前看来，较为系统、精要、全面、细致的，要数程俊英、蒋见元先生著的《诗经注析》（中华书局1991年第一版）。

程俊英（1901—1993），福建福州人，民国三十三年（1944）任上海大夏大学中文系教授兼主任，1951年任华东师范大学中文系教授，1961年任华东师范大学中文系副主任。1978年后，任华东师范大学古籍研究所教授，认真编写、注释《论语》《诗经》等著作，在古籍研究工作上做出了显著成绩。程俊英先生是我国第一批女大学生，五四"四公子"之一，是我国第一代女教授，更是著名的《诗经》研究专家，她1985年出版《诗经译注》，已在《诗经》译注界占有一席之地，而后又在其学生蒋见元的协助下，撰成《诗经注析》，为现代诗经学研究留下了一笔宝贵财富。

从体例上看，《诗经注析》仍采用了传统的注疏形式。每首诗前附有题解，分析诗旨，言明诗歌分章，介绍诗歌写作背景，列举历代学者对诗的考证与评述，并对诗歌进行精彩的艺术鉴赏评析。而后，为了让读者领略诗歌韵味，程先生并未采用其在另一著作《诗经译注》里将诗译为白话的方法，而是对《诗经》字句进行简明扼要的注释，在字词释义上，对重点疑难字词翔实考证，而对简易字词一笔略过，详略精当。并博引前人训诂成果，兼下己意，寓评于注，在解释字句意义的同时分析字句所用艺术手法，将字词释义与艺术分析相结合。最后，程先生在每个诗章后都标有韵读，为了方便大多数读者理解，标韵并不是以传统的"反切法"，而是以"直音法"标出，基本依据清代学者江有诰《诗经韵读》，标出该章所属韵部及每个押韵字。上古音与今音差异较大的字，在括号中加注直音，只有实在找不到声韵相同的直音，才会使用反切代替标出。

从内容上看，《诗经注析》也实现了《诗经》传统研究与现代研究的融合，实现了集约性与创新性的统一。

一方面，程先生立足于历代诗经学研究的丰沃土壤，广征博引，择善而从，不盲从一家。在题解时，除《毛诗序》外，程先生还列举王先谦、朱熹、刘熙载、姚际恒、方玉润、陈奂、胡承珙、马瑞辰等古代学者对诗旨的解释，以及闻一多、钱钟书、余冠英等现代学者对《诗经》的研究成果，并择取其各自的合理部分，爬梳剔抉，去疵存瑜，使读者对每首诗的诗旨有全面的认识与理解。在注释时，程先生不仅博引前人研究成果，而且运用《说文》《尔雅》《广雅》等字书，揭示出《诗经》中不少词的本义、引申义与假借义之间的关系。

另一方面，程先生以现代学术视野重新审视《诗经》。在诗旨上，她认为，《诗经》并非政治教化工具，"《诗经》就是诗，准确地说，就是歌曲，一首首颂德的歌、祭祀的歌、宴饮的歌、恋爱的歌、送别的歌、讽刺的歌，等等，如此而已"。因此，程先生对传统"温柔敦厚"的诗教经学阐释表示质疑，要"恢复《诗经》的客观存在和本来面目，拨开经学的雾霭，弹却《毛序》蒙上的灰尘，揩清后世各时代追加的油彩"，就诗论诗，从艺术评鉴与文学欣赏的角度重新审视《诗经》，批驳"宗经"观念，转而研究艺术手法在诗篇中的运用，指出《诗经》对后世文学的影响，使《诗经》回归诗歌的本质。而在注释方面，则使用甲骨金石文字的许多研究成果和新出土的材料，使《诗经》研究达到新的高度。

总体来说，《诗经注析》是程先生毕生治《诗》成果的总结，是当代《诗经》注本中的佼佼者，是我们研究《诗经》不可不读的参考书。但也必须注意，《诗经注析》研究的是作为文学文本的《诗经》，但《诗经》在漫长的研究史中，更多是作为经学文本而存在的，所以若想明晰《诗经》在诗经学史中的全貌，传统经学研究也是必须学习和了解的。

（陈国安、徐登昊撰稿）

《楚辞章句疏证》导读

黄灵庚疏证，上海古籍出版社2018年增订版。

1953年，世界和平理事会将中国诗人屈原与波兰天文学家哥白尼、法国作家拉伯雷、古巴作家何塞·马蒂确定为"世界四大文化名人"。而以纪念屈原为主要内容的"端午节"，更是于2009年成为我国首个被联合国教科文组织正式列入《人类非物质文化遗产代表作名录》的传统节日。当我们将中国称为"诗的国度",当我们将文人想象为品格的化身,可以说,无论我们从何种立场、何种角度出发,最终都要转身、瞭望、聚焦汨罗江上的那位屈原。正如梁启超在《屈原研究》中所称:"中国文学家的老祖宗,必推屈原。"

作为中国浪漫主义文学的奠基人,更作为诗歌由集体创作时代进入个体创作时代的开创者,屈原出生于群雄并起、分裂对抗的战国时期,其故国——楚国在合纵连横的战局中早已失去往日雄风,楚怀王对外不自量力攻打强秦,对内听信谗言放逐忠臣,屈原怀才不遇、悲愤生怨,由此创作出的《离骚》《九歌》《天问》《九章》《远游》《卜居》《渔父》等开创了一个全新的诗歌体裁——骚体,或曰"楚辞体"。楚辞相较于《诗经》,在句式、结构、内容、风格等方面都有了诸多变化。句式方面,《诗经》以规整的四言为主,而楚辞不限四言、五言、六言、七言,参差变化,不拘一格。结构上,《诗经》以短章重叠为主,楚辞则能随着乐章的变化"倡曰""少歌曰""重曰""乱曰",跌宕起伏、气势恢宏。内容选择由此获得更大、更自由的空间,整体风格也不再"温柔敦厚",而是"朗丽以哀志""绮靡以伤情""耀艳而深华"。刘勰由此感慨楚辞"故能气往轹古,辞来切今,惊采绝艳,难与并能矣"。然而太史公以为"《国风》好色而不淫,《小雅》怨诽而不乱,若《离骚》者,可谓兼之矣",则是看到了楚辞及其创作者的精神内涵始终是中国古代正统文化所倡导的"中正"。屈原所吟咏的对象是华夏民族共同的先祖,如尧、舜、禹、汤、启、后羿、浇等,而非楚怀王。而他刚直不阿、忧国忧民的品格更是刻烙在了中华传统文化的价值观中,绵延万世。由此,观楚辞对汉赋的影响,屈原对司马迁、李白、苏轼等各个历史时期名家巨子的影响,我们便不难解释其中的承与变,也就更加清楚屈原及其开创的楚辞在中国文学史、中国文化史中所独具的极其厚重的分量了。

我们如今所谈的《楚辞》,除收录屈原的《离骚》《九歌》《天问》《九章》《远游》《卜居》《渔父》7卷作品外,还包括其同时期后学宋玉的《九辩》《招魂》、景差的《大招》,以及汉代贾谊的《惜誓》、淮南小山的《招隐士》、东方朔的《七谏》、庄忌的《哀时命》、王褒的《九怀》、刘向的《九叹》,共计16卷。因此,《楚辞》也被称为"总集之祖"。尽管汉武帝时期及其后,楚辞一度成为"显学",如西汉淮南王刘安著有《离骚传》

（或称"离骚经章句"），扬雄、刘向又各著《天问解》，东汉班固、贾逵各有《离骚章句》，马融亦有《离骚注》等，但不幸的是，这些著述都亡佚了。东汉王逸的《楚辞章句》是目前我们所能见到的最早对《楚辞》做笺注的文献，书中又加入王逸所作《九思》，终成17卷。王逸为今文学家，他以儒师注解《诗经》的方法注解《楚辞》，模仿《毛诗序》为每卷作小叙，其所作《离骚经》之大叙，为防与小叙混淆而置于书末。大叙略说屈原承孔子之后，小叙则略说各篇作诗始末、意旨、兴喻及讬寓等。需特别留意的是，自《七谏》以下六篇注及小叙，恐为王逸之后东汉一无名氏托名所作，隋以后方合为一体。

王逸的《楚辞章句》向为此后诸家解读《楚辞》之主要依据，被看作文字训诂之渊薮，礼仪文献之典型。该书会有如此大的成就，则应归功于王逸之笺注所秉承的是汉儒家法。黄灵庚先生将其"章句"特点总结为十个方面：一、据汉师《五经》诂义为解；二、以汉世今语释先秦古语；三、以通语释楚语；四、辨析词义；五、发明比喻的旨意；六、阐发诗旨的义理；七、存汉世异说；八、虽以韵语为注，而未失其词义之对应之义；九、疏解楚国名物制度；十、疏证三代遗事。

《楚辞章句》在楚辞学研究史上固然有其不可撼动的地位，但智者千虑尚有一失，加之此后该书在流传过程中出现一些波折，竟形成了单行本、补注本、《文选》本三大系统，对其笺注的作品也有两百多种，可想而知，其中讹误必然不少，这自然会给研究工作带来极大困难。黄灵庚先生倾其近五十年心血从事相关研究，终于成就了这部系统全面、精细扎实的对该"章句"的疏证著作。

黄灵庚（1945— ），浙江浦江人。1970年毕业于杭州大学中文系。现为浙江师范大学特聘教授、中国古典文献学博士生导师、浙江省重点文科基地江南文化研究中心首席专家，首都师范大学中国诗歌研究中心兼职研究员、中国屈原学会副会长。黄先生治学师法乾嘉诸老，专修文字、音韵、训诂，以为治学基础，主攻《楚辞》及浙东学术文献。著有《离骚校诂》《楚辞异文辩证》《楚辞集校》《楚辞补注》（点校本）、《楚辞集注》（点校本）、《楚辞章句》（点校本）、《楚辞文献丛刊》（全八十册）、《楚辞文献述要》等，发表重要学术论文70余篇，主持结项《楚辞词义研究》《楚辞章句研究》《楚辞与简帛文献研究》《楚辞诗体研究》等省部级、国家级科研课题。

  黄先生《楚辞章句疏证》(增订本)于 2018 年出版发行。该书自 1999 年起整理撰写,于 2001 年年底基本完成。几经易稿后,终于在 2007 年由中华书局发行了初版,2009 年即获得教育部第五届人文社会科学优秀学术成果二等奖。黄灵庚先生在回忆自己与《楚辞》的学术结缘时提到,自 1969 年年底向朱师辄先生借阅《楚辞补注》并开始抄录算起,至 1976 年,他便已抄录东汉王逸以来历朝历代各种《楚辞》注本达 47 种。可想而知,这部长达 227 万字的《楚辞章句疏证》(增订本),实乃先生数十年株守青灯、覃思精虑的结晶之作。

  治学当循门径,读书须求善本。首先,该书底本选用的是"讹误最少"的宋洪兴祖《楚辞补注》本 [清同治十一年 (1872) 金陵书局重刻汲古阁毛表校刊],刘师培曾说:"毛刊洪氏补注本,出自宋椠,尤为近古。"其次,校本也多为珍本。所用主校本有敦煌旧抄本隋僧智骞《楚辞音》残卷,日本金泽文库藏唐写本陆善经《文选集注》残卷,韩国藏奎章阁翻刻宋秀州《文选》六臣注本,日本藏宋绍兴间明州州学翻刻《文选》六臣注本,宋理宗间建阳翻刻赣州《文选》六臣注本,宋淳熙尤袤校刻《文选》李善注本,明正德十三年 (1518) 高第、黄省曾翻宋《楚辞章句》本,明隆庆五年 (1571) 朱多煃夫容馆翻宋《楚辞章句》本,明隆庆间朱一夔、朱一龙校刻《楚辞章句》本,清文渊阁、文津阁、文澜阁所藏《四库全书》之《楚辞章句》钞本,日本宽延三年 (1750) 庄允益校刻王注《楚辞》本等十多种,参校本达一百三十多种,比勘斟酌,择善而从,考辨、鉴定异文达六千余条。

  《楚辞章句疏证》(增订本)全套共六册,以《章句》释词为目,始为《楚辞》正文,次为《章句》注文,又次为诸版本及魏晋以下至唐宋援引《章句》异文。每条之下,先校雠《章句》旧文,而后疏证其义。在初版基础上,该书及时吸收了清华简、岳麓简、北大简、安大简等最新考古成果,展开六方面疏证:一曰校正《章句》文字,以定诸本是非;二曰疏证《章句》字义训诂;三曰考核《章句》用韵;四曰辩证《章句》之典章、文物及制度;五曰补《章句》缺漏,正其讹误;六曰以楚之礼俗及生命哲学,解说屈赋"飞升上征"之意涵。日本学者石川三佐男认为,该书对如何理解屈原和宋玉的诗文、如何理解王逸的《楚辞章句》、如何理解《楚辞章句》的三种珍本及其他各种传本等问题，都发表了自己独到的见解。并特别强调说，该书综合借鉴了与"疏证学"相关的字形学、字义学、语源学、声音学、训诂学等方面的知识，将传统楚辞学与近几十年来出土的一批以荆楚为中心的战国、秦汉遗迹和古墓文献相结合的论证成果尤为本书的精华所在，对该领域更为深入的研究探讨具有重大的启发和借鉴意义。曲冠杰先生也高度称赞黄先生这部疏证著作说："黄君之作，千锤万击，纯钢百炼，可谓精金美玉。以字数衡之，廼余万言，字字血汗；以质量言之，踵迈前贤，堪称经典。"

（王福利、徐婷撰稿）

《增订文心雕龙校注》导读

〔南朝梁〕刘勰著，黄叔琳注，李详补注，杨明照校注拾遗，中华书局2012年版。

在南京市钟山南麓，坐落着一处园林式建筑群，名为"定林山庄"。如今，定林山庄被辟为"刘勰与《文心雕龙》纪念馆"，据说定林寺的遗址位于此地，而历史上的刘勰正是在定林寺中写下了不朽名著《文心雕龙》。史料中可挖掘的刘勰生平资料匮乏，其中定林寺作为关键地标，与刘勰结下不解之缘，成为承载历史记忆的实体场所。这在今天看来实为难得，毕竟从《文心雕龙》创作的齐梁时期算起，至今已超过1500年。

关于中国文学史有一则著名论断，即把魏晋视为"文学自觉"时期。产生于南朝的《文心雕龙》是"文学自觉"带来的最优秀作品之一。通常，《文心雕龙》一书被视为中国古代最具有完整性和体系性的文学理论著作，诚如章学诚所谓"体大而虑周"，刘师培所谓"集论文之大成""文学之津筏"等，均属对于《文心雕龙》的高度评价。

《文心雕龙》系骈文写就，容易造成阅读困难，初学者应当参考前人对《文心雕龙》的注释，以更好地理解原文。《增订文心雕龙校注》是《文心雕龙》研究史上的一部经典"校注本"，汇集了清人黄叔琳的辑注，近人李详的补注及现当代学人杨明照的"校注拾遗"。清人注《文心雕龙》，首推黄叔琳辑注。所谓辑注，在于其承袭了明人王惟俭的"训故"，梅庆生的

"音注"，并在此基础上做出大幅推进，达到清代注释《文心雕龙》的最高成就。但是，《四库全书总目提要》在著录黄氏辑注本时已举出诸多例证，指明其中不够精审之处。更直观的是，黄氏辑注在部分篇目上注释过于简单，只有寥寥几则，所以"补注"的空间较大。完成该项工作的是李详，李氏补注则较为谨严。杨明照（1909—2003）先生是《文心雕龙》研究的泰斗级学者，其《文心雕龙》研究贯穿学术生涯始终。在20世纪50年代，杨明照之《文心雕龙校注》问世，该书原系20世纪30年代作者就读燕京大学研究院时完成的毕业论文。后来作者对《文心雕龙校注》中其本人的"校注拾遗"部分大幅增补，于20世纪80年代推出《文心雕龙校注拾遗》。至20世纪90年代末，作者将《文心雕龙校注》与《文心雕龙校注拾遗》合为一书，并再做若干增补，成《增订文心雕龙校注》。《增订文心雕龙校注》的突出特点在于校勘精审，经常发前人所未发，论断有力，识见高明，无疑是《文心雕龙》研究史上的一座高峰。

如果单论注释，也许范文澜先生的《文心雕龙注》更适合初学者。阅读《文心雕龙》，涉及字句训诂、名物典故等基本问题，不难从传统注释如黄氏辑注、李氏补注中获得参考。如涉及理论意义、思想渊源等问题，则可以参考较有现代特征的"范注"。"以注为论"是"范注"的特点，《文心雕龙》中存在大量的概念术语，如"道""体""势""风骨""隐秀"等，对此，"范注"有颇多精彩的议论。而在《增订文心雕龙校注》《文心雕龙注》以外，另有刘永济《文心雕龙校释》、詹锳《文心雕龙义证》、吴林伯《文心雕龙义疏》等书，均为重要的《文心雕龙》注本，值得参读。总之，学习《文心雕龙》，首当立足于文本，而在理解文意的同时，不妨熟读乃至记诵。因为《文心雕龙》文字本身是现代意义上的"美文"，熟读、记诵自可加深体会。

对于《文心雕龙》，须有通盘把握。《文心雕龙》共计十卷五十篇，可以分为四部分（参考王运熙《〈文心雕龙〉的宗旨、结构和基本思想》一文）：

第一部分：总论——"文之枢纽"，从《原道》至《辨骚》，共计五篇；

第二部分：文体论——"论文叙笔"，从《明诗》至《书记》，共计二十篇；

第三部分：创作论——"剖情析采"，从《神思》至《总术》，共计十九篇；

第四部分：杂论，从《时序》至《序志》，共计六篇。

在此基础上，有两方面问题应当说明：其一，阅读顺序。一般认为，《文心雕龙》应该先读最后一篇《序志》。《序志》相当于总结全书的"自序"，第一句话点出《文心雕龙》的宗旨："夫文心者，言为文之用心也。"即如何用心做文章。其后《序志》也交代了作者撰写《文心雕龙》是为了针对当时流行的不良文风，为写作指出一条正确的道路；其二，阅读取舍。《文心雕龙》五十篇，一般"创作论"部分较受重视，"文体论"部分较受轻视，而"文体论"中占据半壁江山的应用文体更易被忽视，因为用今日"纯文学"的眼光考量，应用文体包括公文等并不属于文学范畴。当然，前人所秉持的是一种"杂文学"的体制，从"经国之大业"角度来说，应用文体在其中至关重要。

事实上，问题的关键还是读者站在什么立场来看待《文心雕龙》。如果对《文心雕龙》中的"文学理论"有兴趣，重点自然落在"总论"和"创作论"部分，像《神思》《体性》《风骨》《通变》《情采》《时序》《物色》等篇尤其需要深入研读；如果对先秦至六朝的文体流变及文学史有兴趣，重点自然落在"文体论"部分，相搭配的是范文澜的《文心雕龙注》。因为《文心雕龙》提到大量的经典作品，而"范注"直接展现这些经典作品全文，相当于一部先秦至六朝文学作品选，方便研习；如果对《文心雕龙》的文献问题、作者生平著述问题及其在后世的传播接受问题有兴趣，则《增订文心雕龙校注》是注本中较好的选择。《增订文心雕龙校注》下册是全书"附录"，也是一部特色鲜明的"资料汇编"。杨明照强调："刘舍人《文心雕龙》，向为学林所重。历代之著录、品评，群书之采摭、因习。前人之引证、考订，与夫序跋之多，版本之众，均非其他诗文评论著所能比拟。"于是从著录、品评、采摭、因习、引证、考订、序跋、版本、别著、校记等方面对相关资料加以辑录，为研究者大开方便之门。另外，如果对《文心雕龙》涉及的儒道佛思想等方面问题有兴趣，欲研究，则要求读者拥有更多的前期知识储备。

《文心雕龙》是一部"故书不厌百回读"的文学名著。如今，《文心雕龙》研究已经形成专有名词"龙学"。相信只要经过"百回读"，同学们一定能够领略到"龙学"世界的精彩纷呈。

(李晨撰稿)

《文选》导读

〔梁〕萧统编,〔唐〕李善注,中华书局1977年影印清胡克家刻本。

大学中文系的学习,除了使用文学史的教材外,还离不开文学作品选,而在中国古代,人们学习文学作品的时候,有一部畅行一千多年的优秀作品选,那就是《文选》。研究这部书的学问自唐代以来就有"文选学"之称,这在所有古书中是少有的,可见此书在中国文学、文化中的地位。

一、《文选》的编者和成书时代

古代将很多人的作品编成一部书称为"总集",单个人的作品结集便是"别集"。《隋书·经籍志》的集部是先列别集再列总集的,由其著录可以看出,在整个六朝编选的总集很多,但是这些总集宋代以来几乎都亡佚了,唯有萧统的《文选》传世至今。

萧统(501—531),字德施,小字维摩,南兰陵(今江苏常州)人,梁武帝萧衍长子。天监元年(502),被立为太子,未即位而卒,谥号昭明,又称昭明太子,因之,他所编的《文选》也称"昭明文选"。除了编《文选》外,萧统还撰古今典诰文言为《正序》十卷,编选五言诗为《文章英华》二十卷,但都亡佚。萧统曾有文集二十卷,宋末已佚,明代叶绍泰、张燮、张溥,近人丁福保等都曾辑佚其集,今人俞绍初有《昭明太子集校注》,可参考。

《文选》编成当在梁武帝普通七年(526)以后,这段时期正是南朝国力较为强盛之时,梁武帝提倡佛教,又提倡儒学,且喜爱文学,故齐梁时代的文风很盛。《梁书》卷八《昭明太子传》中称萧统"引纳才学之士,赏爱无倦。恒自讨论篇籍,或与学士商榷古今。闲则继以文章著述,率以为常。于时东宫有书几三万卷,名才并集,文学之盛,晋、宋以来未之有也"。他身边文士云集,著名的有徐勉、陆倕、到洽、刘孝绰、王筠等,他与众多文士商略古今、探讨文艺、抄撰典籍、编选图书,《文选》就是在这样的时代背景下编纂而成的。

二、《文选》的选文

萧统所编的《文选》有30卷，收录了秦以前到梁代的作家130人的作品500余篇。面对从古到今林林总总的文学作品，萧统在《文选·序》中表明了自己的文学观念和选文标准，比如周公、孔子等经部之书，老、庄、管、孟等诸子著作，贤人、忠臣、谋夫、辩士的辞令，记事、系年之书等，都不选录，但史书中的赞、论、序、述等是选录的。他强调文的概念，其"事出于沉思，义归乎翰藻"的选文准则，为后世所推崇。

《文选》按照文体分类编排，旧说有37类，但实际上有39类：赋、诗、骚、七、诏、册、令、教、文、表、上书、启、弹事、笺、奏记、书、移、檄、难、对问、设论、辞、序、颂、赞、符命、史论、史述赞、论、连珠、箴、铭、诔、哀、碑文、墓志、行状、吊文、祭文。其中，赋、诗两类占的比重最大。每一类文体下的作品又以时代先后为序，而被收录者均是《文选》编选时已去世的可以盖棺论定的作家。

《文选》的编排和分类体现了详细的文体辨析观念，对各种文体的功用有着明确的区分，这也反映了南朝时期文学理论的发展。而中国文学批评史上空前绝后的文学理论巨著《文心雕龙》的作者刘勰，曾担任过萧统的东宫通事舍人，《文心雕龙》的文体分类乃至文章观念有与《文选》类似之处，二书可以对照着读。

虽然《文选》选文的截止时间是梁代，但是萧统去世后50年隋代就建立了，所以这部成书于梁代的大型总集，在一定意义上也是收录先唐最经典文学作品的总集，历代传诵的唐代以前的著名辞赋、诗歌和各体文章多见于此书。在先唐典籍大量亡佚的情况下，此书收录的作品一直传世，人们通过它可一睹唐代以前最重要、最经典作品的风貌。

三、了解《文选注》和"文选学"

《文选》成书之后，到隋代就受到了重视，萧统的从子萧该著有《文选音义》。到唐初，《文选》经由曹宪等人的传播，形成了"文选学"。《旧唐书·儒学传上·曹宪传》称："初，江、淮间为《文选》学者，本之于宪，又有许淹、李善、公孙罗复相继以《文选》教授，由是其学大兴于代。"在众多的注释中,成于唐高宗显庆年间的李善注旁征博引,由原文的30卷而注后增加为60卷,由于李善征引了很多后世看不到的古书,因此具有辑佚学价值,最为后世所重。但李善注因为征引太多而对字句的疏解不足,其后在唐玄宗开元年间,李延济、刘良、张铣、吕向、李周翰五人同注《文选》而被称为五臣注,侧重疏通文义。因其通俗,与李善注一样也历代流传。唐人重《文选》,学习其中选录的经典篇章,而且也因为唐代科举内容以诗赋为主,所以出现了"《文选》烂、秀才半"的谚语。而到北宋,科举多次改革,欧阳修知贡举后改考策论为主,诗赋的重要性降低,加上苏轼等人不喜《文选》,因此《文选》在宋代的地位不如唐代,但还是被历代传习。到清代,《文选》之学复兴,在朴学风潮下,以《文选》为渊薮而进行众多古书、古注的辑佚,以及侧重训诂、音韵、考订等的研究很多。

《文选》的版本很多,李善注和五臣注是历代通行的,宋代以来还将二书合刻,有六臣本(李善在前五臣在后)和六家本(五臣在前李善在后)。对《文选》进行深入研读是需要阅读李善注的,清代胡克家翻刻南宋尤袤刻李善注本,校勘精良,附有《文选考异》十卷,自问世以来评价很高,中华书局 1977 年据之影印,所以推荐用这个本子来阅读《文选》与李善注。

(张珊撰稿)

《杜诗镜铨》导读

〔清〕杨伦笺注,上海古籍出版社 1978 年版。

杨伦(1747—1803),字敦五,号西河、西禾、西和、罗峰、敷五等,江苏阳湖人。尝从邵齐焘学,博极群书。乾隆四十六年(1781)中进士,历官广西苍梧、江西贵溪、广西荔浦等地知县。主讲湖北江汉书院长达七年之久,亦曾主讲江西白鹿洞书院。著有《九柏山房集》《杜诗镜铨》。

《杜诗镜铨》是清人注杜的经典,《杜诗镜铨》集前贤之长,"注以明其义,解以通其旨,评以阐其志和论其艺"(郭绍虞《前言》),"庶足为学者度尽金针"(杨伦《凡例》)。在它问世之后,以其精简著称,"便学诗者之用"（洪业《杜诗引得·序》）而广为流行，成为杜诗"清代诸重要注本中流播最广"（张忠纲等编著《杜集叙录》）者。

作为清代杜诗学专家的杨伦，笺释老杜诗作时，在吸收前人研究成果的基础上，特别注意将考证本事与解释词句结合起来。通过对诗人的生存状态、文学活动背景及文学表现形态做综合研究，力求能够做到"以意逆志"，将诗人的真实性情切实地勾勒出来。这样的努力在其《杜诗镜铨》中比比皆是，因为他在注杜时有这么一条范例："（杜诗）正无一语不自真性情流出；无论义笃君臣，不忘忠爱，凡关及兄弟夫妇朋友诸作，无不切挚动人，所以能继迹《风》《雅》，知此方可与读杜诗。"所以，通观《杜诗镜铨》，无论是对杜诗语词的训释，对篇章句法的讲解，还是所引用的前人点评，都紧扣一个词：性情。

老杜自二十四岁（开元二十三年，公元 735 年）举进士不第后，在京城辗转十多年，处处碰壁，素志难伸，年轻时候的豪情，早已化作一腔的激愤与牢骚，在《奉赠韦左丞丈二十二韵》一诗中他把内心深处的郁结抒泄得如泣如诉，真切动人，可以说此诗是老杜诗歌"沉郁顿挫"风格的最早体现。杨伦对此也给予了足够的重视，他三番五次地提到其中的情感表现。在诗题之下的注解中他引用《杜臆》之语作为全诗的解题："此诗全属陈情。"在读完起首两句"纨绔不饿死，儒冠多误身"后，杨伦便有这样的点评："突兀二语，一肚皮牢骚愤激，信口冲出。"如此的品评数次出现。

杨伦在作注时"惟设身处地，因诗以得其人，因人以论其世"，而后对诗歌文本做出全局的观照，正如他自己所说："计公生平，惟为拾遗侍从半载，安居草堂仅及年余，此外皆饥饿穷山，流离道路，乃短咏长吟，激昂顿挫，蒿目者民生，系怀者君国，所遇之困厄，曾不少芥蒂于胸中。……今也年经月纬，句栉字比，以求合乎作者之意，殆尚所云镜象未立诠者。"（杨伦《杜诗镜铨·自序》）这样的笺释比起寻章摘句以为工，"章掎句摭，俨然师资"者，不知要高出多少倍，因而杨氏注本一出，就受到了学界的一致好评。毕沅《杜诗镜铨·序》中曰："杨君是书，……俾杜老之真面目、真精神洗发呈露，如镜之不疲于照，而丝毫无障翳。……抉草堂之精髓，求神骨于语言文字之外。"王昶《湖海诗传·蒲褐山房诗话》评曰："撰《杜诗镜铨》，实能照见古人心髓。"潘清《挹翠楼诗话》更是说：

"《杜诗镜铨》，向来注杜者皆不能如其精当在家。"

杨伦注杜性情、辞章兼顾的这一特点，与乾隆时期诗坛性灵风潮大兴有着密切的关联。乾隆年间，常州因一时涌现出黄景仁、赵翼、洪亮吉等著名诗人，成为性灵诗学的重镇。杨伦与黄景仁等人并列"毗陵七子"，虽然诗歌创作的实绩不如洪、黄诸子，却以其《杜诗镜铨》与当时诗坛风尚相呼应，将性灵诗学理论深深地渗入杜诗研究中，乃至成为那个时代杜诗研究的核心理路。洪亮吉之子洪符孙在对杜诗研究的历史进行反思时，就认为"古今之学杜者"能够"旗鼓各建者"，其最核心的原因在于"能入彼堂奥而抉其心肝，非特得诸藩篱而谋厥面目也"（洪符孙《诵芬堂诗集·序》）。在清代众多"旗鼓各建"的杜诗学者中，杨伦自是一位重要的代表人物。

杨伦的《杜诗镜铨》是在其外高祖蒋金式《批杜诗辑注》的基础上，后出转精。蒋氏批注则是以朱鹤龄《杜工部诗集辑注》为底本，直接在其上加以朱墨二色的圈点、品评和注释。由《杜诗镜铨》追溯，亦可清晰展现明清之际江南杜诗研究之兴盛和学术的薪火相传。

（杨旭辉撰稿）

《宋诗三百首》导读

> 钱仲联选，钱学增注，浙江古籍出版社 1987 年版。

在 20 世纪的中国古代文学研究大家中，钱仲联先生是从传统走向现代、淹贯四部的一代名师。其文献整理笺注，如《鲍参军集注》《韩昌黎诗系年集释》《李贺年谱会笺》《剑南诗稿校注》《后村词笺注》《吴梅村诗补笺》《人境庐诗草笺注》《沈曾植集校注》《清诗纪事》等；经部集部选注，如《十三经精华》《古文经典》《宋诗选》《宋诗三百首》《明清诗精选》《清诗精华录》《清诗三百首》《清词三百首》《清文举要》《近代诗举要》《近代诗三百首》《中国近代文学大系·诗词集》《近代诗钞》《万首论诗绝句》等；理论批评著述，如《梦苕庵诗话》《梦苕庵清代文学论集》《梦苕庵论集》等；个人诗文创作，如《梦苕庵诗存》《梦苕庵诗词

《梦苕庵骈散文》等,可谓博大精深,不仅先秦至魏晋、唐宋迄明清贯通,考据与批评并重,而且研究与创作兼擅。钱先生作为能够将创作和研究相结合、把古今和四部打通的一代大家,选注是其学问的重要表达方式。钱仲联选、钱学增注《宋诗三百首》就是较有特色的一种,不仅体现了钱先生的选学成就,对今日选本编注亦具有方法论启示意义。

一、两面并重:艺术性与思想性

文选之学在中国发端较早,南朝梁萧统所编《文选》是现存最早的选体文集,选录标准强调"事出于沉思,义归乎翰藻"。钱仲联先生《宋诗三百首》既吸收了《文选》强调文体观念、文学审美的传统,又因应了20世纪80年代前后文学研究思潮的发展,是宋诗选学的一种推进。其显著特色与贡献,就是艺术性与思想性两面并重。他的一系列选学著作,像《清诗三百首》《清词三百首》《近代诗三百首》等,都是如此。他一再强调,"诗歌脱离不了艺术,论宋诗,也要重视它的艺术,看到它与唐诗的同异所在,继承与发展所在。这才是内容、形式的统一论者"。那么,内容与艺术如何统一呢?一方面,是"艺术性不高的不选";另一方面,"特别注意到有关国事民生和具有爱国主义精神的作品"。这样的编选旨趣,显然抓住了宋诗的艺术本质与时代特征。

在编选体例上,《宋诗三百首》依据诗体,按五古、七古、五律、七律、五绝、七绝六类编排;一类之中,再按作家时代先后排列,可谓是诗体和编年的结合,纲举目张,以选带史,堪称以艺术为本位的"诗体文学史"。具体作家作品选录,同样依据艺术成就与特色来决定。就具体作家作品的编选、注释而言,《宋诗三百首》亦有统一体例,即作品、作者介绍、题解、注释。"作者介绍"见于首篇作品,而"题解"与"注释"基本每篇作品都有,共同呈现编选者思想与艺术并重的旨趣。将作品艺术放在首位,深入探寻其艺术世界,是钱先生这一代名家学者的优势,也是《宋诗三百首》的重要特色、贡献和启示。

二、两种贯通:从"唐宋"到"宋清"

对唐、宋诗的比较轩轾是文学史上的著名公案。但不少人往往静态地进行比较，甚或褒贬胜负高下，常常未能沟通"唐宋"，深究其间的内在关联。钱仲联先生则持论公允，并以淹贯古今的学识和卓然为清诗研究大宗的积淀，注重沟通"唐宋"与"宋清"。宏阔贯通的学术造诣与诗史观，集中体现在《宋诗三百首》一书中，具有方法论意义。

钱仲联先生分析了自宋至清"贬宋论的说法"，认为"主要的问题，是要看宋诗在唐以后到底有没有发展，发展了什么"。他指出盛宋时期出现了苏、王、黄、陈诸大家，江西诗派开始形成，主要是学习杜甫诗歌的艺术。宋诗的转折点应该是南宋前期的中宋，特点是把江西诗派学习杜诗艺术的路子，转到爱国主义这条路径上来。这正是宋诗内容高出于唐，至少是不下于唐的重要方面。杜诗反映的主要是唐代"安史之乱"时军阀叛乱的事情，而南渡到宋末的诗反映的却是民族矛盾，其爱国主义的内容和鼓舞人心的力量，是更进一步地发展了。钱先生既强调继承，更肯定发展，真正盘活了唐宋诗学。

钱先生还常将宋诗作家作品置于清代诗学的视域之中考量，发掘其流传与接受、影响与意义。如选注北宋王安石五古《杏花》，论其"前期诗元气淋漓，以雄奇胜，后期诗转向意境高远，雅丽精炼"，清末"同光体"诗人对他特别推崇。选注陆游五古《十月十四夜月，终夜如昼》，称陆游"对当代和后世影响都较大。《唐宋诗醇》将之列为唐宋六大家之一，赵翼《瓯北诗话》将之列为自唐至清的十大诗人之一，曾国藩把他的七言律绝选入《十八家诗钞》"。可见，《宋诗三百首》常能从"唐宋"到"宋清"，上下勾连，旁征博引，在宏阔的诗歌艺术之网中，突出作家作品的艺术特色与文学史地位。

三、诗与生活：宋诗特色题材的彰显

基于对生活与创作的体悟，钱仲联先生编选《宋诗三百首》时深入关注到社会生活的诸多方面，特别是展现了宋诗的特色题材。其"题材兼顾到抒情、叙事、写景、咏物、咏古各方面，特别注意到有关国事民生和具有爱国主义精神的作品"，这不仅抓住了宋诗题材特色，而且贯注着特定的人文关怀。

如日常生活类题材。近年来，从日常生活角度观照宋诗乃至古典文学

成为一个重要的研究趋向。而数十年前，钱仲联先生《宋诗三百首》已从选学角度展现了这一特点。如开篇五古首选梅尧臣诗9首，这些诗多从"平淡中见深意"，主要"以日常生活为题材"。又如社会政事类题材。宋诗在社会政事题材上有重要拓展和强化，这正是《宋诗三百首》的着意之处。如曹勋五古《入塞》，通过描写一位被金人掳掠的宋朝女子的经历，揭示"靖康之难"中大量宋人被掠的历史景象。在儒风盛行的宋代，文人强调以"格物致知"的思维方式观照世界，在自然风物题材的描写中往往寄寓着特定的文化情怀。《宋诗三百首》即注重揭示此点。如所选苏轼五古《泛颍》描写"流水有令姿""与我相娱嬉"，把颍水写得神韵生动，也表现了苏轼的喜水之性与哲思睿智。宋代以文立国，创造了典型的士大夫文官文化与影响深远的物质文明、艺术遗产，能够深入反映宋人物质文化与文艺生活的文物器具类题材，成为较具特色的宋诗题材。《宋诗三百首》对此有鲜明呈现。如所选陈师道七古《古墨行》，乃咏墨之作，诗人尝于晁无斁、秦观处见南唐墨工奚庭珪所制珍奇古墨，均为"裕陵（宋神宗）所赐"，诗歌描写古墨之奇，并抒写对"裕陵故物"的怀念，展现出充满文化意蕴与艺术趣味的宋人生活。

总之，艺术性与思想性并重、从"唐宋"到"宋清"的贯通、宋诗特色题材的彰显，构成钱仲联先生《宋诗三百首》的突出特色。作为宋诗的经典选本，其自成体系的作家作品选注、丰富深厚的学理旨趣，值得读者一再品读、领会。

（曾维刚撰稿）

《唐诗学引论》导读

陈伯海著，知识出版社1988年版。

该书提出了"唐诗学"之概念，对唐诗的性质、体式、流派、风格等因素进行了全面深入的研究，体大思精，是唐诗中的"文心雕龙"。全书分正本、清源、别流、辨体、学术史和余论六篇，对唐诗的分期、分派、分体等进行了总体论述，回答了唐诗是什么、唐诗的特殊品格是怎样形成的、唐诗对唐代社会生活起到了哪些作用、唐诗在中国诗歌史中具有怎样的地位等一系列的问题。

"正本篇"讨论唐诗的特质，探索其内在的质的规定性。作者把唐诗看成一个不断运动变化的过程、一个动态平衡的系统，唐诗一方面不断摆脱前代诗风的拘限，另一方面不断生成自身的新的质素。这一章分为四节：唐诗的风骨和兴寄、唐诗的声律和辞章、唐诗的兴象和韵味、唐诗的气象。风骨和兴寄是唐诗内容上的主要特征，是在变革六朝诗风的过程中，逐步显现出来的，"初唐四杰"不满"骨气都尽，刚健不闻"（杨炯《王勃集序》），陈子昂不满"汉魏风骨，晋宋莫传"，提倡"骨气端翔，音情顿挫，光英朗练，有金石声"（《与东方左史虬修竹篇序》），直到盛唐李白的"蓬莱文章建安骨"（《宣州谢朓楼饯别校书叔云》），唐诗的"风骨说"终于蔚为大观，得到广泛的认同。兴寄就是比兴寄托，用比兴的手法寄托唐人的政治怀抱，也是从陈子昂开始，他批评齐梁间诗"采丽竞繁，而兴寄都绝"，到杜甫时，他在《同元使君舂陵行并序》中云："不意复见比兴体制，微婉顿挫之间"，赞扬元结诗歌有兴寄之风。中唐白居易则将"兴寄说"推向高峰，他在《读张籍古乐府》中云，"为诗意如何？六义互铺陈。风雅比兴外，未尝著空文"，提出风雅比兴是诗歌的根本。声律和辞章是唐诗形体上的构成要素，"声律说"来源于沈约的"四声八病"，所谓"一简之内，音韵尽殊；两句之中，轻重悉异"（《宋书·谢灵运传论》），唐诗在此基础上建立起规范化的平仄对偶谱式。辞章则是指唐诗改生活语言为人为语言，着眼于句法组织的灵动变化、开合动荡。唐诗的风骨和兴寄、声律和辞章原先是分别平行发展的，而唐诗的兴象和韵味则将此二者汇合交融，使之成为"声律风骨始备"的整体。兴象指诗歌应有一种言近意远、吞吐不尽的意境，韵味则高举唐诗的高情远韵、韵外之致。以上各要素的总和构成了唐诗的气象，就像严羽在《沧浪诗话》中所说的那样："唐人与本朝人诗，未论工拙，直是气象不同。"

"清源篇"是对唐诗渊源的追溯，分为三节，分别论述唐诗的社会渊源，唐诗的思想渊源，唐诗的文学渊源。唐诗的社会渊源探讨了唐代社会生活对诗歌创作的影响，唐人生活方式多样，一是漫游，二是从政，三是应举，从政是人生的目的，科举是从政的条件，漫游是从政的准备，三者的联结，形成唐人一条完整的生活道路。唐诗的思想渊源主要是儒、释、道三教合一，显示了唐人开放的心态和宽容的作风。唐诗的文学渊源则主要从唐人扬弃和批判六朝文学，接近和靠拢建安、正始文学进行论述。

"别流篇"讨论了唐诗的分期。唐诗传统的分期是初盛中晚四期说，四期说从明代《唐诗品汇》开始形成。但在本书中，作者将唐诗分成三期：前期——从唐初到安史之乱爆发（618—755），是其成长期，主要是言志抒怀；中期——从安史之乱到穆宗长庆年间（755—824），是其转变期，主要是感事写意；后期——从敬宗宝历以下至唐末（825—907），是其衰退期，主要是缘情体物。三期说试图改变四期说将李白和杜甫分列、元和诗坛的归属等矛盾问题，更好地揭示唐诗演进中的内在逻辑性，可谓唐诗分期上的创举，但要获得广泛的认同尚需假以时日。

"辨体篇"论述唐诗的体裁（主要分唐人古风、唐人绝句、唐人律诗），分别论述其各自演进的历程，对古近体诗的消长与异同进行了综合考察。古诗产生于唐以前，有着悠久的历史，但唐人的古体诗又有新变，与前代有所不同；绝句是唐代广为流传的一种诗体，篇幅短小，多用于抒述诗人在瞬刻间的生活感受，但言少意多；律诗是近体诗的基本型式，介于古诗与绝句之间，格律限制极严，作者主要论述了杜甫在律诗艺术方面的创新。

"学术史篇"则对唐诗学的历史进行了概括，分五个阶段：唐五代为酝酿期，主要是选诗、品藻和述事；两宋金元为形成期，大量出版唐诗别集，创作集记事和品评于一身的诗话、辑补、校勘、唐诗笺注等；明代为发展期，出现了一些体系严整的著作，如《唐诗品汇》《诗薮》《唐音统签》等，对唐诗学进行了全面系统的研究；清代及民国初年为总结期，唐诗学在这一时期跻于集大成的境地，出现了宗唐、宗宋、主"性灵"等理论体系；五四以后为创新期，表现在综合研究的加强、横向联系的沟通、理论观念的变革等方面。

"余论"重点论述了唐诗在后世文学发展中的历史作用，对当前时代的现实意义。作者认为，唐诗凝聚着民族审美的经验，昭示着民族心理的气质，展现了民族生活的剪影，是不会像产生它的时代环境那样转瞬消逝的，会由过去通向现在和未来，生生不息。

作者将唐诗学作为一门专门的学问，从学科建设的角度来整理各种资源，构建总体框架，在此基础上，形成了唐诗学书系八种：《唐诗学引论》《唐诗书目总录》《唐诗总集纂要》《唐诗论评类编》《唐诗学文献集粹》《唐诗汇评》《意象艺术与唐诗》《唐诗学史稿》。该项工程于20世纪80年代中期正式启动，绵延达20年之久，方大功告成，主要进行了三方面的工作：一是目录学研究，通过书目文献的广泛调查摸清唐诗学的家底；二是史料学编纂，广泛搜采历代唐诗的各种论评，进行条贯组合；三是理论性总结，对唐诗学科进行全面概括的论述。而本书《唐诗学引论》是其整套书系的理论纲领所在，可见其地位之重要。

该书著者陈伯海，湖南长沙人，1935年生，上海社会科学院文学研究所研究员，上海师范大学兼职教授，主要从事中国古代文学与文论研究。除主编该套唐诗学书系之外，他还著有《中国文学史之宏观》《传统文化与当代意识》《中国文化之路》等，主编《近四百年中国文学思潮史》《中国诗学史》《上海文化通史》等。

（钱锡生撰稿）

《词学通论》导读

吴梅著，徐培均导读，上海古籍出版社2010年版。

吴梅（1884—1939）字瞿安，又字灵䵷，晚号霜厓，江苏长洲（今苏州）人。清末曾两应乡试，均不幸落第。二十二岁时，受黄人（摩西）延聘，任苏州东吴大学堂文学教习。后又先后在苏州存古学堂、南京第四师范、上海民立中学任教。三十四岁以后，复任北京大学、东南大学（后改中央大学）、中山大学、光华大学、金陵大学教授，是近现代海内公认的词曲创作和研究巨擘。夏敬观称："瞿安为曲家泰斗，其词亦不让遗山、牧庵诸公。"（《忍古楼词话》）叶恭绰亦云："瞿庵为曲学专家，海内推挹。词其余事，亦高逸不凡。"（《广箧中词》卷三）著有《顾曲麈谈》《曲学通论》《中国戏曲概论》《元剧研究》《词学通论》，以及《霜厓诗录》《霜厓词录》《霜厓曲录》、传奇《风动山》《血飞花》、杂剧《轩亭秋》《惆怅爨》等，今人辑有《吴梅全集》。吴梅终生执教，民国及当代词曲家与学者如任中敏、卢前、钱南扬、唐圭璋、王季思等多出其门，他在近现代词曲研究史和教育史上具有极高的地位。

《词学通论》原是1922—1927年吴梅在东南大学的课程讲义，当时题作《词学讲义》，1932年商务印书馆初版时改作今名。后多次重印，流传甚广，是现代词学史上有重要影响的词学研究著作。

全书凡九章，第一章绪论，概述词之起源及填词之难；第二、三、四章分论词之平仄四声、用韵及音律；第五章论词之作法；第六、七、八、九章为概论，历论各代词之源流正变与诸大家词之利病得失。初步构建起了包括体制论、创作论、词史论在内的词学研究框架。

词本是配乐演唱的音乐文体，虽然后世词的音谱散佚、唱法失传，但文本的声、韵等依旧是词区别于其他韵文文体的重要因素。吴梅精通声律，擅长擪笛度曲，因此本书有关词之声律的论述，尤为当行本色。如论平仄四声，作者认为"词之为道，本合长短句而成，一切平仄，宜各依本调成式"，四声之中，平声要明辨阴阳，仄声要区别上、去、入。作者还对入声之叶三声做了详细辨析，提出"句中入字叶作三声，实无定法，既可作平，亦可上去，但须辨其阴阳而已""词有必须用入之处，不得易用上去"，皆是基于个人创作实践的心得之言；而《论韵》一章，作者则严分曲韵、词韵之别，强调"曲韵不可用为词韵"，并参酌戈载《词林正韵》、沈谦《词韵略》，详列词韵二十二部，但对入声韵派作三声做了重新订核；对于词的音律，作者主要考察了词的宫调，主张"各宫调各有管色，各宫调各有杀声。何谓管色？即今西乐中 CDEFGAB 七调，所以限定乐器用调之高下也。何为杀声？每牌必隶属一宫或一调，而此宫调之起声与结声，又各有一定，此一定之声，即所谓杀声"，并备列八十四宫调及对应之管色与杀声，使人知某词牌之属何宫调，即可知用何管色，用何起结，简易明了。如此等等，皆体现了吴梅深厚的词曲音律乐理底蕴和丰富的词曲创作实践经验。诚如《词学季刊》第1卷第2期《词籍介绍》栏所云："本书先论平仄四声，次论韵，次论音律，次论作法。于《论音律》章内，又附《八十四宫调正俗名对照表》《管色杀声表》《古今雅俗乐谱字对照表》《中西律音对照表》，最为本书特色。"

第五章《作法》则更多的是对前人和本人创作经验的总结。作者从结构、字义、句法、结字等方面为学词者指示门径，金针度人，较之周济"问涂碧山，历梦窗、稼轩，以还清真之浑化"（《宋四家词选目录序论》）的学词法门，更为具体。如"结构"中谈如何择调，作者指出"凡题意宽大，宜抒写胸襟者，当用长调""若题意纤仄，模山范水者，当用小令或中调"。对每调谋篇之法，作者又认为"短令宜蕴藉含蓄，令人得言外之意，方为合格""长调则布置须周密，有先将题而说过，至下叠方发议论者，……有直赋一物，寄寓感喟者，……又复用意明晰，措辞娴雅者"。这些都较易为学词者所取法。

该书第六章以下，主要梳理唐五代、两宋、金元及明清词的流变，可以看作一部简明的通代词史。在写法上，作者一般先简单勾画一代词学背景及发展脉络，再依次论列代表性词人和词作。往往寥寥数语，就能让人对千年词史的发展轨迹、递嬗规律，以及重要词人的风格个性有一清晰了解。如论北宋词云："大抵开国之初，沿五季之旧，才力所诣，组织较工，晏、欧为一大宗，二主一冯，实资取法，顾未能脱其范围也。……托体之高，柳不如张，盖子野为古今一大转移也。前此为晏、欧，为温、韦，体段虽具，声色未开。后此为苏、辛，为姜、张，发扬蹈厉，壁垒一变，而界乎其间者，独有子野，非如耆卿专工铺叙，以一二语见长也。迨苏轼则得其大，贺铸则取其精，秦观则极其秀，邦彦则集其成，此北宋词之大概也。"又如论明词中衰之"四蔽"、清词中兴之"四时"，皆可谓能"通古今之变，成一家之言"者。他如论列重要词人，更是深微精当，珠玑迭出。如论苏轼、秦观二家之异同云："子瞻胸襟大，故随笔所之，如怒澜飞空，不可狎视。少游格律细，故运思所及，如幽花媚春，自成馨逸。……其用心不逮东坡之忠厚，而寄情之远，措语之工，则各有千古。"评陈维崧词云："情词兼胜，骨韵都高，几合苏、辛、周、姜为一手。"又极度称扬蒋春霖词，称："鹿潭律度之细，既无与伦，文笔之佳，更为出类。而又雍容大雅，无搔头弄姿之态。有清一代，以水云为冠，亦无愧色焉。"这些观点，即便以今天的眼光来看，仍不乏真知灼见。

但是，此书毕竟是现代词学学科初创阶段的产物。一方面，书中的主张受清季词坛宗尚，尤其是朱祖谋等人词学观的影响明显。吴梅早年即常向当时客居吴下的朱祖谋、郑文焯、况周颐等晚清词老请教倚声之业，多受奖掖。在其《遗嘱》中又曾自称："游艺四方，诗得散原老人，词得彊村遗民，曲得粟庐先生。"（卢前《霜厓先生年谱》引）从《词学通论》中，无论是论平仄四声，还是论评温庭筠、周邦彦、吴文英等词人，都可以看出作者词学观的渊源所在。另一方面，在论述框架上，本书前五章论述词的体制特点和作法，尚是传统词话论词模式的余绪，后四章以时间为序，论述词的兴衰和词人词作，则已初具现代文学史研究的基本品格。虽然尚嫌粗略和单薄，某些地方如对明清时期发达的闺秀词的无视，甚至还受到传统词学观的严重局限。但总体上本书与同时代出现的刘毓盘《词史》（1931）、王易《词曲史》（1932）、胡云翼《中国词史略》《中国词史大纲》（1933）等著作一起，体现出在词学研究领域，中国传统学术与现代西方学术开始接轨的时代特色。严迪昌先生曾经这样评价本书："在这部谨严中见通达，精深而去迂阔的通论里，瞿安先生就词的兴起和演化变迁，以至对历代词人艺术风貌的辨认评析、词体的诸种特点及其与乐律声韵的关联、词创作应忌戒之弊病等，无不在继承总结前贤所论的基础上一一辨察取去，自出所见。较之以同时间问世的某些'词史'著述，《词学通论》所体现的真知卓识是显然的，即使历经半个世纪，先生所论依然精彩犹存。"（《吴瞿安先生的词与词学观》）堪为知言。

（薛玉坤撰稿）

《现代汉语语法研究教程》导读

陆俭明著，北京大学出版社 2019 年版。

陆俭明先生是我国著名的语言学家。《现代汉语语法研究教程》（以下简称《教程》）是陆先生整合多年来在北京大学开设的中文系基础课、高年级专业课及硕博士研究生课程的授课内容编写而成，初版于 2003 年 8 月，历经 2004 年、2005 年、2008 年、2019 年多次修订再版，目前最新的是 2019 年 8 月出版的第五版。这五版《教程》，前几次修订主要在文字方面，第四版内容修订较多一些，第五版内容变化更为明显，更集中于汉语本体研究。所以建议同学们阅读第五版，本篇导读也是基于第五版而写。

《教程》自 2003 年出版以来，深受有志于学习研究汉语语法的读者的欢迎与肯定，在国内外影响都非常大。据介绍，该书发行量已超过 16 万册，不仅是国内很多高校相关课程的教材或主要参考书，相关专业研究生招生考试的重要参考书，而且也被俄罗斯、日本、韩国等国家的一些高校列为汉语语法专题课程的教材或主要参考书。

《教程》是一部专题研究教材。在绪论中陆俭明先生谈到语法研究有五个目的［详见《教程》（第五版）22 页］，其中前两个目的分别是描写和解释语法事实与规律，解决"语言是什么"和"为什么"这两个问题，这是基础性的目的任务，后三个目的任务都是建立在前两个目的的基础之上的。因此，第五版《教程》的内容紧密围绕如何描写语法事实和如何解释语法现象这两个基本任务，立足于现代汉语语法本体研究，调整扩充了很多相关内容，删去了前四版中汉语语法应用研究部分的内容。

在阅读《教程》之前，同学们至少应该已经系统地阅读过《现代汉语》和《语言学概论》等教材，这些教材和课程都是侧重于基础知识的讲授，内容一般来说都是学术界普遍认可、争议较少的，不太能反映研究领域较新的发展变化，而且这些教材一般也只是介绍一点很基础的分析方法，欠缺对同学们分析能力方面的训练，远远不能满足语法研究的需要。所以，《教程》希望在此基础上，更新同学们的语法知识，拓宽研究视野，使同学们了解并掌握必要的语法分析方法，加深对汉语语法研究的认识，打好语法研究的能力基础，为今后进行语法研究做好多方面准备。

为了实现这样的目的，帮助同学们了解如何描写和解释现代汉语语法，《教程》绝大多数篇幅都在介绍和阐释各种句法分析方法。《教程》除绪论和结束语外共有十三节，从第二节到第十二节共十一节，介绍和讨论了二十多种句法分析方法，用各种例子说明如何描写一个语言事实，解释一个语言现象。其中，第二到第六节和第八节部分内容讨论的是相对传统但在描写语法事实时常用的层次、变换、配价、语义特征和指向等分析方法，第七、八（部分）、九、十、十一节则介绍了当代语法研究前沿的形式语言学、功能语言学和认知语言学主要的理论方法，这些理论更偏向于对语法现象的解释。当然，语法的描写和解释是交织在一起的，不能完全分开。

另外,《教程》第一节讨论了汉语词类研究,第十三节讨论了虚词研究。吕叔湘先生(1979)说过,给词分类"是为了讲语句结构",要讲句法首先得讲词类,但由于汉语是非形态语言,词类问题一直有很多争论。再说虚词,汉语语法中虚词的重要作用无需多说,但其复杂程度也决定了在基础课程中一般都无法展开,所以《教程》编写了这两节,可以看作现代汉语课程相关内容的延伸和拓展,是对现代汉语语法特点的深入阐释。

同学们在阅读《教程》(第五版)时,应注意以下几点:

1. 通读与精读相结合。《教程》内容涉及面广,各部分难度也不一样,同学们不用强求全部理解掌握,可以在通读全书的基础上,选择当前学习阶段更重要的、自己更感兴趣的内容加以精读。对于本科同学来说,我们建议细读第一到第六节、第八节(美国结构主义语言学派部分)和第十三节。这是因为这些部分主要讨论了汉语语法的特点,以及描写汉语语言事实时应该掌握的方法。陆俭明先生(2011)曾经说过:"对语言事实的描写是我们语言研究的永恒的课题,而且永远是第一位的。"解释必须在描写清楚语言事实的基础上才能进行。至于书中其余章节比较前沿的理论和方法,同学们可以通读一遍,大概了解,然后根据自己的兴趣重点选读一二。

2. 以问题为导向深入阅读。《教程》的一个重要编写目的是培养语法研究能力,因此,《教程》中常用一个个具体的例子带出分析方法,有的时候还会用问题把前后几种分析方法串联起来,先用一种分析方法部分解释该语言现象,但随即提出新的问题给读者以思考,留到后面的分析方法介绍中再加以点拨说明,这样步步推进,逐层深入,其实就是在指导同学们如何寻找语法分析的角度、思路和方法。同学们在阅读时不能仅停留于表面,一定要勤于思考。《教程》每一节后面的注释提到的著作、研究结论或分歧等都可以帮助我们补充相关知识,拓宽研究视野,同学们应好好参考。另外,同学们也可以超出书本寻找身边相似的例子,尝试用各种分析方法去描写和解释,逐步提升语法研究能力。

阅读《教程》,不仅要学习语法研究的理论方法,更要培养自己的语法研究素养。比如,我们要不断地学习新的理论方法,更新自己的知识结构;要做一个有心人,时时留心身边的语言现象;语法研究时要重语言事实,要有理论方法是为描写解释语言现象服务的意识;等等。

《现代汉语语法研究教程》（第五版）是一部适合反复阅读的理想的研究性教材，相信对汉语语法研究感兴趣的同学每一次翻开都会有新的发现、新的想法、新的感悟。

（何薇撰稿）

《国史大纲》导读

钱穆著，商务印书馆2010年版。

《国史大纲》为钱穆先生在北大讲授"中国通史"的讲稿，其书撰成于抗日战争时期，是钱穆先生一生的力作，也是一部抗日救亡、宣传爱国的国史教科书。全书共8编46章，50余万言。该书起于上古，迄于民国以后，以提纲挈领的方式介绍了中国五千年来政治、社会、学术的演进状况。

钱穆（1895—1990），原名恩鑅，字宾四，晚号素书老人、七房桥人，斋号素书堂、素书楼。江苏无锡人。中国现代历史学家、思想家、教育家、国学大师。七岁入私塾，十一岁入常州府中学堂，后因家贫辍学，于是自学。1911—1919年任小学教员。1922年后，曾在厦门、无锡、苏州等地任中学教员。20世纪30年代，钱穆以《先秦诸子系年》《刘向歆父子年谱》等著作在学界引起轰动，受到蒙文通、胡适等人的赞誉，后经顾颉刚推荐到燕京大学任教，此后历任燕京、北京、清华、北平师范、西南联大、武汉、华西、江南等大学教授。1949年迁居香港地区，后创办新亚书院，任院长。1967年移居台湾地区，任"中央研究院"院士。1990年8月在台北逝世。

钱穆博通经史，擅长考据，在先秦学术史、秦汉史、两汉经学、宋明理学、近世思想史等领域造诣极深，且一生勤于著述，毕生所著达80种以上，约1700万字。其代表作有《先秦诸子系年》《中国近三百年学术史》《国史大纲》《中国文化史导论》《文化学大义》《中国历代政治得失》《中国历史精神》《中国思想史》《宋明理学概述》《中国学术通义》等。此外尚有结集出版论文集多种，如《中国学术思想史论丛》《中国文化丛谈》等。

《国史大纲》一书撰于抗日战争最艰难的1938年至1939年间。此时的中国，国土大半沦陷，国都迁往重庆，武汉危在旦夕，中华民族到了最危急的关头。钱穆由北京南下，辗转香港、广州、长沙，又经广西、越南，到达昆明。1938年4月，钱穆才抵西南联大文学院所在地蒙自。其间南北东西，辗转万里，钱穆目睹了战乱中满目疮痍的中华民族。而钱穆走上历史研究道路就是受梁启超"中国不亡论"的影响，当此之际，民族存亡危机与个人学术信仰在此交织，加上同事陈梦家"为全国大学青年计""为时代迫切需要计"写一部"教科书"的劝说，钱穆便着手撰写这部"为故国招魂"的《国史大纲》。1939年6月，《国史大纲》书稿基本完成。1940年6月，《国史大纲》由商务印书馆出版。1974年，台湾商务印书馆出版修订本，到1992年已印行18版。1994年，北京商务印书馆出版第二次修订本。1996年6月商务印书馆印制了第三次修订本，其后又多次重印。此书同时被收入台北联经出版事业公司出版的《钱宾四先生全集》及大陆的九州出版社出版的《钱穆先生全集》中。

钱穆在《国史大纲》开卷伊始，即正告读者应先具下列诸观念：（1）当信任何一国之国民，尤其是自称知识在水平线以上之国民，对其本国已往历史，应该略有所知；（2）所谓对其本国已往历史略有所知者，尤必附随一种对其本国已往历史之温情与敬意；（3）所谓对其本国已往历史有一种温情与敬意，至少不会对其本国已往历史抱一种偏激的虚无主义，亦至少不会感到现在我们是站在已往历史最高之顶点，而将我们自身种种罪恶与弱点，一切诿卸于古人；（4）当信每一国家必待其国民备具上列诸条件者比数渐多，其国家乃再有向前发展之希望。这四条内容，是针对五四运动以来对中国传统文化和思想严厉批评，甚至全盘否定的潮流所发。钱穆认为：如果一国的国民对本国的历史失却了温情与敬意，国家即使有所改进，那也只是相当于一个被征服国或次殖民地的改进，其自身的文化并没有转变与发皇，而是萎缩与消灭了。而要建立历史智识，必须鉴古知今，必须认识自己的国家和民族的历史，这样才能产生情感，才能使其国民对国家有真实的改进。因此，研究中国历史的第一个任务，在于能在国家自身内部求得其精神之所在。这是本书的主旨所在。

《国史大纲》在正文之前，还有《引论》和《书成自记》。《引论》长达64页，完整地阐述了钱穆先生撰写《国史大纲》一书背后的想法。他首先强调了"中国为世界上历史最完备之国家"，而"中国近百年来，可谓走上前古未有最富动荡变进性的阶段，但不幸在此期间，国人对以往历史之认识，特别贫乏，特别模糊"。而且自清末以来，整个思想界弥漫着轻视中国传统文化的氛围，在此环境下撰写新的通史必须满足两个条件："一者必能将我国家民族已往文化演进之真相，明白示人，为一般有志认识中国已往政治、社会、文化、思想种种演变者所必要之智识；二者应能于旧史统贯中映照出现中国种种复杂难解之问题，为一般有志革新现实者所必备之参考。"这篇《引论》由浅入深、由点到面、一气呵成、雄辩有力，在报纸上刊出后被学界广泛赞扬，更被陈寅恪称为"近世一篇大文章"。

正文部分则分8编46章，依上古三代、春秋战国、秦汉、魏晋南北朝、隋唐五代、两宋、元明、清代先后编次，而以各时代的社会形态、政权更迭、学术宗教文化的变迁等分列章节区分。正文采取传统的纲目体行文，每节立一标题，都先为提纲，再列材料说明。纲为论断，提示大要；目为材料，提供证据，章节分明，纲举目张。此书在章节标题设置上也颇为用心，严耕望曾指出："只观其章节标题，点出每个时代之动态及其特征，已见才思横溢，迥非一般刻板僵化死气沉沉者可比。尤极难能可贵者，往往能以数语，笼括一代大局。如论春秋战国大势云：'文化先进诸国逐次结合，而为文化后进诸国逐次征服；同时文化后进诸国，虽逐次征服先进诸国，而亦逐次为先进诸国所同化。'此数语切中事机，精悍绝伦。吾人可伸而论之，前世如商之灭夏，周之灭商；后世如北魏南牧，辽金侵宋，清之灭明，其结果影响皆可作如此观。在此进展中，华夏文化疆域逐次扩大，终形成疆土一统、文化一统之广土众民大国局面。其他胜义纷陈，不能尽列。"再如第六章《民间自由学术之兴起（先秦诸子）》、第八章《统一政府文治之演进（由汉武帝到王莽）》、第九章《士族之新地位（东汉门第之兴起）》、第十八章《变相的封建势力（魏晋南北朝之门第）》、第二十三章《新的统一盛运下之政治机构（盛唐之政府组织）》、第三十二章《士大夫之自觉与变法运动（庆历熙宁之变法）》等，皆能以寥寥数语概括不同时代最突出的特点。在不同的时代，其关注的重点也不同，他自己曾说，"通览全史而觅取其动态"，"若某一时代之变动在'学术思想'（例如战国先秦），我即着眼于当时之学术思想而看其如何为变。若某一时代之变动在'政治制度'（例如秦汉），我即着眼于当时之政治制度而看其如何为变。若某一时代之变动在'社会经济'（例如三国魏晋），我即着眼于当时之社会经济而看其如何为变"。

钱穆擅长以通贯的历史眼光把握各时代的政治、经济、社会、学术脉络，因此各章也是详略有节，各有重点。具体而言：详述汉、唐时期而略写辽、金、元、清，详写中原地区而略写周边少数民族，详于阐述经济、政治、文化、制度而略于具体的人与事。钱穆又善于将一个问题进行跨时代的系统梳理，由点及面，提纲挈领，提出许多有启发性的论断。如第三十八章至第四十章就连续论述了《南北经济文化之转移（自唐至明之社会）》这样一个大题目，而且提出了十分精辟的见解。

在《国史大纲》中，钱穆时时表现出对中国历史、对传统文化的脉脉深情与深深敬意。钱穆做历史研究，进行考证就是为了从历史上去寻找中国文化的精神。他认为中国传统的文化、政治、社会、学术思想自有其独立发展之系统，且中国文化是融合合一的文化，其文化精神一直未曾中断过。中西社会历史演化路径和民族文化精神都存在巨大的差异，因此中国不能简单地照搬西方的制度和文化，也不能强用来自西方社会历史的概念硬套中国的社会历史。在书中，钱穆也征引了王国维、刘师培、顾颉刚等时贤的灼见，表现了不因循守旧、不囿于门户之见的学术品格；又能不拘泥于成说成见，于不疑处有疑，体现出独到的历史眼光和卓越的史识。

因此，《国史大纲》出版后即被当时的国民政府教育部指定为"部定大学用书"，风行全国，极大鼓舞了广大知识青年抗日救亡的热情，对增强民族凝聚力起到了积极推动作用。钱穆认为治史者在态度上须"附随一种对其本国已往历史之温情与敬意"，哲学家贺麟先生说汤用彤写《汉魏两晋南北朝佛教史》亦探取了钱先生写史的态度。牟润孙评价道："全书自尧舜以迄民国，为完整之中国通史。识见、议论、编排、文章，均超越前人之作。享誉史学界，诚非幸致。钱氏怀爱国之热忱，于我国文化之构成发扬递嬗诸端，阐述最为详明。举凡历史上重大事件如统一、分裂、强盛、衰亡等，钱氏悉能掌握其原因、结果、发展线索，予以清楚叙述。盖其所重者在政治、经济、制度、学术、文化、社会、民族各方面，而非徒如前人之拘牵于朝代帝室之兴衰。钱氏此书中爱国家、爱民族思想洋溢满纸，于世之持自卑自贱之论者，痛加针砭，立论极足使人感动。……读钱氏之书，当使懦夫有立志，病夫有生气，热血沸腾，奋然而思有所以自存矣。此为读史之大用，亦即史学家所贡献于世者也。"

《国史大纲》内容既见识力,亦具深度,而且倾注了钱穆炽烈的爱国情怀和强烈的民族意识,用词遣句感染力极强,让人读后感到"我民族国家文化潜力之悠久渊深,则远在四五千年以上。生机之轧塞郁勃,终必有其发皇畅遂之一日",这正符合我们大学生修习"中国通史"的目的。

当然,我们也须注意,《国史大纲》毕竟只是钱穆的一家之言,在阅读《国史大纲》时,我们也要参看其他著作。严耕望就建议我们读通史类著作时,可以钱书为主,以吕思勉的几部断代史为辅。因为钱书才气磅礴,笔力劲悍,有其一贯体系、一贯精神,可谓是一部近乎"圆而神"之作,所以讲者可以拿它作为一条贯串的线索,也要诸生仔细地阅读。吕书周赡绵密,可谓是一部近乎"方以智"之作,所以讲者可以拿它作为钱书之辅,以济钱书之疏阔。而且吕书征引原料甚详备,最便讲授者参考之用。另外,我们在阅读时也可参看钱穆的《中国历代政治得失》《中国思想通俗讲话》等由演讲稿改编而成的浅显易懂的著作来帮助理解。

(黄岭、周生杰撰稿)

《美学》导读

〔德〕黑格尔著,朱光潜译,商务印书馆1979年版。

西方美学史如同波涛汹涌的海浪,起伏动荡,又绵延不绝。黑格尔的《美学》不仅呈现出他个人的美学思想,更重要的是,它还代表着西方人文主义美学臻于极致的典范和巅峰——它之于此前的西方美学史有着宏观的概括与总结,可谓集大成者;与此同时,对后世的西方美学史亦产生了极为深远的影响。

西方美学史肇始于古希伯来与古希腊——东西方两种力量矛盾纠缠又相互糅合的文化语义场,这两者皆可视为古埃及文明源远流长的历史发展的产物。以古希腊文明为导向的西方文明,其基底为空间哲学,源自古埃及的几何学;以古希伯来文明为原则的东方文明,其根实为时间哲学,源自古埃及的宗教、政治哲学。东西方文明的对话、交流、凝聚,早在神圣罗马帝国的"铁蹄"企图踏平中东的戈壁沙漠和交通要冲之前就已然有所酝酿和发生了,其结果,正是中世纪神学的调和形态——人与神在一种逻各斯中心主义的思维框架内所建构的"三位一体"启示哲学。文艺复兴以来，在新教的召唤和资本主义人性自觉的推动力下，西方人文主义逐步得以催发和成熟，直至狂飙突进运动达到了不可企及的高度。康德、黑格尔的出现，恰恰是一种历史"进化"的印证与说明。

黑格尔生于1770年，卒于1831年，享年61岁。在他弘阔的哲学体系里，既可以看到孟德斯鸠、霍布斯、休谟、莱布尼茨的影子，也可以看出卢梭、斯宾诺莎、伏尔泰的影响。事实上，他建构了一整套庞大的政治、经济、哲学、社会科学体系，而贯穿其中的中心线索，恰恰是用辩证法来演绎的历史哲学——逻辑与历史的统一，在他的身上，得到了充分体现。1829年，黑格尔升任柏林大学校长，两年后，死于霍乱，他死在了他的任期内，当时声望正隆，他的《哲学史讲演录》《美学讲演录》《宗教哲学讲演录》都是在他去世之后被整理出来的，这些著作比青年黑格尔的著作产生了更为重要、深刻的哲学影响——而非社会影响。黑格尔留给历史以丰厚的思想财富，在他所有的"信徒"中，马克思可胜任"群主"；更进一步而言，黑格尔之于中国当代思想史、美学史的重大意义，也远远超过了康德、尼采，甚至海德格尔。

然而我们同时也应看到，黑格尔的历史哲学，尤其是以一般辩证法来完成历史与逻辑合一的策略，并未得到后世的普遍认可。且不论波普尔、马尔库塞、叔本华，单就法兰克福学派，如阿多诺即对黑格尔的历史"中介"说提出了直接而强烈的批判。阿多诺认为，黑格尔所奉行的是"肯定辩证法"，而他的著作，即名为《否定辩证法》——拆解了否定之否定的肯定性的"扬弃"道路，否定黑格尔为现实寻找合于理性之基础的做法。

那么，黑格尔的《美学》、他的美学思想究竟有哪些值得我们反省的"线索"？

一方面，黑格尔的《美学》是西方人文主义美学特有的产物。关于"美是理念的感性显现"：第一，黑格尔依旧是在回答柏拉图的千年之问——"美是什么"，即便柏拉图的"理念"与黑格尔的"理念"差异悬殊，但二者的基本逻辑是有因承关系的；第二，黑格尔沿用了鲍姆加登的"感性"一词，黑格尔不仅接受了18世纪德国古典哲学既有的"美学"观念，而且，还使用了"感性"一词，虽然他自觉与鲍姆加登划清了界限，认为其"感性"概念过于宽泛；第三，黑格尔之于这一美学本体论命题的真正意义在于把美、理念、感性统合于其"显现"的特有的过程哲学——辩证史学中,而黑格尔之辩证史学最显著的特征即不脱离于现实。

另一方面,黑格尔的《美学》是一种抽象的美学,亦可谓之浓缩的、提升的、超越的、脱离的、窄化了的、纯粹化了的美学,其实质是一种理性的逻各斯中心主义之美学的现实形态。黑格尔的"美学",是一种典型的本体论上的艺术哲学。这种艺术哲学存在的基础是凌驾于自然之上的架构,而艺术凌驾于自然之上这一架构本身,是黑格尔及其同时代之人文主义哲学家、思想家设定的应然的话语系统。换句话说,黑格尔的"艺术哲学"带有强烈的时代印迹,不可能不被后世的后现代哲学,如生态哲学所批判、质疑、否定。另外,黑格尔之艺术哲学史的运行轨迹,其所谓象征、古典、浪漫,亦仅仅符合西方艺术史的艺术门类发展历程,而并非普世的所有艺术的艺术哲学史。

这意味着,我们理应把黑格尔的《美学》作为一个历史文本来看待——它虽然不是解决所有美学问题的"金钥匙""圣经",却是一个典型的人文范本。如同亚里士多德、阿奎那一样,黑格尔的完整性必然会给读者留下深刻印象。

当然,在阅读黑格尔之《美学》前,读者最好能够已然通读康德之"三大批判",尤其是《判断力批判》。这是因为,康德所谓的判断力批判更像是一种精致的"时间切片"的逻辑分析,准确、详尽、完善,黑格尔实则是在此基础上对康德的"超越",他将康德的"时间切片"历史化了,即在一种时间的流变中,确切地说,在一种逻辑的流变中完成了对审美世界的"描摹"。当然,在阅读完黑格尔之《美学》后,读者也理应继续阅读马克思之《巴黎手稿》、阿多诺之《否定辩证法》,以便形成对黑格尔美学如何被继承和发展,乃至如何被否定和批判的历史经验。唯其如此,西方美学史在我们的心中,才是完整的。

(王耘撰稿)

《中国哲学史》导读

冯友兰著，中华书局2014年版。

冯友兰的《中国哲学史》是20世纪中国学术史名著。"三史释今古，六书纪贞元"，是冯友兰先生对自己一生学术成就的概括。"三史"，指《中国哲学史》《中国哲学简史》《中国哲学史新编》；"六书"，即"贞元六书"。三种哲学史均在学界产生广泛影响，其中，首先成书的两卷本《中国哲学史》奠定了冯友兰先生的学术地位，在三种哲学史中尤为重要。其上卷面世于1931年，下卷面世于1934年，影响力经久不衰。

晚清至民国前中期，作为学科的"中国哲学"方兴未艾。彼时，在中国哲学史相关著作中，胡适的《中国哲学史大纲》与冯友兰的《中国哲学史》别具开创意义。一般认为，胡适的《中国哲学史大纲》是用现代学术方法系统研究中国古代哲学史的第一部著作，冯友兰的《中国哲学史》是第一部完整的中国哲学史著作。所谓"开创性"，表现在两部著作均尝试采用西方哲学的范式来建构中国哲学，而后出的冯著又在完整度上明显胜出。因为胡著只写了上卷，冯著的时间线则纵贯中国古代史。冯著甫问世，民国学界便将冯著拿来比较胡著，亦多认为冯著优于胡著。那么胡适如何评价冯友兰的《中国哲学史》？该问题颇为复杂，既包括具体的学术观点探讨，如关于"孔老先后"的争论，更直接涉及两人的交游与关系，也就不单纯停留在学术层面了。而从冯友兰的角度来说，在《三松堂自序》中，他强调两部著作的不同，基本点在于"汉学"与"宋学"的差异，即《中国哲学史大纲》重考证，而《中国哲学史》重义理，在哲学思想方面着墨较多。

围绕"中国哲学史"写作，金岳霖在冯著之《审查报告》中提出一个根本问题："所谓中国哲学史是中国哲学的史呢，还是在中国的哲学史呢？"他认为其中包含两种态度，前一种态度是"把中国哲学当作中国国学中之一种特别学问，与普遍哲学不必发生异同的程度问题"，后一种态度是"把中国哲学当作发现于中国的哲学"，而冯著表现为后一种态度。至于前一种态度，金岳霖强调"不易办到"，"即令古人的思想可以完全述而不作的述出来，所写出来的书不见得就可以称为哲学史"。我想，用今天的话来翻译,就是说冯著是一部"中国哲学史",而不是一部"中国思想史";它侧重于哲学层面(宇宙论、人生论、知识论)的萃取,而不是思想全貌的复述。金岳霖又认为,冯著不是以一种"哲学的成见"来写中国哲学史。虽说冯友兰在哲学思想上倾向于"新实在论",但他在《中国哲学史》写作上较为克制,并没有用"新实在论"直接批评中国固有的哲学,不是对古人学说单纯的赞成和反对。该处,用陈寅恪的话说,叫作"了解之同情"(见陈寅恪《审查报告一》);用冯友兰自己的话说,他的哲学史写作,着力于"释古"(见《三松堂自序》)。"释古",区别于传统与反传统的"信古"与"疑古",更强调文献内容的价值,而非文献考据的真伪。

其实,前述关于"中国哲学史"的写作思路问题,冯友兰在《中国哲学史》的"绪论"部分已有预设和回应。基本论题,如哲学与哲学史、历史与哲学史、哲学与中国哲学、中国哲学史写作的取材与方法等,在第一编第一章的"绪论"中均有解答。"绪论"值得仔细研读,它反映了冯友兰作为一名哲学家,在建构学术体系时所展现出来的逻辑思辨的严密性。陈寅恪、金岳霖为冯著所撰写的三篇《审查报告》历来备受推崇,从根本上来说,也还是与冯著之"绪论"进行的"隔空对话"。

冯著全新与大胆的尝试,是将中国哲学史划分为"子学时代"与"经学时代"两大部分。"子学时代"始于孔子,终于《淮南子》;"经学时代"始于董仲舒,终于康有为、谭嗣同、廖平。冯友兰认为,中国历史有两个社会大转变时代,一个是春秋战国时代,一个是清朝末年中外交通的时代。因之,中国通史分为三个阶段,第一次大转变时期为第一阶段,两次大转变的中间时期为第二阶段,第二次大转变时期及其后为第三阶段。由于第三阶段还没有大的哲学体系出来,因而冯著只打算涉及前两个阶段,即冯氏命名的"子学时代"和"经学时代"。(见《三松堂自序》)在他看来,"子学时代"在中国历史上是思想自由、言论自由、学术热情最高涨的时代,而"经学时代"的特点却是思想僵化、停滞。

全书两编各有十六章,涉及先秦诸子学、两汉经学、魏晋玄学、隋唐佛学、宋明理学、清代朴学等历代学术的标志性内容,当然也不止于此。冯友兰认为本书有两点可以"引以自豪","发前人之所未发":第一,在先秦名学的"坚白同异之辩"中,他把辩者分为两派,一派以惠施为首领,主张"合同异",一派以公孙龙为首领,主张"离坚白";第二,对于宋代理学史上程颢、程颐两兄弟，他认为二程的哲学思想是不同的，程颢的哲学思想为陆王心学之先驱，程颐的哲学思想为程朱理学之先驱。同时，冯友兰认为本书也有两个弱点：第一，讲佛学，失于肤浅；第二，讲明清时代，失于简略。（见《三松堂自序》）陈来认为冯先生的说法太过谦虚，他说："不但《中国哲学史》的基本结构、人物、条理为此后写中国哲学史的学者所继承，书中的诸多观点和提法，如孔子的正名主义、墨子的功利主义、孟子的理想主义、老庄的楚人精神、法家的三种派别、王充的自然主义、《列子》的唯物主义，以及程朱异同、朱陆异同、朱王异同、佛教的主观唯心论与客观唯心论等，也都是'发先人之所未发，后来也不能改变的'，至今仍为学术界沿袭或吸取。其中大部分的分析和定位已成了本学科的'典范'。"（陈来《默然而观冯友兰》）总之，阅读《中国哲学史》，先秦诸子部分和宋明理学部分应当是重点关注的内容。并且，可以引入不同的思考角度，如研读《中国哲学史》的先秦诸子部分，不妨将其置于民国诸子学研究繁荣的学术背景下分析，看冯氏的观点在当时有哪些继承、哪些创见；研读《中国哲学史》的宋明理学部分，不妨结合冯氏自身哲学思想的演进，看其"新理学"对宋明理学的继承和发展。

至于如何细读《中国哲学史》，张岱年撰有《冯著〈中国哲学史〉的内容和读法》一文，给出了具体指导。转引如下，以供参考：

> 至于此书的读法，可分二点来说。第一，读此书，对于引文与本文，须并加注意，引文有难解处，须翻检各该原书，读其注释。此书是兼取叙述式与选录式两种体裁的，所以引原文的地方不止是引证而已，实更是选录；所以实应细读，不可轻易放过，如轻易放过，则读此书后不会得到深切的大益。周秦诸子书差不多都已有好的注释，可以翻阅；秦汉以后书则比较容易懂，只要细心体会即可。读古人语，不虚心体玩是不成的，古语多简，每须再三推想，方能领悟其中之义，此点须注意。
>
> 第二，读此书须观察每章之条理系统，更须观各章之脉络贯通处，以求对中国哲学之发展源流，得到一种整个的了解。各家各有其系统，各有其中心观念，各有其特殊精神，此书都表述得很清楚，读一章后，须回溯一遍，观其大略，注意其条理伦序，作一整个的观察。又各家

有异有同,一派学说有源有流,各派更有交光互影之处。历史是一发展之流,前后脉络相关,须能有一整个的观察,方能有深切的了解。这也是读此书应注意的。

此书是不易读的,因此书质重而量巨,范围甚广,又极充实,更每有言简意深之处,不虚心领会是不能了解的,所以读此书切不可求速,求速必不能了解其中好处。

(李晨撰稿)

《镜与灯:浪漫主义文论及批评传统》导读

〔美〕M.H. 艾布拉姆斯(Abrams, M.H.)著,郦雅牛等译,北京大学出版社1989年版。

《镜与灯:浪漫主义文论及批评传统》,如标题所示,是美国学者M.H. 艾布拉姆斯关于浪漫主义文学理论的经典著作——更具体地说,是针对19世纪初期英国浪漫主义的诗歌理论。镜与灯,恰是发挥了诗歌常见的比喻手法,以两个意象凸显出模仿论和表现论两大理论流派的特征和分野。然而作者分配给两部分的笔墨并不均衡:全书的核心论题集中在"灯",即表现论阵营及其中更加明确的英国浪漫主义诗歌传统,辅之以德国浪漫主义哲学美学的参照;相比之下,反映某种现实或理念世界的"镜"则只是在开头作为对立面,又或是嵌于浪漫主义理论内部的某些富于弹性的说法,并非本书重点。

这部著作给我们的第一个启示,就是作者为古往今来文学理论的"总体"所搭建的分类架构。艾布拉姆斯将文学作品分别连接到作家、读者和世界,形成一个三角结构。由古希腊奠基、经中世纪经院哲学改写、又被古典主义承续的"模仿说"(无论模仿对象是柏拉图式的超验主义理念王国,还是亚里士多德式的经验主义应然世界),就集中于论述"作品—世界"的关系;但这类理论同时也强调作品要引发读者某种心理反应,达到特定的目的(如愉悦、道德教化),即"实用说",属于"作品—读者"关系;对于超验世界的"反映",以及读者、作者共有的心理和情感状态,这两者又逐渐发展为一种关注"作品—作者"的理论,即"表现说",以浪漫主义为代表;至于作者写作本书时,美国学院中流行的教学和研究方式——新批评则属于仅关注文学文本自身的理论,作者称之为"客观说"。这个三角结构不仅清晰地勾勒出20世纪前的文论史,也有与时俱进的包容性:譬如阐释学和接受美学正适合放在"作品—读者"的坐标中,相比古典理论只是附带地谈及读者反应,这一范式转向显然更有彻底性。此外,由于文学理论不具备哲学美学史那种逻辑与历史相一致的特点,它的编纂和教学就必然面临共时性和繁杂琐碎的挑战,现如今大多数文学理论教材基本都按照文本论、创作论、接受论、价值论的分类安排,从中也不难看到《镜与灯:浪漫主义文论及批评传统》的影响。

更重要的,也是全书的主体部分,就是作者对于英国浪漫主义诗论的分析,同时与德国浪漫主义形成对照。浪漫、浪漫派、浪漫主义都是文学艺术重要的概念,它既有针对特定时代地域的理论主张的狭义用法,也有引申和扩大化的广义用法,还是日常语言中广泛使用的形容词,因此我们更有必要厘清浪漫主义的内涵和脉络。欧洲浪漫主义应当以英、德两条路径区别看待,虽然他们所处的时代、在文艺领域形成的风格、对主体性和精神性的弘扬都有颇多相似之处,但两者源自的哲学基础和理论建构是相当不同的。

以赛亚·伯林在其名著《浪漫主义的根源》中,将德国浪漫主义阐释为对法国理性主义启蒙运动的反拨:康德对于"知识何以可能"的认识论研究最终落脚于人的理性建构能力,特别是区别于纯粹理性的、作为物自体的自由意志与合目的性;后者又被赫尔德发展为有机植物似的民族文化、意志与精神;从主观唯心主义到绝对唯心主义,谢林和费希特又将个人的认知能力和自由意志(作为有限的、较低的阶段)上升为主客观合一的、本体论地位的心灵或精神。

英国浪漫主义则甚少与德国哲学相关(除了柯尔律治似是而非的借鉴),而是在前古典主义思想中寻找资源,以及挪用古典主义思想与之抗衡。譬如朗吉弩斯《论崇高》提到作品风格与作者的情感和心灵有关,譬如修辞学也关注作品如何引发读者的心理反应,浪漫主义诗人发挥这些论点,压倒古典主义原本强调的对于应然世界和理性秩序的模仿。在模仿理想(Ideal)或本质(Nature)的问题上,浪漫主义者抛弃了亚里士多德的经验主义理念论,转而复活了普罗提诺的新柏拉图主义,即认为真正的理想超越有形有限的现实世界,存在于人类心灵中,可以通过内省和回忆的方式把握到,理念的"流溢"形成了外部世界及艺术作品。英国经验主义从哲学认识论迁移到审美领域,认为人对外部世界的感知和描述无不浸润着人类主观感性的色彩。在人类学语言学的领域,语言被认为源自情感而非理性契约,文艺中的原始主义倾向或是选择山水田园题材,更能接近人类的某种自然感性状态。

洞悉这方方面面的理论支撑,我们才能对英国浪漫主义诗论的口号有更深的理解——华兹华斯在1800年《抒情歌谣集》序言中喊出"诗是强烈情感的自然流溢"。全书以华兹华斯和柯尔律治的诗歌理论为主,兼有雪莱、济慈、塞缪尔·约翰逊、威·哈兹特里等人的思想,对浪漫主义诗论进行了全面的考察:抒情诗取代叙事诗登上了诗歌的王座;文学越来越多地与音乐类比,而不再被认为与绘画相似;诗歌不再与散文和历史对立,而是与哲学和科学对立;对主体心灵的关注促发了传记批评和研究,甚至不期然地预示了弗洛伊德的无意识理论。最后,虽与德国唯心主义认识论本体论路径不同,英、德两国的浪漫主义却也堪称殊途同归,都大量诉诸"有机论"和"植物喻",归根结底诉诸一个"有生命的世界"(Anima Mundi)。

浪漫主义是建基于人本主义和主体性哲学之上的宫殿,是现代性的产物,因此也包含着现代性的悖论。同一个被歌颂的人类主体,在认识和实践,在科学、政治、经济、文化等领域的不同表现,造成了彼此的冲突和自反。一方面,这些内容都属于一整个的现代性进程;另一方面,哲学反思和审美创造又往往自觉不自觉地走在前面,对所谓"一般现代性"或"总体现代性"进行批判:正如德国用民族精神反对法国的理性主义,英国用湖畔田园及富有宗教象征色彩的诗歌批判资本主义工业化。浪漫主义的"有生命的世界",总是在以人类精神性和反思的能力——现代性的应有之义——去抵抗现代性的工具理性和异化的代价。

(张春晓撰稿)

《摹仿论：西方文学中现实的再现》导读

〔德〕埃里希·奥尔巴赫著，吴麟绶、周新建、高艳婷译，商务印书馆 2014 年版。

奥尔巴赫，1892 年出生于柏林，1921 年获格赖夫斯瓦尔德大学博士，曾在普鲁士国家图书馆任职 6 年，1929 年出任德国马格德堡大学教授。20 世纪 30 年代，种族狂热在纳粹统治下的德国如病毒一样急剧扩散，犹太裔学者奥尔巴赫此时愈发感到自己在国内的处境岌岌可危，于是他忍痛放弃了在马格德堡大学的教职，逃离德国到伊斯坦布尔避难。1935 年至 1946 年间，奥尔巴赫在土耳其伊斯坦布尔任教，1947 年赴美，先后在宾夕法尼亚州立大学、普林斯顿高等研究院和耶鲁大学执鞭，直至 1957 年逝世。在异国他乡，奥尔巴赫笔耕不辍，前后共用三年时间完成了《摹仿论：西方文学中现实的再现》（简称《摹仿论》）一书。该书在西方学界影响广泛，多年以来一直是比较文学专业的学生必读的经典著作之一。

奥尔巴赫在流亡中写就的《摹仿论》是一本"不平则鸣"的著作，纳粹试图抹去的犹太传统在该书中扮演了不可或缺的角色。在奥尔巴赫看来，犹太《旧约》与古希腊《荷马史诗》同为欧洲文学传统之滥觞，二者缺一不可。此外，在探讨"西方文学中现实的再现"这一贯穿全书始终的主题时，奥尔巴赫关注的是文学中自然流露的生存感受和"生活经历"（Erlebnis）（注：德文中的 Erlebnis 一词相当于英文中的 lived experience，其词根 Leben 在德语中意为生命或是生活）。他试图呈现给读者的是一个多元化、兼容并包的欧洲。此欧洲明显有别于纳粹宣传机器鼓吹的那个强调种族和血统纯粹性的雅利安人的欧洲。

虽然《摹仿论》一书对比较文学研究影响深远，但从学术谱系上看，奥尔巴赫的大作其实是另一门学科树上结出的硕果。正如作者自己总结的那样，《摹仿论》源自"德国思想史和语文学的主题和研究方法，很难想象，这本书能脱离德国浪漫主义和黑格尔而在另一种传统中萌发"。《摹仿论》的理论基础是罗曼语语文学（Romanische philologie）传统中有关"真实"的思考。在 20 世纪初，罗曼语语文学深受意大利思想家詹巴蒂斯塔·维科（Giambattista Vico）历史观的影响。维科反对笛卡尔将真理与想象对立的做法，在他看来，理性产生于螺旋上升的历史进程，其本源是人类非理性的想象。因此维科强调"真实皆创造"（Verum esse ipsum factum）——对他来说，人类仅能够真正了解并证实他们可以创造的事物，同时，也正是创造行为赋予了人类认知真实的能力。此观点的意义在于，它将语文学上升为一种探寻真理的科学。这是因为自然和所谓的客观世界不是人类创造的一部分，而古往今来的文学和艺术才是人们了解真实最可靠的途径。所以维科在其巨著《新科学》中驳斥了同时代思想家以非理性为由摒弃《荷马史诗》的主张。在他看来，"真正的荷马"是古希腊民族的第一位历史学家，《伊利亚特》和《奥德赛》并不是谎言和臆想的集合体，而是"真实的叙述"（Vera narratio）。虽然由于古人逻辑思维不足，这些叙述在流传中逐渐失去原意而披上了神话的外衣，但是这些神话均可以被科学精神重新还原为历史，因此维科为《新科学》设定的主要目标是揭示人类历史发展的普遍规律，并借助这些规律重建过去。

奥尔巴赫是维科历史主义的追随者。在发表于1936年的《詹巴蒂斯塔·维科与语文学思想》一文中，奥尔巴赫敏锐地指出，语文学是维科迈向新科学的首次尝试。我们不难看出，《摹仿论》一书深受维科通过语文学研究历史的思路的影响。这本书的基本假设在于文学归根结底是对"现实"的再现。在奥尔巴赫的字典里，现实不是什么形而上学的抽象概念，而是归于历史范畴的日常生活经历。例如，他把但丁称为"尘世中的诗人"（Dichter der Irdischen Welt）并提出，但丁表面上写炼狱、地狱和天堂，实际上则是描写人间世界。而正如萨义德指出的，奥尔巴赫这里所说的"尘世的"（irdischen）不应被翻译成"世俗的"（secular），而应被理解为"俗尘中的"（earthly）。的确，纵观其著作，奥尔巴赫所说的现实几乎总是微观而生动的，且与尘世中的具体情景密不可分。因此他写《摹仿论》一书并不是为了构建某种宏大叙事，而是要将折叠在字里行间的人间经历重新展开并呈现在读者面前。

本书的核心问题是"摹仿"（mimesis）。这个晦涩难懂的概念源自古希腊语中的"μìμησις"一词。在古希腊哲学家眼中，"摹仿"是诸艺术的共性。柏拉图主要使用该概念来强调艺术虚构或欺骗的本质。例如在《理想国》卷三中，他将诗歌中的摹仿称为"假扮"或是"冒充"（impersonification），并将其与"叙述"（diegesis）对立。在卷十中，他又进一步将"摹仿"同本体论（ontology）联系在一起，并主张世人所见的世界是对理型（ideal forms）不完美的摹仿，而艺术则是对摹仿物更进一步不完美的摹仿，因此艺术与其摹仿对象的本真相去甚远。

"摹仿"这一概念也是亚里士多德文艺理论的重要组成部分之一，然而，相较柏拉图而言，亚里士多德关注的是"摹仿"积极的一面。在《诗学》第六章中探讨悲剧时，亚里士多德将"摹仿"同"行为"（praxis）和"情节"（mythos）联系在了一起，并提出，悲剧的情节是对严肃行为的摹仿。值得注意的是，亚里士多德所说的摹仿不是一种简单的复制和仿造，而是源于真实的创作，即摹仿展现的是在现实中有可能发生（probable）的事件。正如法国哲学家保罗·利科指出的，在亚里士多德的语境中，摹仿和创造是可以互换的概念，诗学即创造之学。在《摹仿论》的最后一章，奥尔巴赫提到，该书有两个灵感来源，一是柏拉图在《理想国》卷十中谈到的艺术与真实的差距，二是但丁所谓《神曲》并非虚构的说法。然而，通读全书以后，我们不难看出，在对摹仿的认识上，奥尔巴赫更接近亚里士多德而不是柏拉图。在他看来，摹仿不是弄虚作假，而是通过创造来再现真实。

《摹仿论》正文部分共20章，每章都从作者撷取的一小段经典文本开始，先深入分析，再铺展开来，以进一步探讨在不同风格中真实的再现。这种以小见大的写法正是《摹仿论》的魅力所在，也是作者本人人文关怀的集中体现。

建议各位同学在阅读中重点思考以下几个关键问题：

（1）什么是前景和背景？和摹仿对立的是什么？

（2）不同修辞风格同现实的关系是什么？

（3）从《荷马史诗》和《旧约》到但丁，再从但丁到伍尔夫和普鲁斯特，西方文学在发展中经历了哪些重要的转变？但丁的主要贡献是什么？司汤达和巴尔扎克开创了什么新气象？

（4）该书对文学作品的选择和解读有哪些局限性？作者分析文学的方法是否带有普遍适用性？

（5）中国是否有类似的摹仿论？我国传统文论中有哪些可以与之相比较的有关真实的思考？

（王胜宇撰稿）

《古典传统：希腊—罗马对西方文学的影响》导读

〔美〕吉尔伯特·海厄特著，王晨译，北京联合出版公司 2015 年版。

吉尔伯特·海厄特（Gilbert Highet，1906—1978）是 20 世纪著名的西方古典学学者、文学批评家，曾在格拉斯哥大学与牛津大学求学，后长期执教于美国哥伦比亚大学，投身于古典语言和古典文化的教学与研究，其主要著作包括《荷马概论》（An Outline of Homer，1935）、《教学艺术》（The Art of Teaching，1950）、《天才与天资》（Talents and Geniuses，1957）、《讽刺的解析》（The Anatomy of Satire，1962）等。海厄特还致力于提高大众的文化审美标准，并与盖奇（Gage）进行过人文主义和科学主义的论争。

《古典传统：希腊—罗马对西方文学的影响》（The Classical Tradition：Greek and Roman Influences on Western Literature）（简称《古典传统》）自 1949 年出版至今颇受赞誉，成为欧美人文学科本科生人手一册的必读书目。本书写作的时代背景为二战后不久、接受史研究（Classical Reception Studies）尚未兴起之前，面对极权主义与两次世界大战所带来的剧变，古典传统主义者仍渴望延续语文学的基本理念，坚持人文主义的传统，视希腊—罗马至西方近现代世界为一脉相承的演进历程，侧重于强化西方文明的连续性，审视现代性的诞生与建立。海厄特的《古典传统》与博尔加的《古典遗产及其受益者》为 20 世纪中期的古典传统研究奠定了基调和思路。

全书共分为 24 个章节，按照文学发展的时间线索展开叙述，黑暗时代的盎格鲁—撒克逊诗歌与散文，中世纪的骑士历险传奇，文艺复兴时期的戏剧、史诗、田园作品、抒情诗，17 至 18 世纪的"古今之争"（La Querelle des Anciens et Modernes）与"书籍之战"（The Battle of Books），巴洛克时期的悲剧与散文，革命时代的诗歌与小说，象征主义派诗歌与乔伊斯的小说，统统纳入作者的考察范畴。海厄特捐弃枯燥的学术语言，旁征博引、深入浅出，宛若一位维吉尔般的资深向导，引领众人走过漫长的文学旅程——从古希腊罗马文化的衰亡及黑暗时代的蛮荒，到中世纪"对古典思想、语言和文学理解的扩展和深入"，以及文艺复兴时期对古希腊罗马传统"最激动人心的重新发现"，呈现出希腊—罗马文明"如何以经过怪异变形但仍然极具生命力的形式"存活下来并保持影响,成为文艺复兴"充满活力、情感和思想的力量最强大的推动力之一";从巴洛克时代"效法崇高而富有张力的希腊—罗马艺术"、将"古典文学和高雅艺术作为道德约束",到革命时代发现希腊—罗马文学和思想"也可以代表自由"并对其重新诠释与解读,随后在19世纪至20世纪初"古典知识的传播经历了先扬后抑"但"古典学术研究中出现的新力量影响了史学、翻译和教育三大领域",折射出近代欧美文学"剧烈而永久的转向"语境下,希腊—罗马文明如何对现代世界施加时强时弱、"永远处于变化中,但从未消亡"的影响力。本书旨在爬梳"希腊语和拉丁语传统影响西欧与美国文学的主要途径",勾勒西方"重要文学传统的庞大轮廓",探究古希腊罗马的思想在现代欧洲文明中的流变与关联,以期唤醒读者对古典文化的兴趣,在永恒的思想与艺术中汲取"灵魂的食粮"。

诚然,海厄特过于理想化的疾呼——我们的世界是"希腊和罗马的直接精神后裔"——置于当下多元化、国际化的语境中已显得"很不正确",但其推动人文教育的初衷及持守古典学的视野,在今天仍有深远意义。哈罗德·布鲁姆在此书2015年的新版序言里提要钩玄:"与书中的论断相比,更重要的是他所描绘的英、法、意、西和德语文学中形形色色的影响与联系。他的学识渊博而透彻,他擅于讲得通俗易懂,又不贬低或过分简化重要的文学想象作品。"

通过海厄特详尽而渊深的文本阐释,我们会发现但丁把亚里士多德关于罪的分类作为自己的道德地图,选择维吉尔作为向导的原因之一是维吉尔如埃涅阿斯般是位伟大的流亡者,《神曲》充盈着大量中世纪至高的美和思想,揭示了有时被我们遗忘的真理,即只要希腊语和拉丁语文学仍然是将能量、思想和激励带给学者和诗人的载体,它们就不是死的语言。我们了解到文艺复兴时期,古典文学通过翻译、模仿和赶超这三个渠道渗入现代民族文学,真正的杰作不是全盘接受古典的形式和素材,而是融入独特风格和主题并与经典媲美的作品:例如,莎士比亚的悲剧、蒲柏的讽刺诗、弥尔顿的《失乐园》,"古典文化的重生为人们的头脑注入了活力,令他们的灵魂更加深刻"。我们会领悟在巴洛克时代,希腊—罗马文化不仅为文学创作提供了题材和形式,而且树立了崇高和纯洁的道德及艺术典范,拉辛笔下最伟大的女主角是希腊公主安德洛马克,普塞尔最优美的歌剧是关于狄多女王与埃涅阿斯的。我们观察到希腊在革命时代意味着对共和和自由的崇拜,拜伦的《哀希腊》、雪莱的《希腊》、荷尔德林的《许佩里翁的命运之歌》、雨果的《东方集》皆以高贵的呼声宣扬这种信仰,作家和思想家开始致力于追求政治自由、宗教解放、唯美至善。我们探寻到西方文艺作品中的诸多意象源于希腊神话,乔伊斯的《尤利西斯》则与荷马的《奥德赛》密切对应,瓦格纳谱写《尼伯龙根的指环》时每天下午都阅读古希腊悲剧。海厄特在第 24 章结语部分重申:"现代世界和古典世界的真正关系在更大规模上重现了罗马和希腊的关系。这是一种教育关系。"在希腊人的教导下,罗马人将用于感官享受的财富和权力腾挪至"让每一位当时和后世的读者拥有更有力和更敏锐的思想生活",而希腊—罗马文明的无价遗产、崇高的精神理想又经由历史的长河被理解和传播,相映成趣的文学经典建构成生机勃勃的永恒与不朽。

依照著名学者勒内·韦勒克的理论,在文学研究实践中,文学理论、文学批评和文学史三者缺一不可,"文学史研究不可能排除文学批评",文学理论研究也不可能脱离"讨论具体文学作品"的"批评"。与此同时,文学史则为文学批评和文学理论研究"提供了背景—框架—基地和主题—素材—对象","本身也是一种文学批评——关于文学话语和现象的历史批评"。本书系统性地回顾了希腊—罗马传统对西方文学的影响,为读者提供了审思古典传统接受史的某种视角,通过发生—变异、影响—接受的现象学与谱系学研究,探寻西方文学与思想的核心与传承的某种可能性。

(秦烨撰稿)

《欧洲文学与拉丁中世纪》导读

〔德〕恩斯特·R. 库尔提乌斯著,林振华译,浙江大学出版社 2017 年版。

恩斯特·R. 库尔提乌斯(Ernest Robert Curtius, 1886—1956),德国语文学家、罗曼语系文学批评家,生于德国坦恩,逝于意大利罗马,曾任职于马尔堡大学、海德堡大学与波恩大学,著有《岌岌可危的德国精神》《新法兰西的文学先锋》《欧洲文学批评论集》等书。其代表作《欧洲文学与拉丁中世纪》（简称《欧拉》）则是 20 世纪文学批评领域的经典巨著，多年来畅行不衰，为其赢得了广泛声誉。

《欧拉》成书于德国两次战败之间这一特殊的历史环境，1945 年完稿后经过为期两年的修订，1948 年以《欧洲文学与拉丁中世纪》的名字问世。库尔提乌斯敏锐地察觉到"随着种族意识形态（völkisch ideology）、雅利安语文学、法西斯主义的崛起，欧洲人文主义传统和启蒙传统面临着巨大威胁"，于是他回望过去，从罗曼语系研究与现代欧洲文学研究转向拉丁中世纪研究，将"欧洲（文学）传统"的进程与流变限定于始自荷马止于歌德的时间框架内，断言"中世纪早已统一古希腊罗马和基督教，且因此奠定了现代文化的基础"。在"公开打击作为纳粹政权前身的教育弃智化（barbarization）"并挣脱狭隘的"民族主义狂热"的同时，库尔提乌斯侧重于欧洲文化的整体性与统一性，将古典时代与基督教、人文主义与启蒙思想皆视为"欧洲经验的共同遗产"。他恪守卷首的十条指导原则，坚信文学的连续性、不变性，或者他所说的"思想之美的永恒芬芳"，梳理了维吉尔、但丁、维科、歌德等思想巨擘之间的密切联系，在自序中呼吁一种"融合从奥古斯丁到但丁的中世纪"的"新人文主义"。他也同本雅明一样，指明一个始自希腊拉丁普世主义且流经狄尔泰的传统，从而始终保持某种高度，通过"回归中世纪的拉丁统一性，回到基督教之西方世界的基础"，凸显人文主义及启蒙的观念，以此寻求欧洲历史的统一性。

阿兰·米歇尔（Alain Michel）在《欧拉》法译本 1986 年版导读中认为，本书堪称二战后那一时期的扛鼎之作，库尔提乌斯通过独特的创造力和想象力整合问题，以期实现"对现实思考至关重要的四个目标：一、考察我们的思想文化是否与我们的祖国，与欧洲，与世界相关联；二、找出它同中世纪在何处相联系（勒南 Ernest Renan 与佩吉 Charles Péguy 以后，人们可以从艾柯 Umberto Eco 和迪比 Georges Duby 那里得到很好的回答）；三、在文学现代性中反思拉丁语的地位；四、（更宽泛地讲）为前三个问题建立起相互的联系，在现代性中探究传统身居其中的哪一个（这主要牵涉文学与语言形式的关系）"。

《欧拉》"步步为营，循序渐进"，内容编排"不仅遵照逻辑顺序，而且也做到主题环环相扣。各种线索相互交织（即人物与母题以各种面貌不断出现），反映了它们彼此相关的历史联系"。本书共分 18 章，第一章"欧洲文学"相当于导论,阐述了19世纪以降史学发展所引发的观念变化和迫在眉睫的"历史图景欧洲化"用于文学的问题,从汤因比的"诗歌形式是历史主义的终极概念"及柏格森所发现的"虚构功能"和"创造冲动"切入欧洲文学的主题,开宗明义地提出"重要观点只能通过文学之间的精读和比较才能获得,也就是靠观察和实验来发现。唯有以史学与语文学为方法的文学研究,才能胜任这项工作"。第二章从跟随维吉尔开启《神曲》幽域之旅的但丁谈及中世纪与古典时代、近代世界的关联,延展至第三章关于文学与教育("文学传统的媒介")的讨论。随后,库尔提乌斯探讨了修辞学(第四章)与主题学(第五章),并以"自然女神"这一典型历史主题为例进行考察(第六章),以"航海隐喻""人物隐喻""食物隐喻""身体隐喻""剧场隐喻"等历史隐喻(第七章)回归到修辞与形式的问题。从第八章"诗歌与修辞"开始,库尔提乌斯沿袭了古代诗学的划分方法,爬梳中世纪风格系统,阐析英雄与君主(第九章)、理想风景(第十章)等重要文学主题。"诗歌与哲学"(第十一章)、"诗歌与神学"(第十二章)、"缪斯女神"(第十三章)颇具深度,围绕亘古绵长的诗与哲学之争,从但丁的《神曲》溯源至维吉尔的《牧歌》,从言语(并且通过言语)走向智慧,"但智慧并不满足于人性,而是最终走向神性"。库尔提乌斯紧接着回归历史的途径,精确解读文学材料结构,找出"相同的结构要素"与"表达常量",运用分析与综合的研究方法,考察了古典主义(第十四章)与风格主义(第十五章),论述了两者如何在书籍的象征主义(第十六章)里合而为一。此后,他转向但丁(第十七章),探讨了其开创的拉丁中世纪的形式与传统。第十八章"后记"则在回顾全书内容的基础上,简述欧洲近代民族文学的发端,重申"思想只有在词语中,才能使用自己的语言;只有在创造性的词语中,它才能获得完美的自由——超乎概念,超乎教义,超乎戒律"(即形式与思想的关联),洞察正典的转化与创造力及其所体现的修辞与文学的联系。

纵览全书,库尔提乌斯向读者揭示"古代与古代晚期的拉丁著作怎样传遍西欧",如何通过"一系列超越时间(大概从维吉尔到狄德罗)、超越欧洲(从南部的那不勒斯到北部的斯特拉福德、从西部的伊比利亚半岛到东部的莱茵河)的互相关联"融入近代欧洲的文学传统,"怎样诉诸被他视为最伟大作家的但丁与歌德的笔下",放眼古今、超越国界,论证了欧洲文学传统的统一性，反映出这位伟大的批评家"对文学史的重新思索"及"建构战后欧洲文学图景"的尝试。《欧拉》与克默德（Frank Kermode）的《结局的意义》（Sense of an Ending）、奥尔巴赫的《摹仿论》，"无一例外地展示了一种文学批评方法，即寻找大量文本背后的大规模与大历史"，并称为20世纪最激动人心的三部文学批评著作。当然，库尔提乌斯的理论也曾在国际学术圈引起不小的争议，例如，韦勒克（René Wellek）的《比较文学的危机》与《近代文学批评史》、艾金伯勒（René Etiemble）的《比较不是理由——比较文学的危机》、韦斯特拉（Haijo J. Westra）的海德堡会议纪要评论等文本对其政治立场及文学观点有批评与诟病；当然也有彼得·戈德曼、柯林·巴罗、阿兰·米歇尔、威廉·卡林、扬·齐奥尔科夫斯基等诸多学者为其辩护并盛赞《欧拉》一书。

《欧拉》的中译本除了保留原著最后一系列的学术附录之外，还收录了本书德文初版及第二版序言、英文版译者序、法文版译者序及中文版译者导读。但由于内容与主题庞杂、时间与地域跨度广博、引文涉及多种语言，该中译本在首版时出现了一些在所难免的讹误，同学们在阅读时可以参照英译本或德语原著以正视听。

（秦烨撰稿）